班组安全教育丛书

油品销售企业

班组安全教育读本

（第二版）

主编　郭建新

中国石化出版社

内 容 提 要

本书是油品销售企业班组安全教育和培训读本，结合加油站、油库业务和经营的实际，结合各岗位操作技能要求，在内容上以满足员工具体安全作业、应急措施为主线，从岗位操作的每一个细节的危险有害因素分析入手，具有内容新颖、思维创新、紧密实际、操作性强等特点。主要内容包括班组安全管理、防火防爆知识、危害辨识、安全风险控制、加油站、油库标准化作业操作指南、应急预案与演练、事故案例解析等。

本书适用于加油站和油库班组员工安全培训，作为员工操作指南手册，也可为安全管理和技术人员具体工作提供参考。

图书在版编目(CIP)数据

油品销售企业班组安全教育读本/郭建新主编．—2版．—北京:中国石化出版社,2013.10
(班组安全教育丛书)
ISBN 978-7-5114-2409-9

Ⅰ.①油… Ⅱ.①郭… Ⅲ.①石油产品-产品销售-班组管理-安全管理-基本知识 Ⅳ.①F407.226

中国版本图书馆CIP数据核字(2013)第236365号

中国石化出版社出版发行
地址:北京市东城区安定门外大街58号
邮编:100011 电话:(010)84271850
读者服务部电话:(010)84289974
http://www.sinopec-press.com
E-mail:press@sinopec.com
北京柏力行彩印有限公司印刷
全国各地新华书店经销

*

880×1230毫米32开本10.125印张272千字
2014年1月第2版 2014年1月第1次印刷
定价:30.00元

《油品销售企业班组安全教育读本》
编 委 会

主　编　郭建新

编　写　郭建新　徐福斌
　　　　董绍杰　朱秉峰
　　　　张汝鸿

前　言 Preface

班组是企业生产和经营的最小单元,是企业安全管理的基础。如何提升班组员工安全作业是企业搞好安全生产的基础保证,也是安全文化建设的主要内容。

安全文化建设不仅要使员工建立预防为主、安全第一、安全就是效益、风险最小化等观念,同时需要树立自我保护、防患未然等安全理念。从强化法制意识、端正法制态度,科学地制定法规、标准和规章,到严格遵守转变为员工自觉地执行。而且要建立强化高质量的安全教育和培训、执行严格的安全规范、操作规程、掌握必需的应急措施技能、进行合理的安全操作等安全行为文化。同时应在生产技术、工艺设施设备等方面提高本质安全性。

纵观油品销售企业的发展,无论从管理体制和机制的变革上,HSE 管理体系的实施上,经营的规模和设施设备的技术上,所经营的油品又具有易燃、易爆等危险特点,以及员工的素质水平和企业对他们的要求上等各个方面,都正在或即将发生新的显著变化。这种变化必然反映到企业对人力资源的开发、培训上,所以安全培训工作任重而道远。

员工是油品销售企业市场上的尖兵,是企业生存、发展的第一要素。他们的安全知识、作业水平、技能以及现场出现非常事件时的应急处置能力,是企业生产经营的财富,是企业安全管理水平的表现,也是企业参与市场竞争的基础。本书就是为了强化员工应知安全知识,提升员工现场安全作业水平,规范操作指南,加强应急演练而编写的培训教材。

本书在策划、编写、审定过程中除融入了编者多年来在教学、培训和加油站、油库工作实践外,还参考了大量的相关图书和资料,同时得到了有关领导和专家技术人员的大力支持,在此一并致以最诚挚的谢意!

如何规范和提升班组安全作业无论从安全管理上和安全技术上都是随着员工素质的提升、企业体制和机制的转变、HSE 管理体系的推广实施、设备设施技术水平的提高等不断进行改变的，涉及面广，操作性强。编写这本书无论是从策划、还是内容都是一个挑战。当然，这本书虽经作者多方努力，但不可能穷尽一切安全作业，也难免有不足之处。全新的尝试能否得到读者的认可，还需要经过实践的检验，并在实践中逐步改进和完善。

编者

目　录 Contents

第一章　班组安全管理 …………………………………………（1）

第一节　班组安全管理概述 ………………………………（1）

一、班组安全管理的意义……………………………………（1）

二、班组安全生产的特点……………………………………（2）

三、安全生产标准化…………………………………………（2）

第二节　班组长安全职责 …………………………………（3）

一、班组长岗位职责…………………………………………（3）

二、班组长安全职责…………………………………………（3）

第三节　加油站员工安全职责 ……………………………（4）

一、站长安全职责……………………………………………（4）

二、班组长安全职责…………………………………………（5）

三、安全员安全职责…………………………………………（5）

四、加油员安全职责…………………………………………（6）

五、计量员安全职责…………………………………………（6）

六、记账员安全职责…………………………………………（6）

七、加油卡充值员安全职责…………………………………（7）

八、便利店售货员安全职责…………………………………（7）

第四节　油库员工安全职责 ………………………………（7）

一、油库主任安全职责………………………………………（8）

二、油库副主任安全职责……………………………………（8）

三、安全员安全职责…………………………………………（9）

四、警卫人员安全职责………………………………………（9）

五、电工组组长安全职责……………………………………（10）

六、电工安全职责……………………………………………（10）

七、维修组组长安全职责……………………………………（11）

八、维修工安全职责…………………………………………（11）

九、付油组组长安全职责…………………………（12）
十、付油员安全职责……………………………（12）
十一、输油组组长安全职责………………………（13）
十二、输油工安全职责……………………………（13）
十三、计量组组长安全职责………………………（14）
十四、计量员安全职责……………………………（14）
十五、化验组组长安全职责………………………（15）
十六、化验员安全职责……………………………（16）
十七、消防员安全职责……………………………（16）
十八、消防司泵员安全职责………………………（16）

第二章　安全教育与培训 ……………………………（18）
第一节　安全教育的内容 …………………………（18）
一、安全法制观念教育……………………………（18）
二、安全技术和安全技能教育……………………（18）
三、安全态度教育…………………………………（19）
四、班组日常安全教育……………………………（20）
五、岗位练兵………………………………………（20）
六、安全活动………………………………………（21）
第二节　三级安全教育 ……………………………（21）
一、三级安全教育内容……………………………（21）
二、三级安全教育方法……………………………（23）
三、影响安全的心理因素 …………………………（23）
第三节　现场管理 …………………………………（25）
一、标准化作业……………………………………（25）
二、“5S”现场管理 …………………………………（27）

第三章　防火防爆知识 ……………………………（32）
第一节　油品的危险特性 …………………………（32）
一、油品的理化参数………………………………（32）
二、油品火灾危险性分类…………………………（34）

三、油品的危险特性……………………………………………………（34）
第二节　燃烧和爆炸 ……………………………………………………（37）
一、防火技术基本知识…………………………………………………（37）
二、防爆技术基本知识…………………………………………………（40）
三、燃烧和化学爆炸的关系……………………………………………（43）
四、灭火的基本方法……………………………………………………（43）
第三节　危险区域的划分 ………………………………………………（45）
一、油库加油站分区……………………………………………………（45）
二、危险区域的划分……………………………………………………（47）
第四节　防爆电气设备 …………………………………………………（55）
一、防爆电气设备的类型………………………………………………（55）
二、防爆电气设备的选用………………………………………………（57）
三、防爆电气设备的维护………………………………………………（58）
四、防爆电气设备的基本要求…………………………………………（59）
第五节　静电、雷电的控制和防护……………………………………（60）
一、静电的危害…………………………………………………………（60）
二、静电的产生…………………………………………………………（61）
三、静电的积聚和放电…………………………………………………（62）
四、静电灾害的控制和防护……………………………………………（63）
五、雷电的危害及防护…………………………………………………（66）
第六节　灭火器材的使用与维护 ………………………………………（67）
一、水……………………………………………………………………（68）
二、干粉灭火剂及灭火器………………………………………………（68）
三、二氧化碳灭火剂及灭火器…………………………………………（71）
四、泡沫灭火剂及灭火器………………………………………………（72）
五、灭火器的设置要求…………………………………………………（74）

第四章　危险有害因素辨识 ……………………………………………（76）
第一节　基本概念 ………………………………………………………（76）
第二节　危险有害因素辨识方法 ………………………………………（77）
一、危险有害因素辨识常用方法………………………………………（77）

二、选择危险有害因素辨识方法应注意的问题 …………… (80)
第三节 危险有害因素辨识举例 …………………………… (81)
一、安全检查表(SCA)举例 …………………………… (81)
二、预先危险性分析(PHA)举例 ……………………… (83)
三、作业危险性分析(JHA)举例 ……………………… (83)

第五章 风险控制措施 ………………………………………… (89)
第一节 加油站工艺设备安全要求 ……………………… (89)
一、加油站的等级划分 ………………………………… (89)
二、加油站工艺安全要求 ……………………………… (90)
第二节 水上加油站工艺与安全作业 …………………… (97)
一、水上加油站的分类 ………………………………… (97)
二、工艺设备安全要求 ………………………………… (98)
三、水上加油站安全作业 ……………………………… (99)
第三节 加油站应急措施 ………………………………… (100)
一、事故预防措施 ……………………………………… (100)
二、特殊情况处理 ……………………………………… (104)
三、油品和气体毒性的安全防护 ……………………… (107)
四、加油站火灾扑救 …………………………………… (108)
第四节 油库作业风险控制 ……………………………… (111)
一、铁路收发油作业安全 ……………………………… (111)
二、公路付油作业安全 ………………………………… (112)
三、油轮、油驳作业安全 ……………………………… (112)
四、油品计量作业安全 ………………………………… (113)
第五节 油库火灾的预防与扑救 ………………………… (115)
一、油品火灾的危险特征 ……………………………… (115)
二、油罐发生火灾的特点 ……………………………… (116)
三、火灾的预防与扑救 ………………………………… (117)
第六节 直接作业环节风险控制 ………………………… (123)
一、用火作业 …………………………………………… (123)
二、临时用电作业 ……………………………………… (128)

三、高处作业…………………………………………………………（131）
四、进入受限空间作业……………………………………………（134）
五、破土作业…………………………………………………………（140）

第六章　加油站标准化作业操作指南 ………………………（151）
第一节　加油站加油作业 ……………………………………（151）
一、危害或潜在事件分析………………………………………（151）
二、加油作业操作指南…………………………………………（153）
第二节　加油站卸油作业 ……………………………………（155）
一、危害或潜在事件分析………………………………………（155）
二、卸油作业操作指南…………………………………………（157）
第三节　加油站计量作业 ……………………………………（158）
一、危害或潜在事件分析………………………………………（159）
二、加油站计量作业操作指南…………………………………（160）
第四节　加油站发电作业 ……………………………………（161）
一、危害或潜在事件分析………………………………………（161）
二、加油站发电作业操作指南…………………………………（162）

第七章　油库标准化作业操作指南 …………………………（165）
第一节　油品收发储存作业 …………………………………（165）
一、铁路槽车调度作业…………………………………………（165）
二、铁路槽车计量作业…………………………………………（168）
三、油品化验取样分析 …………………………………………（171）
四、油品化验分析作业 …………………………………………（173）
五、铁路油品接卸作业…………………………………………（175）
六、油罐计量作业………………………………………………（178）
七、公路付油作业………………………………………………（181）
八、水路收油作业………………………………………………（185）
九、水路发油作业………………………………………………（187）
第二节　检维修作业 …………………………………………（188）
一、油罐检修作业………………………………………………（188）

二、输油管线检修作业……………………………………（190）

三、油泵检修作业…………………………………………（193）

四、清罐作业………………………………………………（195）

五、防腐作业………………………………………………（198）

六、发电机检修作业………………………………………（200）

七、变压器检查维护作业…………………………………（202）

八、高低压设备检维修作业………………………………（204）

第三节　消防作业 …………………………………………（206）

一、消防泵司泵作业………………………………………（206）

二、消防车辆的保养与维护………………………………（208）

第八章　职业健康与个体防护 …………………………（211）

第一节　职业健康危害分析 ………………………………（211）

一、职业病危害因素………………………………………（211）

二、职业病产生的三个因素………………………………（212）

三、职业病的特点…………………………………………（212）

第二节　职业健康管理 ……………………………………（213）

一、作业环境监测…………………………………………（213）

二、职业健康监护…………………………………………（213）

三、职业病预防……………………………………………（214）

第三节　个体防护用品的使用 ……………………………（217）

一、劳动防护用品分类……………………………………（217）

二、个人防护用品的使用…………………………………（218）

三、如何配置个人防护用品………………………………（220）

第九章　应急预案与演练 ………………………………（223）

第一节　应急管理概述 ……………………………………（223）

一、事故应急救援的任务…………………………………（223）

二、事故应急管理的过程…………………………………（224）

三、应急预案………………………………………………（224）

四、应急演练………………………………………………（225）

五、班组长在应急管理中的主要职责……………………（226）
第二节　加油站应急预案 ……………………………………（226）
一、报警内容…………………………………………………（227）
二、应急预案和应急指南……………………………………（227）
三、经验分享…………………………………………………（231）
第三节　油库应急预案 ………………………………………（233）
一、油库灭火应急预案………………………………………（234）
二、油库防范突发治安事件应急预案………………………（240）
三、油库应急疏散预案………………………………………（241）
四、管线泄漏应急预案………………………………………（243）
五、防跑冒油应急预案………………………………………（244）
六、油罐渗漏应急预案………………………………………（247）
七、预防中毒应急预案………………………………………（249）
八、防汛应急预案……………………………………………（252）
九、防震应急预案……………………………………………（253）
第四节　应急预案演练 ………………………………………（257）
一、消防灭火演练……………………………………………（257）
二、防跑、冒、漏预案演练…………………………………（260）
三、防震预案演练……………………………………………（262）
四、防洪预案演练……………………………………………（264）
五、防中毒预案演练…………………………………………（267）

第十章　事故案例解析 ……………………………………（271）
第一节　事故的基本特征 ……………………………………（272）
一、事故与隐患………………………………………………（272）
二、事故的基本特征…………………………………………（272）
三、事故的原因………………………………………………（273）
四、未遂事故…………………………………………………（274）
第二节　加油站事故案例解析 ………………………………（275）
第三节　油库事故案例解析 …………………………………（297）

第一章　班组安全管理

主题词：班组、安全职责、危险特性

要点提示：班组是生产经营最基础的单元，是企业管理的基础。班组长、员工必须明确和知道自己的安全职责，才能做好本职工作。本章重点从班组安全管理、班组长职责、员工的安全职责三个方面加以讲述。

第一节　班组安全管理概述

一、班组安全管理的意义

班组是企业管理的基础，是公司各项规章制度和具体工作的最终实施单位。企业要实现生产经营管理规范化，提高业务和安全技能，防止事故发生，就必须通过班组管理规范化、安全作业标准化来实现。班组在企业管理中起着贯彻落实各种法律、法规、制度、操作规程的作用，这些制度能否得到落实，都取决于班组的执行能力。如果一个班组不能落实好这些法律、法规和制度要求，就不能保证安全地完成各项任务，那么企业的发展和安全生产就成为一句空话。

生产事故大多数发生在班组，其原因多是“三违”造成的，即违章指挥、违章操作、违反劳动纪律。企业一旦发生事故，不仅造成人身伤害、财产损失和环境污染，还会对企业造成负面影响。因此，班组安全管理的好坏直接影响到企业的安全管理水平，只有在班组日常工作中减少不安全因素，及时消除潜在的隐患，才能减少和避免事故的发生，才能实现企业管理目标和经营目标的完成。

二、班组安全生产的特点

(1)班组是生产经营最基础的单元，危险性相对较大。班组员工在作业过程中，直接面对生产作业过程中的危险因素，所以发生事故的概率要高，造成人身伤害的可能性大。

(2)班组人员流动性大，人员素质差别大。一是新职工、转岗、实习的员工都要在班组进行锻炼，其中多数员工刚刚参加工作，经验不足，操作技能差，对岗位环境和危险性认识不足；二是由于班组是最基层的工作单元，所以在人员素质上相对较低，安全意识不强，自我保护和防范能力不足。

(3)班组是新工艺、新设备和新制度、新标准、新规程的直接应用和使用单位，在新工艺、新设备的应用过程中，会带来许多操作和管理制度上的变更，需要不断地学习和掌握，否则就有可能因为认识不足和操作不熟练发生事故。

三、安全生产标准化

安全生产标准化是指通过建立安全生产责任制，制定安全管理制度和操作规程，排查治理隐患和监控重大危险源，建立预防机制，规范生产行为，使各生产环节符合有关安全生产法律法规和标准规范的要求，人、机、物、环处于良好的生产状态，并持续改进，不断加强企业安全生产规范化建设。

安全生产标准化体现了“安全第一、预防为主、综合治理”的方针和“以人为本”的科学发展观，强调企业安全生产工作的规范化、科学化、系统化和法制化，强化风险管理和过程控制，注重绩效管理和持续改进，符合安全管理的基本规律，代表了现代安全管理的发展方向，是先进安全管理思想与我国传统安全管理方法、企业具体实际的有机结合。

第二节 班组长安全职责

班组是企业生产经营的最小管理单元，班组长是这一基层的带头人和管理者，在企业管理中起到承上启下的作用，负有贯彻落实上级指令的责任，是基层班组的指挥者和班组工作建设的组织者。

一、班组长岗位职责

班组长的岗位职责，是企业管理制度中重要的组成部分。只有明确一个班组长岗位责任，班组长才能在工作中履行自己的职责。

工作责任方面，全面负责本班组的工作安排和运行，对本班的日常工作负责。严格执行法律法规、标准、操作规程和安全生产制度，认真执行和贯彻落实上级要求；安全责任方面，落实岗位安全职责，落实各项安全防范措施，杜绝“三违”，确保安全生产；班组建设方面，严格管理，健全和细化制度落实，组织本班组内各项工作，提高班组整体管理水平。

二、班组长安全职责

班组长的安全职责包括在班组长的岗位职责之中，是班组长岗位职责的重要组成部分，但由于内容较多，一般分别描述。班组长的安全职责一般包含但不限于以下几个方面。

(1)班组长是班组安全生产的第一责任人，对本班的安全生产负责，兼任本班组安全员。明确本班人员分工和设备设施负责人。

(2)严格执行安全生产的各项规章制度，制止违章行为。组织并参加班组安全活动，落实“五同时”规定。

(3)组织员工学习各项安全生产制度和操作规程，开展岗位练兵活动；负责对新员工、转岗人员的班组安全教育工作。

(4)对本班工作中所存在的危险因素进行辨识，对存在的隐患及时汇报和整改，落实安全防范措施。

(5)做好日常和定期安全检查工作，发现问题和不安全因素及时消除和上报。检查和监督班组员工正确使用防护用品，检查和保养消防器材及设施。

(6)做好直接作业环节的安全检查监督和监护工作，落实安全防范措施。

(7)负责班组建设，做好现场管理。建立健全安全台账、记录和资料。

(8)不断修订和完善应急预案，定期组织班组内应急演练，增强对突发事件的处置能力。

第三节 加油站员工安全职责

安全生产责任制是加油站最基本的一项安全制度，是其他各项安全生产规章制度得以实施的基本保证。有了这项制度就能把安全与生产从组织领导上统一起来，把“管生产必须管安全”，“谁主管谁负责”的原则从制度上定下来。加油站安全生产责任制按岗位可分为：站长安全责任制、加油员安全责任制、计量岗位安全责任制、设备维修岗位安全责任制、安全员和便利店售货员等岗位安全责任制。本节所述加油站各岗位安全责任制，具有一定的代表性，各加油站可根据自己的实际情况参考使用。

一、站长安全职责

(1)站长对本站安全生产全面负责。

(2)认真贯彻执行国家和企业的安全生产法令、规定、指示和有关规章制度，把职业安全卫生列入工作重要议事日程，做到“五同时”。即企业单位的各级领导人在管理生产的同时，必须负责管理安全工作，认真贯彻执行国家有关劳动保护的法令和制度，在计划、布置、检查、总结、评比生产的时候，同时计划、布置、检查、总结、评比安全工作。

(3)树立“安全第一”的思想，落实加油站的各项管理制度。

(4)抓好职工的劳动纪律、安全知识的教育。

(5)每周组织一次全站安全检查，落实隐患整改，确保加油站的安全生产无事故。

(6)掌握加油站的主要设备，熟悉其性能，了解工艺流程，做到正确指挥。

(7)掌握加油站的经营情况，负责协调处理工作中出现的各种问题。

(8)对加油站发生的事故及时报告和处理，坚持“四不放过”原则。

二、班组长安全职责

(1)在站长的领导下，负责组织和领导全班员工开展各项经营、管理和服务工作。

(2)认真落实各项安全制度，协助站长对本班员工及顾客进行安全教育，检查、监督各项安全措施的落实。

(3)熟悉本班组防火要求及措施，加强对消防器材的管理，严防丢失和损坏。做到“四懂四会”，即四懂：懂本岗位生产过程的火灾危险性，懂预防火灾的措施，懂扑救方法，懂疏散方法。四会：会报警，会使用灭火器材，会扑救初期火灾，会组织人员逃生。

(4)负责对本班人员进行班前后教育，对作业中出现的违章现象及时纠正和处理。

(5)负责对作业场所进行全面清理，做好作业记录及交接班工作。

三、安全员安全职责

(1)认真学习和贯彻企业安全管理制度，协助站(班)长对员工和顾客进行安全教育。

(2)负责当班的安全管理工作，监督员工严格执行安全生产规章制度，检查出入站人员和车辆，制止影响安全的行为。

(3)定期检查站内设备设施的安全状况，保持良好的工作状态，定期维修保养消防器材，保证其有效性。

(4)做好当班安全检查记录和隐患整改记录，与前后班安全员做好交接班工作。

(5)熟悉本岗位防火要求及措施，做到“四懂四会”。

四、加油员安全职责

(1)在站(班)长的领导下，做好当班加油工作。

(2)加油工作中严格执行操作规程，严禁违章作业。

(3)掌握加油机的性能特点和操作技能，并能判断和排除一般故障。

(4)负责加油场所的安全监督管理，发现不安全因素和危及加油站安全的行为及时阻止和汇报。

(5)熟悉本岗位防火要求及措施，做到“四懂四会”。

(6)作业完毕清理现场，做好当班作业记录及交接班工作。

五、计量员安全职责

(1)计量人员必须持证上岗，严格执行各项安全制度和操作规程，保证加油站的安全经营。

(2)卸油作业时必须坚守岗位，防止跑冒油事故的发生。

(3)遇雷雨大风天气，应停止计量及卸油作业。

(4)卸油作业中，严禁用量油尺计量油罐。

(5)作业时严格遵守防爆防静电规定，上岗须按规定着装。爆炸危险区域严禁使用非防爆器具。

(6)熟悉本岗位防火要求及措施，做到“四懂四会”。

(7)严格执行交接班记录，做好现场交接和书面记录。

六、记账员安全职责

(1)熟悉上级规定的有关财务制度和财经纪律及加油站账务管理制度，规范操作，按章办事。

(2)现金、票证的结算工作做到日结月清，及时填报各种报表，及时解缴现金。正确反映商品流转情况，做到账账、账物相符。

(3)熟悉本岗位安全防范知识，妥善保管本站现金、账册、凭证、单据及有关印章。

(4)熟悉站内消防器材使用性能，并能进行操作扑救。

七、加油卡充值员安全职责

(1)遵守加油站规章制度，了解油品的主要性能和应用知识。

(2)负责岗位范围内的安全监督管理，对危及加油站的安全行为及时阻止，发现安全隐患及时上报。

(3)妥善保管本站现金、账册、凭证、单据及有关印章。

(4)及时解缴当日营业款及索取银行回单，保管好各类票据。

(5)熟悉站内消防器材使用性能，做到“四懂四会”。

(6)发生突发事件时，妥善处理，保护现场，并及时向上级报告。

八、便利店售货员安全职责

(1)遵守加油站规章制度，了解非油品相关知识。

(2)负责岗位范围内的安全监督管理，对危及加油站的安全行为及时阻止，发现安全隐患及时上报。

(3)熟悉站内消防器材使用性能，做到“四懂四会”。

(4)及时解缴当日营业款及索取银行回单，保管好各类票据。

(5)发生突发事件时，妥善处理，保护现场，并及时向上级报告。

第四节　油库员工安全职责

安全生产责任制要贯彻管“生产必须管安全，谁主管谁负责”的原则，油库各职能部门、班组，必须在各自工作范围内对安全生产负责；安全生产人人有责，企业的每个职工都必须在各自岗位上认真履行各自的安全职责，实现全员安全生产责任制。

一、油库主任安全职责

(1)学习贯彻落实《安全生产法》、《消防法》等法律法规及集团公司《安全生产监督管理制度》。

(2)油库主任是油库安全第一责任人。

(3)及时修订并实施油库安全管理规定、安全技术操作规程和安全技术措施计划。组织制订油库主要设备的大修、更新改造计划。

(4)组织对新职工进行入库安全教育和班组安全教育；开展岗位技术练兵；定期组织安全技术考核；组织并参加每周一次的班组安全活动日，及时处理职工提出的意见。

(5)每月组织一次油库安全检查。

(6)掌握油库主要设备数量，熟悉设备性能，了解工艺流程，做到正确指挥，安全作业。重大作业要亲自指挥。

(7)负责落实“三废”治理和环境监测工作，抓好职业卫生工作。

(8)组织各项安全生产活动，总结交流安全生产经验，表彰先进班组和个人。

(9)对油库发生的事故及时报告和处理，要坚持“四不放过”原则，对事故的责任者提出处理意见，报主管部门批准后执行。

二、油库副主任安全职责

(1)在主任领导下，对分管部门的安全工作负责。

(2)学习贯彻落实《安全生产法》、《消防法》等法律法规及集团公司《安全生产监督管理制度》。

(3)组织职工进行安全思想、安全知识、安全技术教育，开展岗位练兵，定期组织安全技术考核，参加每周一次的班组安全活动日，及时处理职工提出的意见。

(4)每月组织参加油库月安全检查，落实隐患整改，保证设备器材处于完好状况，并教育职工加强管理和维护，正确使用。

(5)掌握油库主要设备数量，熟悉设备性能，了解工艺流程，做到正确指挥，安全作业，重大作业跟班指挥。

(6)组织开展油库各项安全生产活动，总结交流安全生产方针，加强劳动纪律教育，杜绝生产中的“三违”作业。

(7)参与事故调查、分析和处理，组织落实职责范围内的善后工作。

三、安全员安全职责

(1)在油库主任和安全管理小组领导下，具体负责油库的安全监督工作。

(2)贯彻国家、集团公司油罐法律、法规和制度，参与修订油库安全管理制度，参与编写安全技术措施和隐患整改方案。

(3)对各种重大作业环节进行安全监督，检查各项安全管理制度执行情况。

(4)对班组作业现场监督检查，纠正违章，遇有危及安全生产的紧急情况，有权令其停止作业，并立即报告有关领导。

(5)参与对员工的安全教育和培训、新上岗职工岗前安全教育及对外包工的安全教育。

(6)检查指导油库各班组做好各种安全记录，建立职工健康档案。

四、警卫人员安全职责

(1)认真学习和严格遵守安全生产禁令和相关安全规章制度，遵守劳动纪律，不违章作业，对本岗位的安全工作负直接责任。

(2)负责出入库车辆、人员的检查登记工作，负责客户的安全告示，入库(参观、施工、检查)人员的物品保管，临时出入证发放，以及器材、工作服的发放借用。

(3)积极参加各种安全活动和事故预案演练。

(4)上岗按规定着装，熟练并正确使用各种防护器具(含劳动防护用品)和消防器材。

(5)熟悉本岗位防火要求及措施，做到“四懂四会”。

五、电工组组长安全职责

(1)负责本班组的安全教育和岗位练兵，使之熟悉各项安全管理制度及各种设备操作规程，提高全员安全意识和业务素质。

(2)组织班组人员学习规章制度、操作规程，进行本岗位的危害识别，负责落实各项安全制度。负责制定本班组的有关工作计划，并督促落实。

(3)每周组织人员对所辖范围内的安全进行一次检查和讲评，对查出的问题负责整改和落实。对难以整改的要及时向领导汇报并采取切实可行的安全措施。

(4)熟悉本班组防火要求及措施，做到“四懂四会”。加强对所辖范围内消防器材管理，严防丢失损坏。

(5)熟悉掌握油库各种电气设备的性能、规格型号、操作方法、防火措施及安全要求。

(6)熟悉油库电力电缆分布情况，并对变配电、发电设施、输电线路等电气设备做好巡查和维护，做好防雷、防静电设施的周期检测、养护，并做好记录。

(7)对大、中修后的电气设备，应会同有关人员验收合格后，方能交付使用。

(8)负责办理临时用电的有关手续。

六、电工安全职责

(1)认真学习和严格遵守安全生产禁令和相关安全规章制度，遵守劳动纪律，不违章作业，对本岗位的安全工作负直接责任。

(2)严格遵守防爆防静电规定，上岗必须按规定着装。爆炸危险区内严禁使用非防爆器具。

(3)熟悉本岗位防火要求及措施，做到“四懂四会”。

(4)熟悉油库各种电气设备性能和技术要求，熟悉油库输供电线路分布情况。对油库电气设备进行巡查、检测和维护工作。

(5)负责本库输配电线路、电气设备、防雷防静电装置的管理与检测等工作。并妥善保管、正确使用各种工具。

(6)执行与落实临时用电许可的有关规定。

(7)做好各种记录。

七、维修组组长安全职责

(1)负责本班组的安全教育和岗位练兵，使班组成员熟悉各项安全管理制度及各种设备操作规程，提高全员安全意识和业务素质。

(2)组织班组人员学习规章制度、操作规程，进行本岗位的危害识别，负责落实各项安全制度。负责制定本班组的有关工作计划，并督促落实。

(3)每周组织人员对所辖范围内的安全进行一次检查和讲评，对查出的问题负责整改和落实。对班组难以整改的隐患和问题应及时向领导汇报，并采取切实可行的安全措施。

(4)熟悉本班组防火要求及措施，做到“四懂四会”。

(5)熟悉掌握油库各种设备的性能、规格型号、构造及工作原理、安装方法及使用要求和技术状况。

(6)组织全组人员做好设备的日常和周期检查、维修、保养。

(7)对检修后的设备，应会同有关部门进行验收，试运转合格后，方能交付使用。

(8)维修作业时监督班组人员对安全措施的落实情况，对违章作业的行为，应加以劝阻和制止。

(9)设备维修完毕，应督促填写有关检修记录，并清理现场。

八、维修工安全职责

(1)认真学习和严格遵守安全生产禁令和相关安全规章制度，遵守劳动纪律，不违章作业，对本岗位的安全工作负直接责任。

(2)作业时严格遵守防爆防静电规定，上岗必须按规定着装。爆炸危险区内严禁使用非防爆器具。

(3)熟悉本岗位防火要求及措施，做到“四懂四会”。

(4)熟悉掌握油库各种设备的型号规格、构造及工作原理、安装方法及使用要求和技术状况。

(5)每天对储输油设备进行巡检，发现问题及时处理。

(6)检修后的设备，应经试运转验收合格后，方能交付使用。

(7)作业完毕，应清理现场，并切断电源。

九、付油组组长安全职责

(1)负责本班组的安全教育和岗位练兵，使之熟悉各项安全管理制度及各种设备操作规程，提高全员安全意识和业务素质。

(2)组织班组人员学习规章制度、操作规程，进行本岗位的危害识别，负责落实各项安全制度。负责制定本班组的有关工作计划，并督促落实。

(3)每周组织人员对所辖范围内的安全进行一次检查和讲评，对查出的问题负责整改和落实；对难以整改的要及时向领导汇报并采取切实可行的安全措施。

(4)熟悉本班组防火要求及措施，做到“四懂四会”。加强对所辖范围内消防器材管理，严防丢失损坏。

(5)熟悉付油设备性能、操作方法、工艺流程，掌握所经营油品的规格、用途和安全规定，组织班组人员做好付油设备的日常维护工作。

(6)负责核对付油数量，定期对发油设备进行检测，确保付出油品准确。

十、付油员安全职责

(1)认真学习和严格遵守安全生产禁令和相关安全规章制度，遵守劳动纪律，不违章作业，对本岗位的安全工作负直接责任。

(2)熟悉掌握本岗位操作技能，严格执行操作规程，做好各项记录。

(3) 熟悉掌握本岗位防火要求及措施，做到“四懂四会”。

(4)发生事故时要及时向上级报告，按照应急预案进行处置。

(5)积极参加各种安全活动、岗位技术练兵和应急预案演练，负责维护岗位设备、器材等，保持环境整洁。

(6)认真核对提油车辆、品种、数量等信息无误后，方可开机付油，防止错付油品。付油时应密切注视灌装情况，发现问题立即停机，严防溢油。

(7)认真填写记录，做到当日账当日结，及时上报营业日报。

十一、输油组组长安全职责

(1)负责本班组人员的安全教育和岗位练兵，使之熟悉各项安全管理制度及各种设备操作规程，提高全员安全意识和业务素质。

(2)组织班组人员学习规章制度、操作规程，进行本岗位的危害识别，负责落实各项安全制度。负责制订本班组有关的工作计划，并督促落实。

(3)每周组织人员对所辖范围内的安全进行一次检查与讲评，对查出的问题应负责整改和落实；对难以整改的问题，应及时向领导汇报，并采取有效的安全措施。

(4)熟悉本班组防火要求及措施，做到“四懂四会”。加强对所辖范围内消防器材的管理。

(5)组织班组人员学习规章制度、操作规程，进行本岗位的危害识别，负责落实各项安全制度。

(6)熟悉本组管辖范围内的生产设备的性能、操作、工艺流程和防火措施。

(7)作业前应对组内人员交代生产任务，进行以防火、防爆、防混、防跑油为主要内容的危害识别和安全教育；并对人员进行分工，确保按时、安全完成任务。

(8)掌握作业情况，负责协调、处理工作中出现的问题，对违章作业的行为应及时纠正。

十二、输油工安全职责

(1)认真学习和严格遵守安全生产禁令和相关安全规章制度，遵守劳动纪律，不违章作业，对本岗位的安全工作负直接责任。

(2)上岗必须按规定着装，熟练并正确使用各种防护器具、防护用品。

(3)熟悉本岗位防火要求及措施，做到“四懂四会”。

(4)熟悉掌握油库装卸设备的工艺流程和操作程序，严格执行操作规程和安全管理规定。

(5)作业前，应认真检查设备的技术状况，防止跑油、混油等事故发生。

(6)对他人的违章行为应加以劝阻和制止。

(7)遇有雷雨大风天气，严禁装卸车作业。

(8)作业完毕应将设备摆放整齐，及时清理现场，做好工作场所的环境卫生。

十三、计量组组长安全职责

(1)负责本班组人员的安全教育和岗位练兵，使之熟悉各项安全管理制度及各种设备操作规程，提高全员安全意识和业务素质。

(2)组织班组人员学习规章制度、操作规程，进行本岗位的危害识别，负责落实各项安全制度。负责制订本班组有关的工作计划，并督促落实。

(3)每周组织人员对所辖范围内的安全进行一次检查与讲评，对查出的问题应负责整改和落实，对难以整改的问题，应及时向领导汇报并采取切实可行的安全措施。

(4)熟悉本班组防火要求及措施，做到“四懂四会”。加强对所辖范围内消防器材的管理。

(5)按规定对计量器具定期进行检定和校验。未经检定或不合格的计量器具不准使用。

(6)负责有关账卡的登记、油品的盘点及上报工作，处理有关计量纠纷事宜。

十四、计量员安全职责

(1)认真学习和严格遵守安全生产禁令和相关安全规章制度，遵守劳动纪律，不违章作业，对本岗位的安全工作负直接责任。

(2)上岗必须按规定着装，熟练并正确使用各种防护器具、防护用品。

(3)熟悉本岗位防火要求及措施，做到“四懂四会”。

(4)必须持证上岗，严格执行各项安全制度和操作规程，保证安全生产。

(5)装卸油作业时必须严守岗位，随时对进出油情况进行监视。油罐进油应严格控制安全高度，防止溢油事故发生。

(6)进出油作业中严禁用量油尺计量油罐。卸油结束后计量，应严格遵守稳油时间。

(7)遇雷雨大风天气，应停止计量作业。

(8)做好所辖设备的日常检查和维护工作。

(9)严格执行交接班制度，做好现场和书面交接。

十五、化验组组长安全职责

(1)负责本班组人员的安全教育和岗位练兵，使之熟悉各项安全管理制度及各种设备操作规程，提高全员安全意识和业务素质。

(2)组织班组人员学习规章制度、操作规程，进行本岗位的危害识别，负责落实各项安全制度。负责制订本班组有关的工作计划，并督促落实。

(3)每周组织人员对所辖范围内的安全进行一次检查与讲评，对查出的问题应负责整改和落实。对难以整改的问题，应及时向领导汇报并采取切实可行的安全措施。

(4)熟悉本班组防火要求及措施，做到“四懂四会”。加强对所辖范围内消防器材的管理。

(5)组织全组人员做好设施设备的日常维修保养，对化验仪器应按时检定，确保各类器材完好有效。各种仪器、药品、溶液、样品均应标志清楚，防止误用和错用。

(6)熟悉掌握化验设备的性能、操作方法、防火措施，加热易燃药品应使用电热板，水浴、油浴、沙浴，禁止直接用明火加热。

(7)对化验资料应妥善保管。

十六、化验员安全职责

(1)认真学习和严格遵守安全生产禁令和相关安全规章制度，遵守劳动纪律，不违章作业，对本岗位的安全工作负直接责任。

(2)上岗必须按规定着装，熟练并正确使用各种防护器具、防护用品。

(3)熟悉本岗位防火要求及措施，做到“四懂四会”。

(4)负责油品的入库、出库化验和库存油品的质量检查。

(5)进行有毒性气体试验时，必须一人操作，一人监护，并佩戴好劳动保护用品。

(6)化验中产生的废液废物要集中处理，不得乱扔乱倒。

(7)做好原始记录，确保结果准确，并妥善保管各种记录。每次作业完毕，及时切断电源，清理现场。

十七、消防员安全职责

(1)认真学习和严格遵守安全生产禁令和相关安全规章制度，遵守劳动纪律，不违章作业，对本岗位的安全工作负直接责任。

(2)上岗必须按规定着装，熟练并正确使用各种防护器具、防护用品。

(3)熟悉本岗位防火要求，做到“四懂四会”。熟悉消防设备和器材性能，并能熟练地使用与操作。

(4)熟悉灭火方案，服从命令，听从指挥。参与各种安全活动、岗位技术练兵和应急预案演练。按计划进行消防体能和技能训练。

(5) 值班员应坚守岗位，确保通信畅通，熟悉报警电话。认真执行交接班制度，并做好电话记录。

十八、消防司泵员安全职责

(1)认真学习和严格遵守安全生产禁令和相关安全规章制度，遵守劳动纪律，不违章作业，对本岗位的安全工作负直接责任。

(2)上岗必须按规定着装，熟练并正确使用各种防护器具、防护用品。

(3)熟悉本岗位防火要求，做到“四懂四会”。熟悉消防设备和器材性能，并能熟练地使用与操作。

(4)熟悉消防管网系统工艺流程，熟悉设备性能，并能熟练操作。负责设备的日常保养，使设备经常处于良好的战备状态。

(5)消防泵每天盘车，每周试运转一次，系统设备运转时间不少于15min。

(6)经常检查内燃机油箱的油料，保证灭火作业所需的油料。经常检查消防水池的储水量、泡沫液储量，对泡沫液应按规定及时更换。

(7)不得擅离岗位，随时观察设备运行情况。

猜猜看

1. 年年无事故(古都名)。
2. 公路平坦硝烟频，人仰马翻人财空(事故词汇)。
3. 倾城之灾(建筑事故)。
4. 万事俱备借东风(事故名称)。
5. 更生不借外力(救护用语)。

(谜底见第二章)

第二章　安全教育与培训

主题词：三级安全教育、标准化作业、“5S”管理

要点提示：从安全法制教育、安全技术和技能教育、安全态度教育、日常教育等方面叙述了班组安全教育的内容，重点讲述了三级安全教育内容，并且从标准化作业和“5S”管理强调了现场管理的重要性。

第一节　安全教育的内容

安全教育和培训的主要内容包括：安全法制观念教育、安全技术和安全技能教育、安全态度教育、日常安全教育和岗位技能训练。

一、安全法制观念教育

通过安全生产方针、安全生产法、危险化学品管理办法等国家法律法规的教育，提高全体员工安全生产重要性的认识，增强以人为本的安全理念；使员工懂得法律法规的强制性，增强严格执行安全操作规程，遵守劳动纪律的自觉性。

二、安全技术和安全技能教育

(一)安全技术教育

安全技术知识教育内容包括：生产技术知识、一般安全生产技术知识和专业安全技术知识等。

生产技术知识主要包括：企业生产经营的基本概况，经营商品的性质、性能，生产经营的技术过程、工艺流程，生产经营设备的

原理、构造等。

一般安全技术知识主要包括：企业生产经营产品的危险性、生产经营过程的危险因素、防火防爆的基本知识、消防知识、应急措施内容、个人劳动防护用品的使用等，是企业所有员工都必须具备的基本安全技术知识。

专业安全技术知识是指从事某一作业的员工所必须具备的专业安全生产技术知识的内容。主要是根据某一行业或某一岗位的安全生产技术、职业卫生技术所确定。具体到油品销售企业，内容涉及防火防爆措施、防爆电气、设备使用维护、操作规程、直接作业环节安全措施、危害辨识、职业健康等有关内容。

(二)安全技能教育

安全技能是指人们安全完成作业的技巧和能力。它包括作业技能、熟练掌握装置和设备操作的技能以及应急情况下进行处置的能力。安全技能教育重在生产实际能力的训练，这种能力与知识不同，知识主要用头脑理解，而技能要通过人体感官和操作来实现和完成。为了使安全作业的程序形成条件反射并固定下来，必须通过重复多次相同的操作，才能掌握要领。所以安全技能教育，必须放在现场教学上，通过实际操作中给予个别指导、监护，反复进行实际操作训练，以达到熟练操作的目的。

凡从事特殊工种作业的人员，应按照国家有关要求进行专业性安全技术培训，考试合格、取得特种作业操作证后，方可上岗工作，并定期参加复审，成绩记入个人安全教育卡片。

在新工艺、新技术、新装置、新产品投产前，各单位应组织编制新的安全操作规程，并组织专门培训。相关人员经考试合格后，取得安全作业证方可上岗操作。

三、安全态度教育

安全态度教育是安全教育的一项重要内容。作业人员虽然掌握了安全技术和安全技能，但在实际生产操作过程中是否按照操作规程要求进行操作，是由自己个人的思想意识所支配。安全教育的目的就是要使操作者自觉自愿地规范操作，实现“要我安全”到“我要安全”的转变，避免“三违”，实现“三不伤害”。

四、班组日常安全教育

日常安全教育的方式是多种多样的，可根据企业制度标准变化、人员变化、设施设备变化、工艺变化、员工生理和心理状态、天气季节变化、生产经营环境变化进行日常安全教育。一般情况下主要内容包括：

(1)及时落实国家及上级有关安全生产法律法规、制度、标准、安全要求，传达会议精神。

(2)通报有关事故情况，分析事故原因，应该吸取的教训，下一步应该注意的事项和措施。

(3)总结、分析安全生产工作情况，查找存在问题，布置下一步工作。

(4)学习安全生产法律法规和标准，学习采取新技术、新工艺、新设备后的有关技术要求和操作规程。

(5)根据季节和天气变化，强调所从事的工作应注意的具体事项。

(6)通过板报、网络宣传、设备点检、警示教育、案例分享、亲情文化、应急演练等多种形式的安全活动，提高员工安全意识和安全技能。

(7)发生事故或未遂事故时，按照《安全事故管理规定》要求，对事故责任者和相关员工进行安全教育，吸取教训，防止发生类似事故。

五、岗位练兵

岗位练兵是促使员工学习安全和生产技术的有效手段之一。长期坚持适当的岗位练兵，对提高员工的技术素质、安全技能、操作水平都有十分重要的作用。岗位练兵的方式和方法很多，如安全知识竞赛、安全技能比武等。

六、安全活动

班组安全活动是班组的一项重要工作，要认真组织，保证出勤率。安全活动应有针对性、科学性，做到经常化、制度化、规范化，防止流于形式和走过场。班组安全活动应做到有领导、有计划、有内容、有记录。

班组安全活动每月不应少于 2 次，每次不少于 1 学时；部门安全活动每月 1 次，每次不少于 2 学时。安全活动时间不应挪作他用。班组安全活动主要内容：

(1)学习国家有关安全生产的法令和法规；

(2)学习有关安全生产文件、安全通报、安全技术规程、安全管理制度和安全技术知识；

(3)结合事故通报和《班组安全》等安全学习材料，讨论分析典型事故，总结和吸取事故教训；

(4)防火、防爆、防中毒和自我保护能力训练，以及异常情况紧急处理和应急演练；

(5)开展岗位安全技术练兵，组织安全技术表演；

(6)检查安全规章制度执行情况，查找并组织消除事故隐患；

(7)开展安全文化活动，进行安全技术座谈，观看安全教育电影和录像。

第二节　三级安全教育

一、三级安全教育内容

(一)班组长安全教育

班组长的安全教育由各单位人事、教育部门会同安全部门组织实施，经考核合格后方能任职。安全教育时间不应少于 24 学时，安全教育的主要内容：

(1)国家安全生产方针、政策、法律、法规和本单位安全生产规章制度。

(2)安全技术、职业卫生和安全文化的知识、技能。

(3)本班组和有关岗位的危险有害因素、安全注意事项、本岗位安全生产职责。

(4)典型事故案例及事故抢救与应急处理措施等。

(二)新员工安全教育

所有新员工(包括学徒工、外单位调入员工、合同工、代培人员和大中专院校毕业生、有技术岗位的季节性农民外用工等)上岗前应接受三级安全教育，教育时间不少于72学时，经考试合格后方可上岗。

一级(厂级)安全教育由本单位人事、教育部门会同安全部门组织实施，时间不少于24学时。安全教育的主要内容:

(1)国家有关安全生产方针、政策、法律、法规;

(2)通用安全技术、职业卫生、安全生产基本知识，包括一般机械、电气安全知识、消防知识、安全文化知识和气体防护常识等;

(3)本单位安全生产的一般状况、性质、特点和特殊危险部位的介绍;

(4)公司和本单位安全生产规章制度，企业5项纪律(劳动、操作、工艺、施工和工作纪律);

(5)典型事故案例及其教训，预防事故的基本知识。

二级(车间级)安全教育时间不少于32学时，安全教育的主要内容:

(1)工作环境及危险有害因素;

(2)所从事工种可能遭受的职业危害和伤亡事故;

(3)所从事工种的安全职责、操作技能及强制性标准;

(4)自救互救、急救方法、疏散和现场紧急情况的处理;

(5)安全设施、个人防护用品的使用和维护;

(6)本车间安全状况及相关的规章制度;

(7)预防事故和职业危害的措施及应注意的事项;

(8)有关事故案例;

(9)其他需要培训的内容。

三级(班组级)安全教育时间不少于16学时，员工厂际调动工作后应重新进行入厂三级安全教育。单位内工作调动、转岗、下岗再就业、干部顶岗以及脱离岗位12个月以上者，应进行二、三级安全教育，经考试合格后，方可从事新岗位工作。安全教育的主要内容：

(1)班组、岗位的安全生产概况，本岗位的生产流程及工作特点和注意事项；

(2)本岗位的职责范围，应知应会；

(3)本岗位安全操作规程，岗位间衔接配合的安全卫生事项；

(4)本岗位预防事故及灾害的措施。

二、三级安全教育方法

班组安全教育培训由班组长负责组织，由班组长和安全员进行讲授，也可以同时安排同岗位或相近、相关岗位的老职工进行讲解，并且要在进行讲解安全生产有关规定、制度的基础上，将重点放在实际操作上，主要在现场讲解安全操作规程、设备、安全装置、劳动防护用品的性能和使用方法，确保新员工认识、理解和弄懂本班组、本岗位所应注意的安全事项。要达到不仅能让员工“知其然”，而且要“知其所以然”，提高员工的安全意识和安全行为。

三、影响安全的心理因素

据安全专家统计：88%的事故是由人的不安全行为造成的，而这些人为原因中，又有80%是心理原因。下面列举一些影响安全的主要心理因素，以引起重视。

(一)侥幸心理

有些人在经历几次违章没发生事故的体验后，便觉得安全规章制度碍手碍脚，以为即便违章也不一定出事故。这就是侥幸心理。有些人就是在这种侥幸心理的支配下，经常违章，直至发生事故。违章是最常见的不安全行为。

(二)经验心理

有些人过分相信经验，哪怕是片面的经验。他们听不进别人的劝告，不容易接受新的防护装置或新的更安全的操作方法。“多少年都是这么干的，也没出事啊”，“我师傅就是这么干的，也没出事啊!”这就是经验心理的典型写照，而这恰恰为安全埋下隐患。

(三)“赶工”心理

任务越急，时间越紧，越容易出差错，越容易忽视安全。为完成任务而忽视安全措施；为赶时间免去必要的谨慎和复核；为腾人手而撤掉安全监督人员，这些都是“赶工”心理在作怪。

(四) 麻痹大意

工作过一段时间以后，有些员工不再像刚学会操作设备时那样谨慎了，自以为有了经验，变得满不在乎了。很多事故证明：第一，出事故者往往是工作一到两年的“新手”，随着时间的推移，老员工会更加谨慎；第二，越是在生产运作平稳时越容易发生事故，人们在精神适度紧张时反而不容易发生事故。

(五)偷懒省事

为图省事，不采用必要的安全措施，酿成大患的例子比比皆是：电气焊不备灭火器造成大火；登高作业不备防护装置，致使摔死摔伤。

(六) 心情烦躁

有些人把生活中的不愉快带到工作中，最后给自己和家人都带来了痛苦。特别是加油员等岗位，需要全身心地投入工作，稍有分神就可能酿成大祸。有些人挨了批评或者遇到一些不顺心的事，就容易赌气。这些都是非常危险的不安全因素，因为在这种状态下，人很容易失去理智，甚至做出伤害他人的事情来。

(七)争强好胜

这种情形容易发生在年轻人身上。有些年轻人为了显示自己的本领，不顾安全，冒险行事，比如开快车、超负荷操作等。一些刚进入企业的新员工，可能原来看到别人操作过某种设备，就以为自己也会，冒险操作，结果设备开动后却难以驾驭。

（八）判断失误

由于以上诸多原因又常常导致员工在工作或危险面前产生错觉，造成判断失误，酿成无可挽回的损失。

第三节 现场管理

一、标准化作业

客户需要的变化越来越快，一线员工的流动率越来越高，随着人工成本的升高，动态的结构性用工又成为必然，在这样的市场环境和社会环境中，要保持高质量、高效率、低成本和快速应变的竞争优势，标准化作业管理至关重要。

标准化作业管理是班组长的重要工作，与设备管理、工艺改进、人员管理更是密不可分，涉及产品技术、工艺技术、管理技术等。因此，完善标准化作业管理体系，提升班组长的标准化作业管理能力可以直接提升企业的基础竞争力。

所谓标准化，就是把相关的技术、经验进行整理、分类，然后科学归纳，并通过文件的方式——《操作标准手册》或《生产作业指导书》来加以保存，成为生产中所有人必须统一使用的操作依据。

如果没有标准化，所有曾经发生过问题的应对方法、作业技巧等宝贵经验就不能成为解决同样问题的依据；没有标准化，不同的人就有可能对言传身教的经验和要求理解不同，其工作结果的一致性也就不能保证。比如炒菜时放盐“少许”，烧火时注意“火候”等，不同的人有不同的理解，结果也就不同。但实施标准化以后，炒什么菜放盐要精确到几克，在什么时候放；火候要精确到多少温度，持续多少时间。这样，就可以保证不同的人做同样的菜，也能得到相同的品质。因此，现代企业生产作业中，标准化管理是保证产品质量的重要手段。

（一）作业标准的制定——《操作手册》

很多企业都制定了这样或那样的标准，但仔细分析就会发现，许多标准仍然存在着要求不明确、操作性差等问题。例如，“要求冷却水流量适中”。什么是“流量适中”？怎么操作？“要求将半成品码放在适宜的地方”，什么是“适宜的地方”？怎样“码放”？都不明确，也就难以准确操作。

一个好的作业标准至少应满足如下五点：

1. 指向目标

标准必须是面对目标的，必须保证遵循此标准能生产出相同品质的产品或达到相同的结果。

2. 显示过程和结果

比如：“焊接厚度应是3μm”。这只是一个结果，应清楚地描述为“焊接时，应施加3.0A电流20min来获得3.0μm的厚度”。

3. 准确、具体

就是要保证每个人都能准确理解，并且每个人的理解必须完全相同。如：看到桌子脏时要擦拭（错），每天8:00、16:00用抹布擦拭桌子一次（对）；开车不可太快（错），车速应控制在50~80km/h之间（对）；烘箱温度不可太高（错），烘箱温度应控制在100℃±2℃（对）。

4. 可操作性

标准的可操作性非常重要，否则就意味着该标准不具有指导意义。

5. 手册修订

手册是按照标准编写的，因此标准必须是最新的。下列情况发生时，应及时修订标准或更换新手册。

（1）所用标准已难以执行。

（2）设备、工具或监视测量装置已经改变。

（3）工艺或工作程序发生改变。

（4）外部标准或法律法规发生改变。

（5）发现问题并改变作业步骤。

（二）标准化作业的保持

1. 领导重视

标准化作业的意义在于简化管理，提高效率；减少差错，降低成本。它可能涉及人、机、料、法、环、资、能、信等相关因素，而这些工作是一个班组所不能覆盖的。因此，各级领导应当营造并保持使员工充分参与实现目标的良好内部环境，为标准化作业提供企业文化氛围的支持。

2. 标准化作业培训

培训是大家熟悉、理解，并适应新的工作标准的有效方式。不要指望一次培训解决所有问题，培训应该是循环的不断提升的，应该制订一个长期计划。

3. 检查

检查是对执行及培训效果的验证。适当的检查可获得诸如标准的可操作性、与生产的适应程度、执行情况以及员工的理解等多方面的信息。一旦发现标准执行不力或培训不到位，可以及时调整方法或采取其他相应措施。因此，检查对保证标准的良好执行具有非常重要的作用。

检查一定要策划，对检查的内容、目的、方法、时间、周期、依据一定要有明确规定。这样，获得的信息才准确。

4. 处置

检查的结果一定要进行合理处置。对于未能执行标准的，要对其不符合项进行追踪，责令当事人写出书面原因分析及整改措施，并对其整改情况进行二次验证。

《操作标准手册》或《生产作业指导书》是标准化作业的基本文件，只有严格按照标准进行作业，才能保障生产的正常、安全和产品的质量。因此要有措施保证标准的落实。

二、“5S”现场管理

“5S”生产现场管理来源于日本企业，是指整理、整顿、清扫、清洁和素养。由于“5S”对塑造企业形象、降低成本、安全生产、作业标准化、创造良好作业环境等方面的巨大作用，现逐渐被各国企业所认同。

（一）“5S”现场管理的主要内容

1. 整理

所谓整理，就是将必需物品与非必需物品区分开。

在生产岗位上，必需物品应摆放在挂牌明示的指定位置上，非必需物品则坚决进行处理。这样做的目的是：腾出宝贵空间，摆好必需物品；防止物品误用和误送，创造清爽、舒适、有效率的工作场所。这些被处理的物品可能是原辅材料、半成品和成品、设备仪器、管理文件等。

整理后保留下的每件物品都是必需的，但是将必需品的数量要降低到最低程度。当场地不够时，不要先考虑增加场所，而是应整理现有的场地。

2. 整顿

整顿就是把必需的人、事、物加以定量和定位，对生产现场需要留下的物品进行科学合理的布置和摆放，以便在最快速的情况下取得所要之物。简言之，整顿就是人和物放置方法的标准化。这样就会将寻找物品的时间减少为零；有异常(如丢失、损坏)能马上发现；不同的人去做，结果是一样的(标准化)。

3. 清扫

清扫就是将工作场所、环境、仪器设备、材料、工具等上的灰尘、污垢、碎屑、泥沙等脏东西清扫擦拭干净，创造一个一尘不染的工作和作业环境。清扫的执行应分配每个人应负责清洁的区域。分配区域时必须清楚地划清界限，不能留下没有人负责的区域。

在整洁明亮的环境里，任何异常，包括一颗螺丝钉掉在地上都可马上发现，设备异常在保养中就能被及时发现并得到解决。

4. 清洁

清洁就是在“整理”、“整顿”、“清扫”之后，认真维护，保持最佳状态，形成制度和习惯。在产品的生产过程中，永远会伴随着无用的物品产生，这就需要随时将其清除。

5. 素养

素养就是培养全体员工良好的工作习惯、组织纪律和敬业精神。每一位员工都应该自觉养成遵守规章制度、工作纪律的习惯，努力创造一个具有良好氛围的工作场所，这是“5S”的核心。

有一个原则应该始终遵循——管理的简洁化永远是一个方向。

因为简洁的管理易于执行和降低差错率。不同的企业有不同的经验，这些经验不是每个企业都需要、都适宜的。

（二）“5S”现场管理的实施

整理并不是简单地把物品排好或放好，而是把“要”与“不要”的物品分清楚，然后把无用的物品丢弃。

整理需要“舍弃”的智慧。非必需的物品要断然处置。

（1）制定“要”和“不要”的判别基准，这个基准就是物品的“现使用价值”，而不是“原购买价值”。

（2）按基准清理“不要”的物品。

（3）制定废弃物品处理方法。

（4）自查工作场所，特别是看不见的地方。

整顿不是把物品摆放美观，而是把最需要的东西放在自己最方便顺手的地方。仅仅自己知道是不够的，还要让大家“一目了然”。

（1）落实“整理”的工作。整顿就是将所有留下的物品的位置固定，明确放置方法及予以标示，以便在需要的时候能够立即找到。

（2）明确“三要素”，即场所、方法和标示。明确场所——根据实际工作场地和空间规划使用区域；明确物品的用途、功能、形态、形状、重量、使用频度等因素决定放置的方法；明确标示——根据实际情况采用统一规定的颜色清楚地标示区域、分类、名称、数量、用途、负责、去向等相关信息。关键让每个人能在需要时及时知道要用的东西在哪里。

（3）明确“三定”原则，即定点、定容和定量。在不影响生产的情况下，尽可能减少物品摆放的数量，要明确在每一处有多少数量是合适的。

清扫是发现问题和清除隐患的必要手段，但并非解决问题的根本，只是为了探索根治隐患的门路而已。清扫最重要的是认真、彻底、细心、重视并持之以恒。清扫是提高品质的基础。

（1）建立责任区，明确到人。

（2）建立清扫基准和作业规范。

（3）建立规章制度，坚持清扫工作日常化、制度化、标准化。

(4) 寻找污染源，实施改善。

清洁就是保持清洁的现场。上级的关注目标会对员工产生引导作用。人们会去做能够受到表扬和奖励的事情。因此管理奖惩严明，以身作则，就一定能实现目标。

(1) 对每个岗位制定“5S”实施确认表，明确应负责的范围、对象、方法、时间、要求、检查、实施、记录等，使工作制度化。

(2) 所有区域、设备、物品等都应明确到具体的责任人。

(3) 制定评比方法，奖励制度，定期检查评比，加强执行。

(4) 制定“5S”活动竞赛方法，导入竞争制度。

(5) 领导认真对待，带头实施，带动全员重视。

素质就是通过教育，使大家养成遵守规定的习惯。

“5S”以教养为始终，保持美的就是教养。管理和技术都可以依葫芦画瓢地学习，但能长期支撑管理和技术优势的却是作风与精神。

(1) “5S”活动不是员工自发性的活动，只有坚持不懈地教育、强化、督促，才能养成良好的习惯。

(2) 从上到下，认真扎实，按计划循序渐进地推行。

(3) 制定和加强各种必要的规则、标准、纪律。

(4) 进行各种推动素养提升的活动。

管理智库

破窗理论

美国政治学家威尔逊和犯罪学家凯林提出有名的“破窗理论”：如果有人打坏了一栋建筑上的一块玻璃，又没有及时修好，别人就可能受到某些暗示性的纵容，去打碎更多的玻璃。“破窗理论”体现的是细节对人的暗示效果，以及细节对事件结果不容小视的作用。

★ 任何制度都有被破坏的可能，任何管理上的疏忽都可能酿成大的祸端。必须警觉看似偶然的、个别的、轻微的“过错”，如果对这些行为熟视无睹或纠正不力，就会导致不良现象的无限扩展。

★ 环境具有强烈的暗示性和诱导性，没有及时修复的破窗，会导致更多的窗户玻璃被打破，造成积重难返、恶性循环的严重后果，及时发现和修复第一扇破窗是管理的重中之重。

★ 对各种 HSE 的“破窗”行为(典型问题、隐患违章、事件事故)实施“四不放过”。

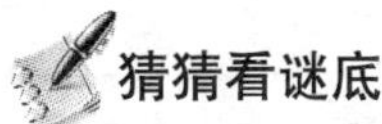

猜猜看谜底

1. 长安；2. 车祸；3. 倒塌；4. 烧伤；5. 自救。

第三章　防火防爆知识

主题词：油品危险特性、爆炸危险区域、静电、灭火器材

要点提示：做为一名油品销售行业的员工，应知道哪些工作环境是危险的，并且在工作中应做好防静电、防雷等防范措施，掌握好灭火器材的使用。

第一节　油品的危险特性

一、油品的理化参数

油品的理化参数是衡量使用性能最简易、最常用的尺度，在油品安全管理上具有重要意义。

(一)闪点

石油产品在规定条件下，加热到它的蒸气与空气所形成的混合气体接触火焰发生闪火时的最低温度称为闪点。闪点是有火灾危险出现的最低温度，可以判定油品发生火灾的危险性。闪点越低，火灾危险性越大。闪点的一般规律是油品的相对分子质量越小，馏分组成越轻，蒸气压越高，则油品的闪点越低，反之，馏分组成越重的油品，则具有较高的闪点。凡闪点不大于45℃的油品为易燃油品，如汽油、煤油。闪点大于45℃的油品为可燃油品，如柴油、润滑油。

两种或两种以上的油品相混后，其闪点低于混合油品闪点的平均值，不具有加合性，一般接近于低闪点的油品闪点。如闪点为 -38℃的汽油和闪点为38℃的煤油，按1∶1 比例混合。则混合油品

的闪点低于0℃，接近于－38℃，因此混合油品的火灾危险性应以低闪点的油品来衡量。

（二）燃点和自燃点

石油产品在规定条件下，加热到它的蒸气能被接触的火焰引燃并燃烧不少于5s时的最低温度称为燃点。油品燃点高于闪点。油品受热至一定程度时，没有与火焰接触能发生持续燃烧的最低温度称为自燃点。油品自燃点的变化规律与闪点相反。

（三）密度

单位体积所含物质的质量称为该物质的密度。油品的密度小于水，故不能直接用水扑救油品火灾。典型的油品密度范围见表3－1。

表3－1 几种油品的密度范围 kg/m^3

油　品	标准密度	油　品	标准密度
车用汽油	710～730	轻柴油	800～830
航空汽油	730～845	内燃机油	880～900
灯用煤油	820～840	汽轮机油	870～890

蒸气密度一般以相对密度来表示，是指气体或液体蒸气质量相对于某种其他气体的质量，可用等体积的两种气体的质量之比，或一种气体的密度与另一种气体的密度在相同压力和温度下的比值表示。一般以空气作为参照气体，油品蒸气的密度一般是纯空气的1.1～5.9倍，所以油蒸气同空气混合后，混合气体有集中于地面处或较低地势的趋势。由于油气密度比空气大，所以油品发生燃烧时，用于灭火的气体密度要高于油气密度，否则覆盖在火焰上，遮住或冲释可燃气体的作用就小。

（四）电阻率

电阻率是指单位长度导体，单位面积的电阻率。油品电阻率是衡量油品导电性能的物理参数，是电导率的倒数，单位为Ω·m。原油或重油的电阻率一般低于10^8Ω·m，不易积聚静电，轻质油品的电阻率一般为10^{10}～10^{12}Ω·m，最易产生并积聚静电。

(五)热值

热值是指单位质量或单位体积的可燃物质在完全燃烧时所放出的热量。可燃物质在燃烧时产生的热量大小、火焰高低、燃烧速度快慢、爆炸时所能达到的最高温度和最大压力等等都与热值有关。热值越高，燃烧时产生的热量越大，燃烧温度越高，燃烧速度也就越快，其能达到的最高温度和最高压力也就越大。轻质油品的热值都比重质油品大，所以一旦发生燃烧，其产生的热量也很大，比重质油品更具有危险性。

(六)体膨胀系数

当温度每变化1℃，物质体积的相对变化率称为物质的体膨胀系数，单位为$℃^{-1}$。油品在0～100℃范围内的平均体膨胀系数值：汽油0.0012$℃^{-1}$，煤油为0.0010$℃^{-1}$，柴油为0.0009$℃^{-1}$。

油品的体膨胀系数越大，受热后体积膨胀值也越大，同时蒸气压力增高。若在密闭容器中，会造成容器的膨胀，甚至爆裂，所以对盛装油品的容器，特别是轻质油品，容器应留有不少于5%的空间。

二、油品火灾危险性分类

闪点作为油品危险性分类的尺度，将油品分为甲、乙、丙三类，详见表3－2。

表3－2 油品的火灾危险性分类

类别		油品闪点	举例
甲		<28℃	原油、汽油
乙		28～60℃	喷气燃料、灯用煤油、轻柴油
丙	A	60～120℃	重柴油、20#重油
	B	>120℃	润滑油、100#重油

三、油品的危险特性

(一)易燃性

燃烧是一种同时有光和热产生的快速氧化反应。油品的组分主要是碳氢化合物及其衍生物，是可燃性有机物质。其中许多油品的闪点较低，同燃点很接近，不需要很高温度，甚至在常温下蒸发速度也很快。由于油品在储存收发作业中，不可能是全封闭的，导致油蒸气大量积聚和漂移，存在于有大量助燃物的空气中，只要有足够的点火能量，很容易发生燃烧。油品的燃烧速度很快，尤其是轻质油品，汽油的燃烧线速度最大可达5mm/min，质量速度最大可达221kg/($m^2\cdot h$)，水平传播速度也很大，即使在封闭的储油罐内，火焰水平传播速度可达2.4m/s，因此，油品一旦发生燃烧，氧气供给难以控制，很容易造成更大的危险。

(二)易爆性

物质从一种状态迅速地转变成另一种状态，并在瞬间放出巨大能量同时产生巨大声响的现象称为爆炸。爆炸是一种破坏性极大的物理化学现象。石油产品的蒸气中存在一定数量的氢分子，含有氢分子的油蒸气与空气组成混合气体达到爆炸极限时，遇到引爆源，即能发生爆炸。

油品的爆炸极限很低，尤其是轻质油品，浓度在爆炸极限范围的可能性大，引爆能量仅为0.2mJ，而加油站中绝大多数引爆源都具有足够的能量来引爆油气混合物。油品的易爆性还表现在爆炸温度极限越接近于环境温度，越容易发生爆炸。冬天室外储存汽油，发生爆炸的危险性比夏天还大。夏天室外储存汽油，因气温高，在一定时间内，汽油蒸气的浓度容易处于饱和状态，遇火源往往发生燃烧，而不是爆炸。

(三)易积聚静电荷性

两种不同的物体，包括固体、液体、气体和粉尘，通过摩擦、接触、分离等相对运动而产生的没有定向移动的电荷称为静电。静电的产生和积聚同物体的导电性有关。油品的电阻率在$10^{10}\Omega\cdot m$以上，是静电非导体。当油品在输运、装卸和加油作业时产生大量的静电，并且油品静电的产生速度远大于流散速度，很容易引起静电荷积聚，静电电位往往可达几万伏。而静电积聚的场所，常有大量的油蒸气存在，很容易造成静电事故。油品静电积聚不仅能引起静电火灾爆炸事故，还限制油品的作业条件。

(四)易受热膨胀性

油品受热后，温度升高，体积膨胀。如汽油，温度变化1℃，其体积变化0.12%。所以储存汽油的密闭油桶如靠近高热或日光曝晒，受热膨胀，桶内压力增加，容易造成容器胀破。故各种规格的油桶，不同季节都应规定不同的安全容量。一般来说油桶装油后应保持5%～7%的气体空间，以备油品受热膨胀。油桶灌装标准详见表3－3。

表3－3 油桶灌装标准 kg

油品名称	200L大桶		100L中桶	30L扁桶
	夏季	冬季		
汽油	135	140	68	21
轻柴油	155	160	80	24
煤油	155	160	78	24
120#溶剂油	130	135	65	20
200#溶剂油	140	145	70	21
机械润滑油	160～170		80～85	25～26
内燃机油	170		85	25
变压器油	165		82	25
齿轮油	170～175		85～87	26～27
润滑脂	180		90	

(五)易蒸发、易扩散和易流淌

石油产品主要由烷烃和环烷烃组成，大致是碳原子数4以下为气体，5～12为汽油，9～16为煤油，15～25为柴油，20～27为润滑油。碳原子数16以下为轻质馏分，烃类分子很容易离开液体，挥发到气体中。1kg的汽油大约能蒸发为0.4m^3的汽油蒸气。煤油和柴油虽然蒸发较慢，但比水蒸发快得多。

油气同空气混合后的混合气体密度同空气很接近，尤其是轻质油品蒸气同空气的混合物，受风影响扩散范围广，并沿地面漂移，积聚在坑洼地带，所以加油站内建构筑物之间一定要有安全距离，以防火灾及险情扩大。

液体都具有流动扩散的特性，油品的流动扩散能力取决于油品的黏度。低黏度的轻质油品，密度小于水，其流动扩散性很强。所以储存油品的设备由于穿孔、破损，常发生漏油事故。

（六）毒性

油品及其蒸气都具有一定的毒性，一般属于刺激性、麻醉性的低毒物质。加油站作业中人体防护不可能全封闭，不可避免地接触到油品，吸入油蒸气。因此，加油站应加强防毒劳动保护措施。

第二节　燃烧和爆炸

一、防火技术基本知识

（一）燃烧条件

1. 燃烧的必要条件

燃烧是有条件的，它必须是可燃物质、氧化剂和着火源这三个条件同时存在并且相互作用才能发生。也就是说，发生燃烧的条件必须是可燃物质和氧化剂共同存在，并构成一个燃烧系统；同时，要有导致着火的火源。

（1）可燃物。物质被分成可燃物质、难燃物质和不可燃物质三类。可燃物质是指在火源作用下能被点燃，并且当火源移去后能继续燃烧，直到燃尽的物质，如汽油、木材等。难燃物质是在火源作用下能被点燃并阴燃，当火源移去后不能继续燃烧的物质，如聚氯乙烯、酚醛塑料等。不可燃物质是指在正常情况下不会被点燃的物质，如钢筋、水泥、砖、砂、石等。可燃物质是防爆与防火的主要对象。

凡是能与空气、氧气和其他氧化剂发生剧烈氧化反应的物质，都称为可燃物质。可燃物质的种类繁多，按其状态不同可分为气态、液态和固态三类，一般是气体较易燃烧，其次是液体，再次是固体。

(2)氧化剂。凡具有较强的氧化性能，能与可燃物发生氧化反应的物质称为氧化剂。

氧气是最常见的一种氧化剂，由于空气中含有21%的氧气，因此，人们的生产和生活空间，普遍被这种氧化剂所包围。多数可燃物质能在空气中燃烧，也就是说，燃烧的氧化剂这个条件广泛存在着，而且采取防火措施时，在人们工作和生活的场所，它不便被消除。

(3)着火源。具有一定温度和热量的能源，或者说能引起可燃物质着火的能源称为着火源。

生产和生活中常用的多种能源都有可能转化为着火源。例如，化学能转化为化合热、分解热、聚合热、着火热；电能转化为电阻热、电火花、电弧、静电发热、雷击发热；机械能转化为摩擦热、压缩热、撞击热；光能转化为热能。

2. 燃烧的充分条件

在研究燃烧的条件时还应当注意到，上述三个基本条件在数量上的变化，也会直接影响燃烧能否发生和持续进行。例如，氧在空气中的浓度降低到14.4%以下时，汽油的燃烧即停止；着火源如果不具备一定的温度和足够的热量，燃烧也不会发生；没有熄灭的烟头可以点燃汽油，但如果落在大块的木材上，则很难引起木材的燃烧，这是因为燃着的烟头虽然有超过木材着火的温度，但却缺乏足够热量。实际上，燃烧反应在可燃物、氧化剂和着火源等方面都存在着极限值。因此，燃烧的充分条件有以下几个方面。

(1)一定的可燃物浓度。可燃气体或蒸气只有达到一定的浓度时才会发生燃烧。例如，氢气的浓度低于4%，便不能点燃；煤油在20℃时，接触明火也不会燃烧，这是因为在此温度下，煤油蒸气的数量还没有达到燃烧所需浓度的缘故。

(2)一定的含氧量。如汽油燃烧所需最低含氧量为14.4%；煤油燃烧所需最低含氧量为15.0%；氢气燃烧所需最低含氧量为5.9%。

(3)一定的着火源能量，即能引起可燃物质燃烧的最小着火能量。

如汽油最小着火能量为0.2mJ；氢(28%～30%)最小着火能量为0.019mJ；甲烷(8.5%)最小着火能量为0.28mJ；丙烷(5%～5.5%)最小着火能量为0.26mJ。

(4)相互作用。燃烧的三个基本条件须相互作用，燃烧才能持续进行。

综上所述，燃烧必须在必要、充分的条件下才能进行。

(二)火灾及其分类

1. 火灾的概念

广义地说，凡是超出有效范围的燃烧称为火灾。在消防工作中有火灾和火警之分，两者都是超出有效范围的燃烧，当人员和财产损失较小时登记为火警，即不足一般火灾标准的起火事故。由公安部、原劳动部、国家统计局制定颁布的《火灾统计管理规定》中，火灾的定义是“凡失去控制并对财产和人身造成损害的燃烧现象都为火灾”。

2. 火灾的分类

灭火器配制场所的火灾种类按照《建筑灭火器配置设计规范》(GB 50140—2005)根据物质及其燃烧特性划分为以下几类：

(1)A类火灾　固体物质火灾；

(2)B类火灾　液体火灾或可熔化固体物质火灾；

(3)C类火灾　气体火灾；

(4)D类火灾　金属火灾；

(5)E类火灾(带电火灾)　物体带电燃烧的火灾。

加油站和油库主要是B类火灾、C类火灾和带电火灾，一般不存在D类火灾。

(三)防火技术措施的基本原则

对于加油站或油库防火技术措施可以有十几项或几十项，但它们都是在防火技术基本理论的指导下采取的，归纳起来，主要有以下几方面技术措施。

1. 消除着火源

防火的基本原则应建立在消除火源的基础之上。无论是加油站还是油库，都处于可燃物质的包围之中，而这些物质又存在于人们生产经营现场。这就是说，只有消除火源，才能在绝大多数情况下满足预防火灾和爆炸的基本要求。可以说，火灾原因调查实际上就是查出是哪种着火源引起的火灾。

消除着火源的措施很多，如安装防爆灯具、禁止烟火、接地避雷、隔离和控温等。

2. 控制可燃物

防止燃烧基本条件中的任何一条，都可防止火灾的发生。如果采取消除燃烧条件中的两条，就更具安全可靠性。在加油站和油库防火条件中，通常采取防止火源、防止油品渗漏和油蒸气积聚的各种有关措施。

控制可燃物的措施主要有：生产经营场所用难燃和不燃材料代替可燃材料；降低可燃物质(可燃气体、可燃液体蒸气)在空气中的浓度，如油泵房采取全面通风或局部排风，使可燃物不易积聚，从而不会超过最高允许浓度；防止可燃物质的跑、冒、滴、漏。

3. 隔绝空气

4. 防止形成新的燃烧条件，阻止火灾范围的扩大

设置阻火装置，如在储油罐和加油站储罐的呼吸管设置阻火器，一旦发生回火，可阻止火焰进入储罐内；在车间或仓库里筑防火墙，或在建筑物、设备之间留防火间距，一旦发生火灾，使之不能形成新的燃烧条件，从而防止扩大火灾范围。

综上所说，一切防火技术措施都包括两个方面：一是防止燃烧基本条件的产生；二是避免燃烧基本条件的相互作用。

二、防爆技术基本知识

(一)爆炸的特征

物质从一种状态迅速地转变成另一种状态，并在瞬间放出巨大能量同时产生巨大声响的现象称为爆炸。所谓“瞬间”，就是说爆炸发生于极短的时间内，通常是在1s之内完成。

爆炸的内部特征是物质发生爆炸时，产生的大量气体和能量在

有限体积内突然释放或急骤转化，并在极短时间内，在有限体积中积聚，造成高温高压。爆炸的外部特征是爆炸介质在压力作用下，对周围物体(容器或建筑物等)形成急剧突跃压力的冲击，或者造成机械性破坏效应，以及周围介质受振动而产生的声响效应。不论内部还是外部特征，压力的瞬时急剧升高是爆炸的主要特征。

(二)爆炸的破坏作用

1. 冲击波

爆炸形成的高温、高压、高能量密度的气体产物，以极高的速度向周围膨胀，强烈压缩周围的静止空气，使其压力、密度和温度突跃升高，像活塞运动一样推向前进，产生波伏状气压向四周扩散冲击。这种冲击波能造成附近建筑物的破坏，其破坏程度与冲击波的能量大小有关，与建筑物的坚固程度及其产生的冲击波的中心距离有关。

2. 碎片冲击

爆炸的机械破坏效应会使容器、设备、装置以及建筑物材料的碎片，在相当大的范围内飞散而造成伤害。碎片的四处飞散距离一般可达 100 ~ 500m。

3. 震荡作用

爆炸发生时，特别是较猛烈的爆炸往往会引起短暂的地震波。在爆炸波及的范围内，这种地震波会造成建筑物的震荡、开裂、松散、倒塌等危害。

4. 造成二次事故

发生爆炸时，如果车间、库房或储罐里存放有可燃物，会造成火灾甚至二次爆炸。

(三)爆炸极限

可燃气体、可燃液体蒸气与空气构成的混合物，并不是在任何混合比例之下都有着火和爆炸的危险，而必须是在一定的比例范围内混合才能燃爆。混合的比例不同，其爆炸的危险程度亦不相同。

可燃气体或可燃液体蒸气与空气或氧气混合后，在某一浓度范围内，遇到火源将引起爆炸，此浓度范围称为混合气体的爆炸浓度极限，简称爆炸极限，通常用体积分数表示。其中遇火源发生爆炸的最低浓度称为爆炸下限，而能够发生爆炸的最高浓度称为爆炸上限。在低于爆炸下限和高于爆炸上限浓度时，既不爆炸，也不着火。这时由于前者的可燃物浓度不够，过量空气的冷却作用阻止了火焰的蔓延；而后者则是空气不足，火焰不能蔓延的缘故。

可燃性混合物的爆炸极限范围越宽，其爆炸危险性越大，这是因为爆炸极限越宽，则出现爆炸条件的机会就越多。爆炸下限越低，少量的可燃物(如汽油蒸气，少量的液化石油气)就会形成爆炸条件；爆炸上限越高，则有少量的空气渗入容器，就能与容器内的可燃物混合形成爆炸条件。生产经营过程中，应根据各种可燃物质所具有爆炸极限的不同特点，采取严防跑、冒、滴、漏和空气与可燃物质形成爆炸性气体混合物。应当指出，可燃性混合物的浓度高于爆炸上限时，虽然不会燃烧和爆炸，但它从容器或管道里逸出，接触空气时却能燃烧，因此仍有发生着火的危险。

(四)可燃物质化学性爆炸的条件

可燃物质的化学性爆炸必须同时具备下列三个条件才能发生：

(1)存在可燃气体、易燃液体的蒸气或薄雾；

(2)上述气体按一定的比例与空气或氧气相混合，形成爆炸性气体混合物，其浓度在爆炸极限范围之内；

(3)存在足够引燃该混合物的引燃能量，如火花、电弧或高温。

对于每一种可燃气体(蒸气)的爆炸性混合物，都有一个引起爆炸的最小点火能量，低于该能量，混合物就不爆炸。最小点火能量的单位通常以 mJ 表示。例如，汽油的最小点火能量为 0.2mJ。

(五)防爆技术措施的基本理论

防止可燃物质化学性爆炸三个基本条件的同时存在，就是防爆技术的基本理论。也可以说，防止可燃物质化学性爆炸全部技术措施的实质，就是制止化学性爆炸三个基本条件的同时存在。加油站、加气站生产经营过程情况复杂，因此需要根据不同的条件，采取各种相应的防护措施。但从总体来说，预防爆炸的技术措施，都是在防爆技术基本理论指导下采取的。

三、燃烧和化学爆炸的关系

分析和比较燃烧与可燃物质化学性爆炸的条件可以看出，两者都需具备可燃物、氧化剂和着火源这三种基本因素。因此，燃烧和化学性爆炸就其本质来说是相同的，都是可燃物质的氧化反应，而它们的主要区别在于氧化速度不同。例如，1kg 整块煤完全燃烧时需要 10min，而 1kg 煤气与空气混合发生爆炸时，只需 0.2s，两者的燃烧热值都是 2930kJ 左右(1kg 物质燃烧时所放出的热量，即为该物质的燃烧热值)。

通过以上比较可以清楚地看出，燃烧和爆炸的区别不在于物质所含燃烧热的大小，而在于物质燃烧的速度。燃烧速度(即氧化速度)越快，燃烧热的释放越快，所产生的破坏力也越大。由于燃烧和化学性爆炸的主要区别在于物质的燃烧速度，所以火灾和爆炸的发展过程有显著的不同。火灾有初期阶段、发展阶段和衰弱熄灭阶段等过程，造成的损失随着时间的延续而加重，因此，一旦发生火灾，如能尽快地进行扑救，即可减少损失。化学爆炸实质上是瞬间的燃烧，通常在 1s 之内爆炸过程已经完成，由于爆炸威力所造成的人员伤亡、设备毁坏和建构筑物倒塌等巨大损失均发生在顷刻之间，猝不及防，因此爆炸一旦发生，损失已无从减免。

燃烧和化学爆炸还存在这样的关系，即两者可随条件而转化。同一物质在一种条件下可以燃烧，在另一种条件下可以爆炸。例如，油罐发生爆炸之后，接着往往是一场大火；而在某些情况下是先火灾而后爆炸，抽空的油罐车在着火时，可燃蒸气不断消耗，而又不能及时补充较多的可燃蒸气，因而浓度不断下降，当蒸气浓度下降进入爆炸极限范围时，则发生爆炸。

四、灭火的基本方法

可燃物质发生燃烧和燃烧传播必须同时具备几个条件，缺一不可。灭火就是为了破坏已产生的燃烧条件，抑制燃烧反应过程的继续。根据燃烧原理和灭火实践，灭火的基本方法有：窒息法、冷却法、隔离法和负催化抑制法四种。各种灭火方法都有其特点，它们的效能是相辅相成的，在实际灭火中，应根据火灾的性质特点，具体分析，采取相应的灭火方法。一般是两种或三种方法相结合进行。冷却法是最常用的灭火方法。

(一)窒息灭火法

窒息灭火法就是阻止空气流入燃烧区，或用不燃物质冲淡空气使燃烧物质断绝氧气的助燃而熄灭。减少空气中氧气含量的灭火方法，适用于扑救密闭房间的生产装置设备内发生的火灾。这些部位发生火灾的初期，空气充足，燃烧发展比较迅速。随着燃烧时间的延长，由于封闭在这些部位内部的空气(氧气)越来越少，烟雾及其他燃烧的产物逐渐充满空间，因此，燃烧的不完全性加强，燃烧强度降低。当空气中氧的含量低于9% ~18%时，燃烧即将停止。

在火场上运用窒息的方法扑灭火灾时，可采用石棉被、浸湿的棉被、帆布等不燃或难燃材料，覆盖燃烧物或封闭空洞；用水蒸气、高倍数泡沫充入燃烧区域；利用建筑物上原有的门窗以及生产设备上的部件，封闭燃烧区。只有燃烧部位空间较小，容易堵塞封闭，并在燃烧区域内没有氧化剂存在的条件下，才能采取这种方法。在采用窒息方法灭火时，必须在确认火已熄灭后，方可打开孔洞进行检查。严防因过早地打开封闭的孔洞而使新鲜空气流入燃烧区，引起复燃。

(二)冷却灭火法

冷却灭火法就是将灭火剂直接喷洒在燃烧的物体上，将可燃物质的温度降低到燃点以下，终止燃烧，是扑救火灾的常用方法。在火场上，除用冷却法扑灭火灾外，在必要的情况下，可用冷却剂冷却建构筑物构件、生产装置、设备容器，减少遭受火焰辐射，防止结构变形和火灾蔓延扩大。

(三)隔离灭火法

隔离灭火法就是将燃烧物体与附近的可燃物质隔离或疏散开，使燃烧停止。这种方法适用于扑救各种固体、液体、气体火灾。采用隔离灭火法的具体措施有：将火焰附近的可燃、易燃、易爆和助燃物质，从燃烧区内转移到安全地点；关闭阀门，阻止气体、液体流入燃烧区；排除生产装置、设备容器内的可燃气体或液体；设法阻拦流散的易燃、可燃液体或扩散的可燃气体；拆除与火源相毗连的易燃建构筑物，形成防止火势蔓延的空间地带；以及用水流封闭等方法扑救稳定性火炬型火灾。

（四）负催化抑制灭火法

负催化抑制灭火法是使灭火剂参加到燃烧反应过程中去，使燃烧过程产生的游离基消失，而形成稳定分子或低活性的游离基，使燃烧反应终止。干粉灭火剂属于参与燃烧过程中断燃烧连锁反应的灭火剂。故使用这类灭火剂时必须将灭火剂准确地喷射在燃烧区内，使灭火剂参与燃烧反应，否则，将起不到抑制燃烧反应的作用，达不到灭火目的。负催化抑制灭火法的灭火速度较快，但也易复燃，因燃烧区内的可燃物温度短时间降低幅度不大，一旦新鲜空气得到补充，活性基团增多，不采用其他灭火剂覆盖冷却极易复燃。

第三节　危险区域的划分

一、油库加油站分区

（一）油库的分区

石油库的容量不同，储存的油品不同，所采取的技术标准和安全措施也不同。一般来说，石油库容量大，出事故的机会就比较多，事故造成的损失及其影响也比较严重，在石油库的设计标准和安全方面的要求就相对定得严格一些。石油库的等级划分，应符合表3-4。根据《石油库设计规范》（GB 50074—2002）按其容量大小分为五级。

根据油品被引燃的难易程度，油品按其闪点划分为甲、乙、丙三类，见表3-5。

表 3-4 石油库的等级划分

等级	石油库总容量 TV/m^3
一级	$100000 \leqslant TV$
二级	$30000 \leqslant TV < 100000$
三级	$10000 \leqslant TV < 30000$
四级	$1000 \leqslant TV < 10000$
五级	$TV < 1000$

注：1. 表中总容量 TV 系指油罐容量和桶装油品设计存放量之总和，不包括零位罐和放空罐。

2. 当石油库储存液化石油气时，液化石油气罐的容量应计入石油库总容量。

表 3-5 油品的火灾危险性分类

类别		油品闪点 F_t/℃
甲		$F_t < 28$
乙	A	$28 \leqslant F_t \leqslant 45$
	B	$45 < F_t < 60$
丙	A	$60 \leqslant F_t \leqslant 120$
	B	$F_t > 120$

油库内各种建筑物和构筑物，其散发油气量的多少、火灾危险程度、生产操作的方式等差别较大，因而按生产操作、火灾危险程度、经营管理等特点，进行分区布置。例如储油区、收发作业区、辅助作业区、行政管理区等。把特殊的区域加以隔离，限制一定人员的出入，有利于安全管理，并便于采取有效的消防措施。将油库划分为五个级别，油品划分为三类，其目的都是为了确定油库与外部、油库内部各部门之间的防火安全距离。《石油库设计规范》(GB 50074—2002)中规定的防火安全距离是保证油库安全运行的基础之一。

(二)加油站分区

加油站分为加油作业区和辅助服务区。

加油作业区是指加油站内布置有卸车设施、储油设施、加油机、通气管等设备的区域。该区域的边界线为设备爆炸危险区域边界线加3m，对柴油设备为设备外缘加3m。

辅助服务区是指加油站用地红线范围内加油作业区以外的区域。

二、危险区域的划分

油库、加油站内生产和生活设施在不同环境和作业条件下具有不同的安全要求，特别是安全用电要求。为了便于正确合理地进行电气设计、设备选型、安装、维护和安全管理，把油库、加油站危险区域划分成爆炸危险区域、火灾危险区和一般用电区。

爆炸危险区域是指油品蒸气与空气混合后，有可能达到爆炸极限的区域。包括易燃油品闪点低于环境温度的可燃油品的生产作业区，及其周围的有限空间。

火灾危险区域是指闪点高于环境温度的可燃油品生产作业区。

一般用电区域是指除上述两个区域以外的其他区域。

（一）爆炸危险区域的划分

油库、加油站经营的汽油、煤油、－35#柴油的蒸气或薄雾与空气混合形成爆炸性气体混合物，根据其出现的频繁程度和持续时间，将爆炸危险区域划分为3个等级。

0级区域（简称0区）：连续出现或长期出现爆炸性气体混合物的环境。

1级区域（简称1区）：在正常运行时可能出现爆炸性气体混合物的环境。

2级区域（简称2区）：在正常运行时不可能出现爆炸性气体混合物的环境，或即使出现也仅是短时存在爆炸性气体混合物的环境。

正常运行是指正常的开机、运行、运转、停机，油品的装卸、输送，密闭容器盖的开闭，安全阀、排放阀等以及设备在其设计参数范围内工作的状态。

油库、加油站爆炸危险区域划分依据的条件及因素繁多，如油品的物理性质、化学性质、作业工艺特点、设备性能和配置状况、气候及地形、地貌等。其中至关重要的是油气和空气构成的爆炸性气体混合物的存在与否及其存在状况。据此，我们归纳出十项原则，作为划分爆炸危险区域范围的参考前提。

(1)油气密度大于空气密度。即在通常情况下，油气在空气中有“下沉”的趋向，不易逸散。

(2)当区域内同时有两种不同闪点的油品时，应按闪点低的油品确定区域的等级并划分范围。这就是按危险程度最大的油品蒸气来划分区域，以确保安全。

(3)油气的扩散是连续的，其浓度是递降的，且都不是阶跃式突变的。因而在划定区域范围时，应从等级较高的极限范围开始，逐级降低，依次划分。

(4)由于自然因素或环境条件而影响油气的正常扩散，应按可能发生危险的最大极限来确定等级并划分范围。

(5)处于爆炸危险区域内的坑、沟，应比地面上的危险等级提高一级。这是由于油气有下沉的趋势，因此在坑、沟等死角通风不良处，更易于积聚形成爆炸性气体混合物，所以比地面上的危险性更大一些。

(6)当通风良好时，一般可降低一级，并依次划分区域范围。这是因为良好的通风空间，油气分子易于逸散，在局部空间积聚形成爆炸性气体混合物的可能性大大减少，因此，在局部空间内，危险级别可降低一级。当然，由于通风良好，油气分子扩散的范围也相应增大了。

(7)如油气释放源在建筑物、构筑物内，一般以该室为整体来划分区域的等级和范围。这是因为室内相对比室外通风情况要差，室内由于释放源的存在，油气弥漫，过一定时间后整个室内空间可能处于同一气体浓度下，因此，可以以“室”为整体来划定区域。

(8)呼吸管管口、真空管排气口、消气器等均视为释放源并依次划分区域的等级和范围。量油口、光孔等可开闭的孔口，当处于打开状态时，也应视为释放源。

(9)未装法兰、阀门、仪表等配管类设施，可不视为危险源。因为未装法兰、阀门、仪表等配管类设施，不存在密封不良问题，在正常情况下油气无从漏泄，因此可不视为危险源。

（10）依据上述原则划分的区域范围和等级，仅限在正常情况下适用，遇到设备检修或突发事故特殊情况就不再适用。

（二）油库爆炸危险区域的划分

（1）储存易燃油品的地上固定顶油罐爆炸危险区域划分，应符合下列规定（图3－1）：

①罐内未充惰性气体的油品表面以上空间划为0区。

②以通气口为中心、半径为1.5m的球形空间划为1区。

③距储罐外壁和顶部3m范围内及储罐外壁至防火堤，其高度为堤顶高的范围内划为2区。

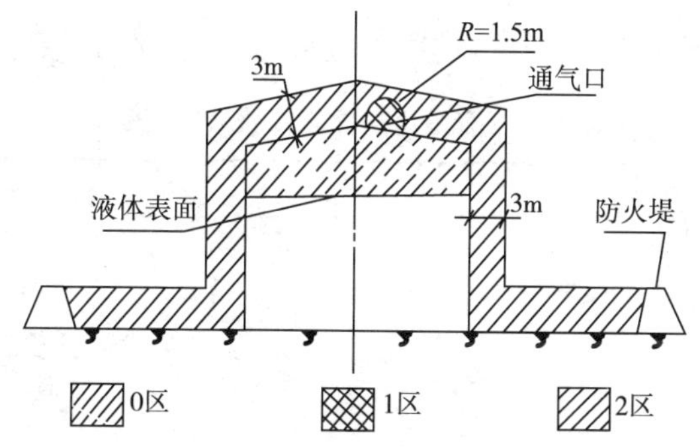

图3－1 储存易燃油品的地上固定顶油罐爆炸危险区域划分

（2）储存易燃油品的内浮顶油罐爆炸危险区域划分，应符合下列规定（图3－2）：

①浮盘上部空间及以通气口为中心、半径为1.5m范围内的球形空间划为1区。

②距储罐外壁和顶部3m范围内及储罐外壁至防火堤，其高度为堤顶高的范围内划为2区。

（3）易燃油品泵房、阀室爆炸危险区域划分，应符合下列规定（图3－3）：

①易燃油品泵房和阀室内部空间划为1区。

②有孔墙或开式墙外与墙等高、L_2 范围以内且不小于 3m 的空间及距地坪 0.6m 高、L_1 范围以内的空间划为 2 区。

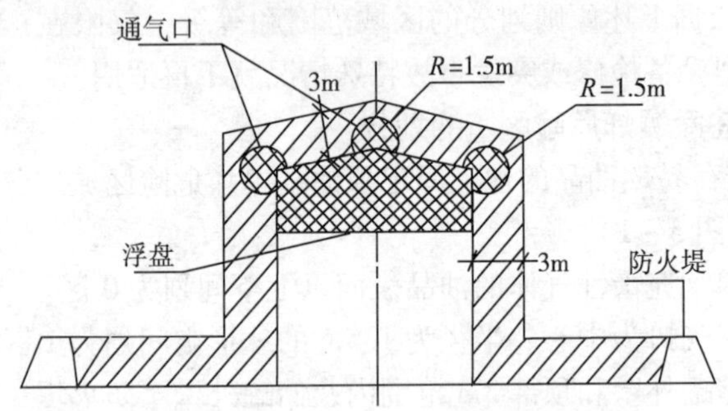

图 3－2　储存易燃油品的内浮顶油罐爆炸危险区域划分

③危险区边界与释放源的距离应符合表 3－6 的规定。

表 3－6　危险区边界与释放源的距离

距离/m 工作压力 PN/MPa 名称	L_1		L_2	
	≤1.6	>1.6	≤1.6	>1.6
油泵房	$L+3$	15	$L+3$	7.5
阀室	$L+3$	$L+3$	$L+3$	$L+3$

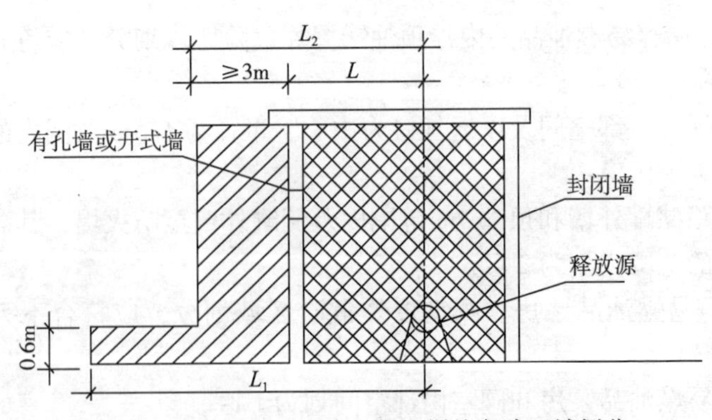

图 3－3　易燃油品泵房、阀室爆炸危险区域划分

（4）易燃油品泵棚、露天泵站的泵和配管的阀门、法兰等为释放源的爆炸危险区域划分，应符合下列规定（图3－4）：

①以释放源为中心、半径为 R 的球形空间和自地面算起高为0.6m、半径为 L 的圆柱体的范围内划为2区。

②危险区边界与释放源的距离应符合表3－7的规定。

表3－7　危险区边界与释放源的距离

距离/m 工作压力PN/MPa 名称	L		R	
	≤1.6	>1.6	≤1.6	>1.6
油　　泵	3	15	1	7.5
法兰、阀门	3	3	1	1

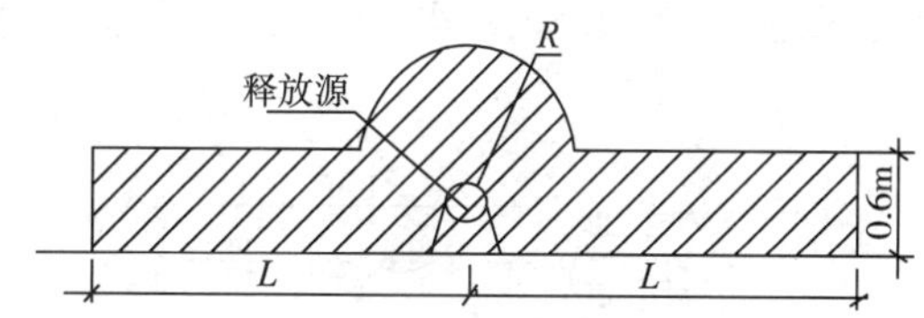

图3－4　易燃油品泵棚、露天泵站的泵及配管的阀门、法兰等为释放源的爆炸危险区域划分

（5）铁路、汽车油罐车卸易燃油品时爆炸危险区域划分，应符合下列规定（图3－5）：

①油罐车内液体表面以上的空间划为0区。

②以卸油口为中心、半径为1.5m的球形空间和以密闭卸油口为中心、半径为0.5m的球形空间划为1区。

③以卸油口为中心、半径为3m的球形并延至地面的空间和以密闭卸油口为中心、半径为1.5m的球形并延至地面的空间划为2区。

（6）铁路、汽车油罐车灌装易燃油品时爆炸危险区域划分，应符合下列规定（图3－6）：

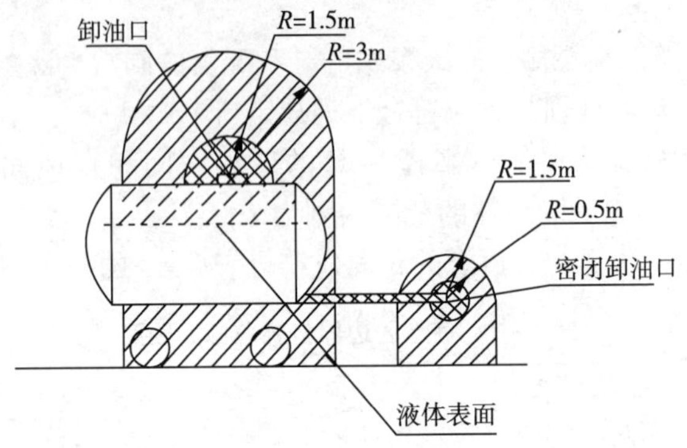

图 3－5 铁路、汽车油罐车卸易燃油品时爆炸危险区域划分

①油罐车内液体表面以上的空间划为 0 区。

②以油罐车灌装口为中心、半径为 3m 的球形并延至地面的空间划为 1 区。

③以灌装口为中心、半径为 7.5m 的球形空间和以灌装口轴线为中心线、自地面算起高为 7.5m、半径为 15m 的圆柱形空间划为 2 区。

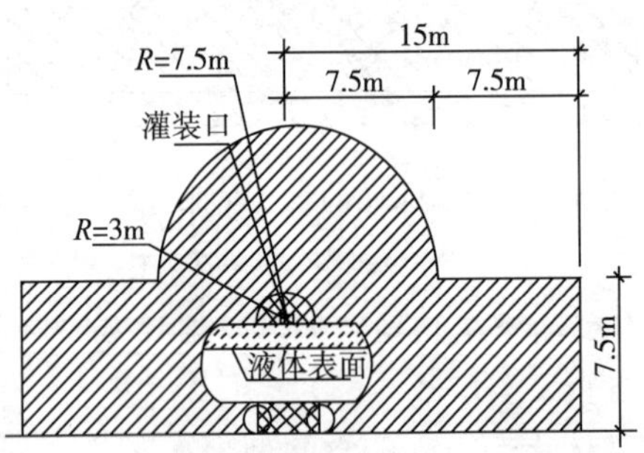

图 3－6 铁路、汽车油罐车灌装易燃油品时爆炸危险区域划分

(7)易燃油品管沟爆炸危险区域划分，应符合下列规定(图 3－7)：

①有盖板的管沟内部空间划为 1 区。

②无盖板的管沟内部空间划为 2 区。

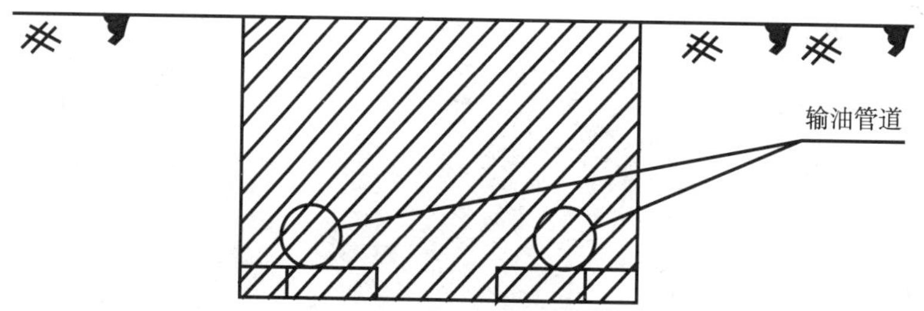

图 3－7 易燃油品管沟爆炸危险区域划分

(三)加油站爆炸危险区域的等级划分

(1)汽油加油机爆炸危险区域的划分。应符合下列规定(图 3－9):

①加油机壳体内部空间划为 1 区。

②以加油站中线为中心，上面半径为 3m(1.5m)、下面半径为 4.5m(3m)，高度为从地坪向上至加油机顶上 0.15m 的圆台形空间，划为 2 区。

(2)油罐车卸汽油时，爆炸危险区域的划分应符合下列规定(图 3－9):

图例	□	▩	▨
说明	0区	1区	2区

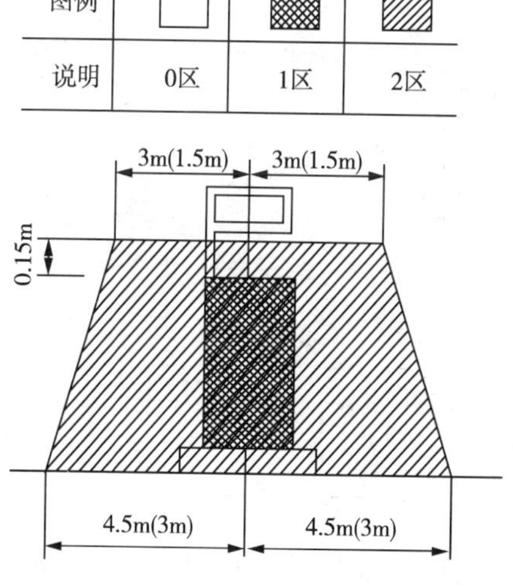

图 3－8 汽油加油机爆炸危险区域划分

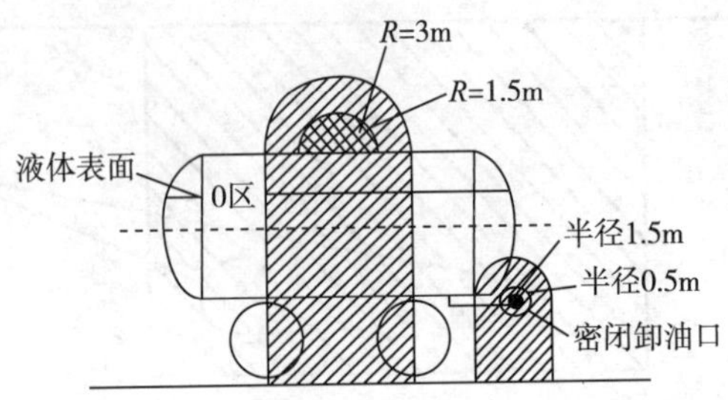

图3－9　油罐车卸汽油时爆炸危险区域划分

①油罐车内部的油品表面以上空间划分为0区。

②以通气口的边为中心、半径为1.5m的球形空间，以密闭卸油口边为中心、半径为0.5m的球形空间及爆炸危险区域内的坑或沟划为1区。

③以通气口边为中心，半径为3m的球形并延至地面及密闭卸油口为中心，半径为1.5m延至地面的空间划为2区。

（3）埋地卧式汽油储罐爆炸危险区域的划分，应符合下列规定（图3－10）：

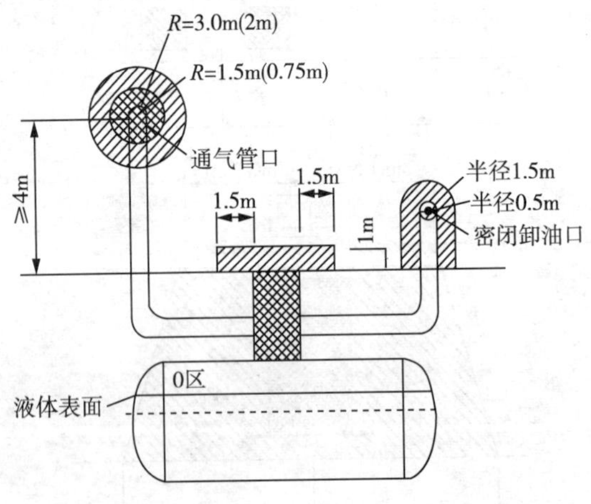

图3－10　埋地卧式汽油储罐爆炸危险区域划分

①罐内部油品表面以上的空间划为0区。

②阀井内部空间，以呼吸管口为中心，半径为 1.5m(0.75m)的球形空间，及密闭卸油口为中心，半径为 0.5m 的球形空间划为 1 区。

③距阀井外边缘 1.5m 为边界，距地坪 1m 高的圆柱体空间，以通气管口为中心、半径为 3m(2m)的球形空间，及以密闭卸油口为中心，半径为 1.5m 的球形空间并延至地面划为 2 区。

第四节　防爆电气设备

油库、加油站经营的汽油、柴油、煤油等，这些油蒸气和易燃气体极易形成爆炸性气体混合物，并存在于一定的区域内。因此处于该区域的电气设备，不能产生电火花或危险的表面温度。换句话说，在油库、加油站的爆炸危险区域内所使用的电气设备必须是防爆电气。

一、防爆电气设备的类型

(一)隔爆型电气设备(d)

隔爆型电气设备是指具有隔爆外壳的电气设备，即把能点燃爆炸性混合物的部件封闭在一外壳内，该外壳能承受内部爆炸性混合物的爆炸压力，并能阻止周围爆炸性混合物传爆的电气设备。

隔爆型电气设备是加油站或加气站电气设备中使用最多的防爆电器，它的外壳承担着两项任务：一是外壳内部发生爆炸时不能损坏及变形，二是不能将壳内的爆炸扩散到壳外。壳内发生爆炸时会产生很大的压力，如汽油按标准试验测得最大爆炸压力为 0.85MPa，要求所有隔爆型电气设备能承受 1.5 倍的爆炸压力而不损坏或永久变形。隔爆性也称不传爆性，是隔爆型电气设备的基本性能，它是由外壳的法兰结合面(隔爆面)来实现的。

隔爆型电气设备在安装和维护前，应进行下列检查：

(1)设备的型号、规格应符合设计要求，铭牌及防爆标志应正确、清晰；

(2)隔爆结构及间隙应符合要求，设备的外壳无裂纹、损伤；

(3)结合面的紧固螺栓应齐全，弹簧垫圈等防松设施齐全完备，弹簧垫圈应压平；

(4)接地标志及接地螺钉完好。

隔爆型电气设备不宜拆卸。需要拆卸时，应妥善保护隔爆面，不得损伤，隔爆结合面的紧固螺栓不得任意更换，弹簧垫圈应齐全。

(二)增安型电气设备(e)

增安型电气设备是指在结构上采取措施，提高其安全程度，避免在正常和规定的过载条件下出现电弧、火花或可能点燃爆炸性混合物的高温的电气设备。

增安型电气设备在使用和维护时，不得破坏外壳的防护性能，以免灰尘和水分进入壳内降低绝缘性能，形成漏电事故。为此，密封垫圈不能随意拆卸，丢失的应及时补上。外部导线的引入要注意做好密封，不能草率处理。

(三)本质安全型电气设备(ia、ib)

本质安全型电气设备是指在标准实验条件下，正常运转或故障情况下产生的火花或热效应，均不能点燃爆炸性混合物的电路和电气设备。

ia 级：在正常工作、一个故障和两个故障存在时均不能点燃爆炸性气体混合物的电气设备。

ib 级：在正常工作和一个故障存在时均不能点燃爆炸性气体混合物的电气设备。

在电气设备中，开关的通断、接点的开闭、短路等都会造成火花或电弧，就可能点燃爆炸性气体混合物。点燃与否取决于多种因素，其中一个重要因素就是火花的能量。高能量的放电火花能导致点燃，能量小到一定程度则不会点燃爆炸性气体混合物。如果火花的出现不可避免，就一定要采取技术措施，将火花能量限制在较低的范围内，使其即使产生火花，也不能把爆炸性气体混合物点燃。本质安全型设备就是选择适当的电路参数，限制火花的能量，从而达到防爆目的。

本质安全型电气设备通常由三部分组成：现场仪表(本安设备)、连接电缆和关联设备。

现场仪表包括各种形式的“物理量 - 电量”变换器。加油站、加气站中使用的有：流量变送器、液位变送器、温度变送器、爆炸性混合气体探测器等。

连接电缆包括电源电缆、信号电缆、控制电缆等，但必须注意采用有防爆性能的电缆。

关联设备包括安全栅和二次仪表。安全栅是限制电气能量的电气设备，常用的有电阻限压式、齐纳二极管限压式，光电耦合式和机械隔离式等。二次仪表用于显示、报警和控制。

(四)充油型电气设备(o)

充油型电气设备是指全部或某些带电部件浸在油中，使之不能点燃油面以上和外壳周围的爆炸性混合物的电气设备。

(五)充砂型电气设备(q)

充砂型电气设备是指外壳内充填不燃性颗粒材料，以便在规定使用条件下，外壳内产生的电弧、火焰传播，壳壁或颗粒材料表面的过热温度，均不能够点燃周围的爆炸性混合物的电气设备。

(六)正压型电气设备(p)

正压型电气设备是指具有保持电气设备内部非爆炸气体压力高于周围爆炸性气体压力的外壳，以避免外部爆炸性气体进入外壳内的电气设备。

(七)特殊型电气设备(s)

特殊型电气设备是指不属于以上类型的其他防爆电气设备。

二、防爆电气设备的选用

(一)爆炸性气体的分类、分级、分组

影响爆炸性气体混合物性能的诸多参数中，最代表爆炸性气体混合物性能的参数有 3 个。

(1)最大试验安全间隙(MESG)：在规定的条件下，壳内所有浓

度的被试验气体或蒸气与空气的混合物点燃后，通过 25mm 长的接合面均不能点燃壳外爆炸性气体混合物的外壳空腔两部分之间的最大间隙。

(2)最小点燃电流比(MICR)：是指在规定试验条件下，气体蒸气等爆炸性混合物的最小点燃电流与甲烷爆炸性混合物的最小点燃电流之比。

(3)引燃温度：能引起可燃性物质燃烧的最低温度即为引燃温度。

(二)防爆电气设备选用

(1)防爆电气应根据油库、加油站爆炸危险场所的等级和爆炸危险物质的类别、级别、组别及使用条件、经济指标等条件综合选择。

(2)选用的防爆电气设备的级别和组别，不应低于该爆炸性气体环境内爆炸性气体混合物的级别和组别。当存在由两种以上易燃性物质形成的爆炸性混合物时，应按危险程度较高的级别和组别选用防爆电气设备。

如汽油蒸气属爆炸性气体，最大试验安全间隙为 0.9 ~ 1.14mm，最小点燃电流为 0.8 ~ 1.0，引燃温度在 200 ~ 300℃，所以汽油为Ⅱ类 A 级 T3 组爆炸危险物质。因此，在有汽油蒸气形成的爆炸性气体环境内选择防爆电气设备时就应不低于上述要求，如选择本质安全型应不低于 iaⅡAT3，选隔爆型应不低于 dⅡAT3，选增安型应不低于 eⅡAT3。

(3)爆炸危险区域内的防爆电气设备，应符合周围环境对电气设备的要求，如防水、防尘和防潮等要求。

爆炸危险区域以外的营业室、罩棚下的吸顶照明灯具，可选用非防爆型。但灯具应选择防护等级不小于 IP44 级的节能型照明灯具。

三、防爆电气设备的维护

防爆电气设备必须由经过培训考核合格的电工人员负责检修和维护。维修人员应对加油站(加气站)各类防爆电气产品的性能、使用条件、检修技术等全面了解和掌握。检修和维护操作人员应按照各类防爆电气设备的不同要求，认真填写记录，与防爆电气设备有关的保护、闭锁、监测、信号控制及其附件不允许任意更换或拆除。

检修电气必须先断开电源，切忌带电拆修，检修中勿损伤防爆结合面；复装时隔爆腔内尘土异物应清除干净，电线密封良好，金属垫、防松垫、螺钉等应齐全并安装可靠。在爆炸危险区域内维护检查防爆电气设备时，应切断与该设备有关的电源并挂警示牌。在0区内检查和维护电气设备时只允许使用专用的本安维修设备开盖进行内部检修。

防爆电气设备应进行正常的日常巡视和定期检查，巡视日常运行情况，检查并处理运行记录上提出的有关问题。如加油机和加气机内部的电气密封的定期检查，若发现密封不良必须立即修复或更换。加油站或加气站的电气设备一般只进行小修，而不进行大修，也没有承担大修项目的能力，最好请专业厂家进行。大修后的防爆电气设备必须具有国家指定检验单位签发的合格证，并由加油站的主管部门存档。非电工或检修人员在发现运行故障时，不能自己检修，而应通知有关人员进行检修。

防爆电气设备的降级报废原则：

(1)因外力损伤、腐蚀、磨损、自然老化等导致防爆性能变劣或失效时，首先应考虑修复；当技术上已不能恢复其原有防爆性能，或虽可修复但经济效益不大时，应予报废。

(2)对灯具、按钮、小型开关、熔断器、插销、信号灯、仪器仪表等小型、低值电器或附件，可按产品使用寿命，到期予以报废，或发现主要结构件受损即予报废。

(3)电缆或配件钢管受到侵蚀、损伤、绝缘老化时，应局部或全部报废。

(4)产业主管部门宣布淘汰的电气设备和电缆等应尽快更新；宣布禁止使用的应即予报废。

四、防爆电气设备的基本要求

除了符合普通电气设备电气性能的基本要求外，防爆电气设备还应满足以下几个方面的要求。

(一)防爆电气设备标志

(1)防爆电气设备必须有明显的永久性的“Ex”防爆标志。

(2)铭牌上必须标明电气设备适用的爆炸性气体混合物场所的类别、级别和组别，如 dⅡBT4。

(3)铭牌上必须标明国家指定的检验单位发给的防爆合格证号。

(二)外壳表面温度

电气设备外壳表面温度，其数值不得超过对应级别的下限值，否则将引燃爆炸性气体混合物，见表 3－8。

表 3－8　防爆电气设备外壳表面的最高温度　℃

温度组别	T1	T2	T3	T4	T5	T6
最高温度	450	300	200	135	100	85

(三)设备的整体防爆

所谓电气设备的整体防爆是指在爆炸危险区域内的所有电气设备、线路、附件及安装方式均应符合该区域的防爆要求。

在整体防爆中，不但要求构成整体，即在爆炸危险区域内设置的全部电气设备、线路和附件构成一个完整的电气防爆体系，而且要求防爆体系完整，即从设计、选用、施工、安装、交接验收、运行维修、更新改造直至停用报废前的全过程中，都应确保该体系始终保持完好的电气防爆性能。

第五节　静电、雷电的控制和防护

一、静电的危害

两种不同的物体(包括固体、液体、气体)通过摩擦、接触、分离等机械运动的相互作用产生的，相对于观察者是静止的电荷，称为静电。油库、加油站在接卸、输转、付油等作业过程中，液体与储罐内壁，液体与管道内壁，液体与泵、阀门、计量器等摩擦都会产生静电荷。由于油品属于静电的非导体，易产生静电积聚，静电荷积聚到一定程度就会形成静电放电。如果静电放电能量超过可燃气体的最小点燃能量，就会引起火灾、爆炸事故。

静电对油库、加油站的主要危害，一是引起油品及油蒸气和气体燃料的燃烧爆炸和火灾；二是引起电气元件误动作及作业条件受到限制，妨碍经营；三是引起人体电击及因电击造成二次伤害。

二、静电的产生

油品在储存经营过程中，由于管道和过滤器等管件与油品的接触、分离，油品的喷溅、发泡，油品在油罐中的沉降等产生静电带电现象。按介质的运动形式分为流动带电、喷射带电、冲击带电和沉降带电。

影响油品带电的因素有：

1. 电导率的影响

液体介质的导电主要依靠活性分子或离子的转移，导电能力的大小决定于活性离子的浓度，对于石油产品而言，一般属于非极性介质，电导率主要受杂质的影响。实验表明，一般轻油如汽油、煤油、柴油的静电危害都很大。

2. 水分的影响

在高电阻率的油品中混入水分，不论在输送的管线中还是在储罐里都增加了带电的危险性。

3. 流动状态的影响

在工程管线上，由于管壁障碍、转弯、变径、管件等情况，液体的流动状态可能会发生变化，当流动状态由层流变到紊流时，就会使流体带有较多的电荷。

4. 管线和储存容器的材质影响

不同的材质由于电阻率的不一样，对静电的流散也不同，影响到带电速度。管线和储存容器的材质对静电的影响，主要是材质的电阻率的差别对静电流散的影响。电阻率越大的材质，静电荷越不易流散。

5. 流速对介质带电的影响

油品的流速越大、管径越大、距离越长，油品同管壁、管件的摩擦越多，产生的静电荷越多。

三、静电的积聚和放电

(一)静电积聚

静电荷积聚多少与材料的绝缘性能有关，即与电荷在介质内流散的规律有关。由于汽油、柴油等石油产品本身存在着电阻和对地电容，所以静电荷积累是必然的。尽管槽车、油罐等金属设备都有良好的接地，也不能完全避免油品内电荷的积累。但是油品中电荷的积累量，或油面电位都不是无限上升的，随着接卸时间的延伸，都有一个最大值。储罐或油箱内电荷积累的多少主要决定于单位时间内注入的电荷量和油品本身的电阻。当油品一定时，控制容器内电荷积累量的主要办法就是控制流速和控制入口电荷密度，以及油罐的内涂材料和接地情况等。

(二)静电放电

所谓气体放电，就是气体发生碰撞电离而传导。在通常状态下，气体是不易导电的良好绝缘物，但在适当的条件，却有不同程度的导电可能。

油品在装卸过程中，因流动、喷射、冲击和沉降而带电，这些带电油品不断地流入罐内，而使罐内油品的电荷积聚，产生一定的电场强度和电位。当油品的静电与罐壁的感应电荷所产生的电场不足以引起放电时，油品的部分电荷仅通过罐壁泄漏；当其产生的场强超过罐内气体所能承受的场强时，气体则被击穿而放电。不同气体，其击穿强度不同。

静电放电通常是一种电位较高、能量较小，处于常温常压下的气体被击穿。按放电形式的不同，主要有电晕放电、刷形放电和火花放电三种形式。

1. 电晕放电

一般发生在电极相距较远，带电体与接地体表面有突出部分或棱角的地方，如罐壁的突出物。这些地方电场强度较大，能将附近的空气局部电离，有时并伴有嘶嘶响声和辉光。此种形式的放电能量小而分散，一般放电能量为0.03～0.012mJ，小于油蒸气的最小点燃能量。因此，危险性小，引起火灾的概率较小。

2. 刷形放电

这种类型的放电特点是两电极间的气体是非均匀介质，因击穿成为放电通路，但又不集中在某一点上，而且有很多分叉，分布在一定的空间范围内。刷形放电伴有声和光，电极形状多是球形，在绝缘体上更易发生。因为放电不集中，所以在单位空间内释放的能量也较小，但具有一定的危险性，比电晕放电引起灾害的概率高。

3. 火花放电

火花放电是两极间的气体被击穿而形成通路，又没有分叉的放电，这时电极有明显的放电集中点。放电时有短暂爆裂声，伴有白色线状辉光，在瞬间内能量集中释放，因而危险性最大。当两极均为导体且相距又较近时，往往发生火花放电。如系在绝缘绳上的取样器在油罐取样、静电接地导线断裂的加油枪在加油过程中均可能引起火花放电。

四、静电灾害的控制和防护

(一)形成静电灾害的条件及消除静电灾害的基本途径

1. 静电灾害的条件

静电是在一定条件下造成的。引起静电灾害的条件可归纳为4点，即：

①有静电产生的来源；

②静电得以积聚，并达到足以引起火花放电的静电电压；

③静电放电的火花能量达到爆炸性混合物的最小引燃能量。

④静电放电周围必须有爆炸性混合物存在。

上述4个条件，任何一个条件不具备时，即不会引起静电灾害。

2. 消除静电灾害的基本途径

从静电灾害形成的条件看出，消除静电灾害有4个基本途径。

（1）减少静电的产生

减少静电产生的措施通常有：采用密闭卸油替换喷溅式卸油，选择合理的卸油工艺；在工艺上尽量减少弯头、阀门的设置，缩短输油管线距离；防止油品中混有杂质和水分；控制卸油和付油速度。

（2）防止静电积聚，加速静电电荷的泄漏

不论采用什么样的方法控制静电的产生，都不能完全消除静电，即静电的产生是不可避免的，但只要防止静电积聚使其不能达到静电放电电压，就能有效地防止静电灾害事故的发生。因此，必须加速静电电荷的泄漏。防静电积聚的主要措施是对储油罐、输油管线、油罐车、加油机等设备进行接地和跨接，严禁用塑料桶加注轻质油品等。

（3）防止产生高电场引起静电火花放电

罐车来油必须在规定静置时间后才能接卸，油罐在收油后不能立即进行手工计量和检测，防止高电场的形成。爆炸危险场所，如加油作业场所、卸油作业场所、油罐区等严禁穿脱衣服。

（4）防止爆炸性混合气体存在

降低爆炸危险场所的可燃气体浓度，如防止油品的跑、冒、滴、漏；采用油气回收系统以减少油蒸气浓度。在爆炸危险区域内对气体浓度进行自动检测，如超过爆炸极限浓度下限的20%，则进行安全自锁，即停止作业。

（二）防静电措施

静电作为火源引起爆炸和燃烧有四个条件。要避免火灾事故的发生，只要消除其中的任何一个或几个条件就可以了。即防止或减少静电的产生；设法导走或中和产生的静电荷，使它不能积聚；防止产生高电场，静电放电没有足够能量；防止爆炸性混合气体的形成。

1. 工艺控制

（1）油库采用内浮顶油罐储存油品，控制装油方式，采用浸没装油；加油站控制油罐车卸油方式，要求加油站必须密闭卸油，即进油管应距离油罐罐底不大于0.2m，以减少静电的产生。

(2)增设密闭油气回收系统。由于在加油或卸油过程中，油蒸气从油箱或油罐通气孔大量涌出，与空气混合后形成爆炸性混合气体。增设密闭回收系统，在加油时油箱溢出的油蒸气将被真空泵吸入至油罐；在卸油时从油罐呼吸管呼出的油蒸气将进入油罐车。这样加油站的爆炸性混合气体将大大减少，从而减少火灾爆炸事故的发生。

2. 静电接地与跨接

静电接地是指将储存容器、管道及其他设备通过金属导线和接地体与大地联通而形成等电位，并有最小电阻值。跨接是指将金属设备以及各管道之间用金属导线相连形成等电位体。

油库、加油站的爆炸危险场所和火灾危险场所内的所有装置都需要静电接地，但当金属体已与防雷保护接地系统有连接时，就不需要另做静电接地。防静电接地装置的接地电阻值不大于100Ω。在爆炸危险区域内的输油、输气管道的法兰接头、胶管两端、阀门等连接处应用金属线跨接。有不少于5根螺栓连接的法兰，在非腐蚀环境下，可不跨接。

3. 限制作业条件

为了避开油面最大静电电位，防止静电事故的发生，对接卸油罐和运输后的油罐车进行人工检测时，油品需要静置一段时间，以保证容器内静电荷的泄漏。铁路槽车、汽车油罐车和加油站埋地油罐的静置时间为15min。因此，在油罐及油罐车的静置时间内，严禁人工进行检尺、测温、采样等作业。

4. 人体的防静电

油库、加油站员工在爆炸危险场所频繁作业和接触设备，可能由于带电造成事故。人体由于自身活动和与带电体接触产生静电带电，人体穿着的内外衣，由于材料不同，在穿、脱情况所产生的静电也有差异，化纤织品或毛织品产生的静电最高，在穿脱时形成蓝色火花即放电，可能引燃引爆爆炸性混合气体。因此，员工应避免穿化纤衣服。应穿着防静电服或棉织品的衣服；勿用化纤和丝绸类纱布去擦拭加油机、油罐口、量油口等；在爆炸危险场所设置座椅，也勿选用人造革或化纤类作靠垫的座椅；在爆炸危险场所，工作人员严禁穿脱衣服，不得梳头、拍打衣服。

五、雷电的危害及防护

(一)雷电的危害

雷电是大自然中静电放电过程，是雷云接近大地时，地面感应出相反电荷，当电荷积聚到一定程度，产生云和云之间以及云和大地之间放电，迸发出光和声的现象。雷电是一种自然灾害，有很大的破坏作用。建筑物、构筑物、电气线路和变配电装置等设施和设备遭受雷击时，会产生相当高的过电压和过电流，在所波及的范围内，可能造成设备和设施的破坏，导致火灾或爆炸，甚至人员的伤亡。

(二)防雷装置构成

防雷装置是利用其高出被保护物的突出地位，把雷电引向自身，通过引下线和接地装置把雷电泄入大地，以保护人身和建构筑物免遭雷击。常规防雷装置有接闪器、引下线和接地装置三部分组成。

(1)接闪器是指直接接受雷电的金属构件，也称引雷器。它所用材料应能满足机械和耐腐蚀的要求，并有足够的热稳定性，以承受雷电流的热破坏作用。常用接闪器主要有接闪针、接闪线、接闪网和接闪带等。加油站雨棚一般采用接闪网和接闪带。

接闪线用于电力输送线和较长的单层建构筑物，一般分为单根接闪线和双根接闪线两种。接闪线的材料为截面不小于35mm^{2}的镀锌钢绞线。

接闪网和接闪带一般采用圆钢或扁钢，其尺寸不应小于：圆钢直径8mm；扁钢截面48mm^2，厚度4mm。

(2)引下线是避雷保护装置的中间部分，上接接闪器，下连接地装置。引下线一般采用圆钢或扁钢，圆钢直径不应小于8mm，扁钢截面不小于48mm^2，厚度不小于4mm。

引下线应沿建构筑物的外墙敷设，并经最短路线接地。一个建构筑物的引下线一般不少于两根。对于暗装的引下线，其截面积应加大一级。建构筑物的金属构件也可作为引下线，但所有的金属构件均应连成电气通路。

(3)接地装置包括埋设在地下的接地线和接地体。接地装置起散流作用，是保证被保护物和人身安全的主要环节。接地装置的性能取决于它的结构形式、布局和材料等，也取决于它的实际散流电阻值。

防雷接地装置同其他接地装置一样，应定期检查和测定。主要应检查各部分的连接情况和锈蚀情况，以及测量接地电阻。一般规定每年春秋两季各检查一次。

(三)雷电灾害的控制和防护

防雷接地装置，其结构形式与静电接地装置相同，也可同防静电接地装置共用。接地电阻值是用来衡量接地装置是否合格的重要指标。接地电阻越小，雷电流导入大地的能力越好，反击和跨步电压也越小。防雷应符合以下要求：

(1)钢油罐及其金属附件应相互作等电位电气连接并接地，接地点不应少于2处。接地线与接地体应采用焊接方式连接，连接线与被接地设备应使用防锈金属材料并设断接卡，用双螺栓连接，埋地部分均应焊接。防雷接地电阻不应大于10Ω。

(2)加油站的防雷接地、防静电接地、电气设备的工作接地、保护接地及信息系统的接地等，宜共用接地装置，其接地电阻不应大于4Ω。

(3)配电间的配电盘、仪表间的仪表盘、电气设备及正常不带电的电气设备外壳均应作保护接地，保护接地电阻不应大于4Ω。

第六节　灭火器材的使用与维护

灭火剂是能够在燃烧区域内有效地破坏燃烧条件，终止燃烧而达到灭火目的的物质。其灭火机理在于当灭火剂被喷射到燃烧区域后，通过一系列的物理化学作用，能使燃烧物冷却；燃烧物与氧气隔绝；燃烧区内氧的浓度降低；燃烧的连锁反应中断，最终导致维持燃烧的必要条件受到破坏，从而停止燃烧反应，起到灭火作用。

灭火器是把灭火剂储存在特制容器内的小型灭火设备。灭火器机动性强，操作简便，可以移动，主要用来扑救初期火灾和小面积火灾。油库、加油站常用干粉、二氧化碳、泡沫灭火器三种类型。

一、水

水是最常用的天然灭火剂，水的灭火机理主要是冷却和窒息作用。当将水喷洒到燃烧物体上时，会大量吸收燃烧物的热量，1kg 水可吸收 2.57×10^3kJ 的热量，使燃烧物的温度降低，起到冷却和降温作用。雾状水滴与火焰接触后，水滴很快变成水蒸气，体积急剧增大。1kg 水大约可转化为 1.7m^3 水蒸气，使保护面积扩大，阻止空气进入燃烧区，降低了燃烧区域内氧的含量。在一般情况下，空气中含有 30%(体积分数)以上的水蒸气，燃烧就会停止。

水的灭火应用范围是受到限制的。水主要用来冷却建构筑物和设施，控制火灾扩大。水不能扑救带电电气设备火灾。水的密度比油品大，又不溶于石油产品，故不能用水扑救油品火灾。

二、干粉灭火剂及灭火器

干粉灭火剂又称粉末灭火剂。它是一种干燥的、易于流动的微细固体粉末，一般借助于专用灭火器或灭火设备中的气体压力，将干粉从容器中喷出，以粉雾的形式灭火。干粉灭火剂是由灭火基料、少量的防潮剂和流动促进剂组成的微细固体颗粒。由于这类灭火剂具有灭火效力大、灭火速度快、无毒、不腐蚀、不导电、久储不变质等优点，是油库、加油站中主要的灭火剂。

干粉灭火剂按其使用范围分为：BC 类(普通)，扑救可燃液体、可燃气体及带电设备的火灾；ABC(多用)类，扑救可燃固体、可燃液体、可燃气体及带电设备的火灾；D 类，扑救轻金属火灾。在加油站一般配置 BC 类(普通)干粉灭火剂。

(一)干粉灭火器的结构

干粉灭火器一般是以高压二氧化碳气体为喷射动力，将装在筒内的粉末呈雾状压出。主要有 MF 型手提式、MFT 推车式和 MFB 背负式三种。MF 型手提式干粉灭火器由筒身、二氧化碳小钢瓶、进气管、提把、喷枪等组成，如图 3－11 所示。

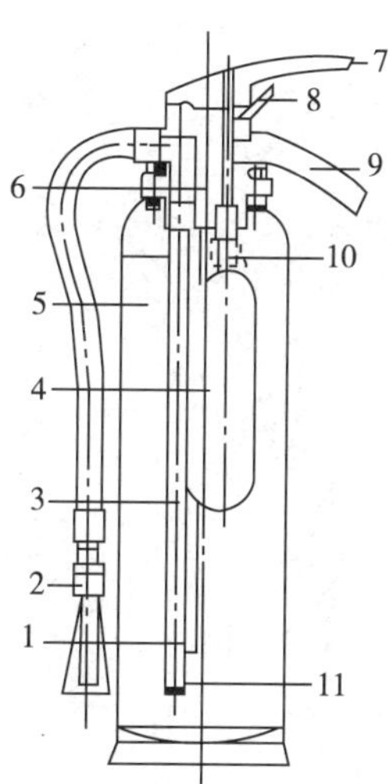

图 3－11　MF 型手提内装式干粉灭火器

1—进气管；2—喷枪；3—出粉管；4—动力瓶；5—筒身；6—筒盖；7—压把；8—保险销；9—提把；10—钢字；11—防潮堵

MFT 推车式干粉灭火器主要由推车、干粉罐、二氧化碳动力瓶、喷粉胶管、喷嘴、压力表、开关等组成。如图 3－12 所示。

MFT35 型推车式干粉灭火器装有干粉 35kg，喷射时间 17～20s，射程 10～13m；MFT50 型推车式干粉灭火器装有干粉 50kg，喷射时间 30～35s，射程 8～10m。

MFB 型背负式喷粉灭火器以特制发射药为动力，采用电点火将干粉喷出。它的优点是携带轻便灵活，操作方便，装粉方便，可反复使用。背负式喷粉灭火器是由 3 个干粉钢瓶、输粉管和干粉枪三大部分构成。

（二）干粉灭火器的使用

使用手提式干粉灭火器时，应手提灭火器的提把，迅速赶到着火点。在室外使用时，应占据上风方向。使用前需将其上下颠倒几次，使筒内干粉松动，拔下保险销，一手握住喷嘴，对准火源，一手用力压下压把，干粉便会从喷嘴喷射出来。使用推车式干粉灭火器时，一般由两人操作，一人手握喷粉胶管，对准火源，另一人逆时针旋转动力瓶手轮，待压力表指针达到 0.98MPa（$10kg/cm^2$）时，打开灭火器开关，干粉即可喷出。

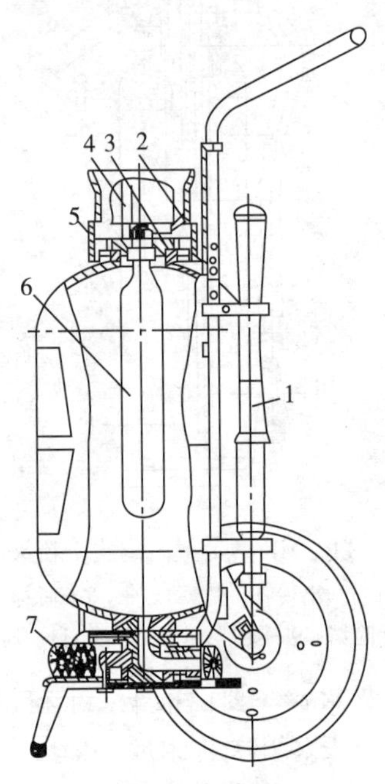

图 3－12 MFT 推车式干粉灭火器

1—喷枪；2—提环；3—进气压杆；4—压力表；5—护罩；6—钢瓶；7—出粉管

使用干粉灭火器扑火时要对准火焰根部，左右扫射，由近而远快速推进，直至火焰全部扑灭。使用干粉灭火器时应注意：一是干粉灭火器灭火过程中应保持直立状态，不得横卧或颠倒使用；二是注意干粉灭火器灭火后防止复燃。

（三）干粉灭火器的维护保养

干粉灭火器平时应置于干燥通风及取用方便的地方，并注意防潮和防日光暴晒。各连接部件要拧紧，每年要检查一次体内干粉的结块情况，无结块或粉末仍为白色易流动状态，可继续使用。

三、二氧化碳灭火剂及灭火器

二氧化碳是一种广泛使用的灭火剂，它是无色无味，不燃烧、不助燃、不导电、无腐蚀性的惰性气体。

(一)二氧化碳灭火器结构

二氧化碳灭火器主要为手提式，它有 MT 型手轮式和 MTZ 型鸭嘴式两种。二氧化碳灭火器由筒身、筒盖、虹吸管和喷头组成，其结构分别见图 3－13 和图 3－14。

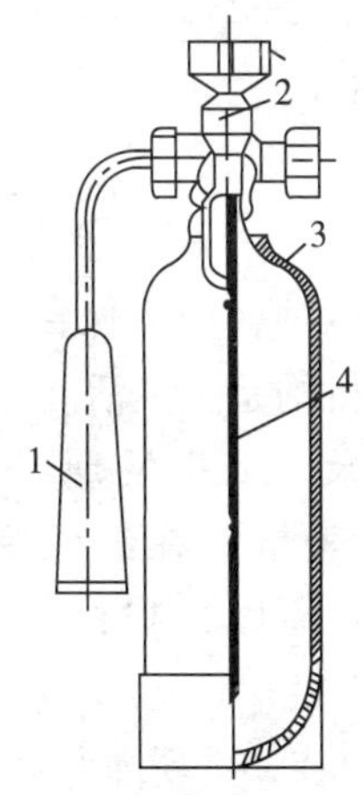

图 3－13　MT 型手轮式灭火器

1—喷筒；2—启闭阀；3—钢瓶；4—虹吸管

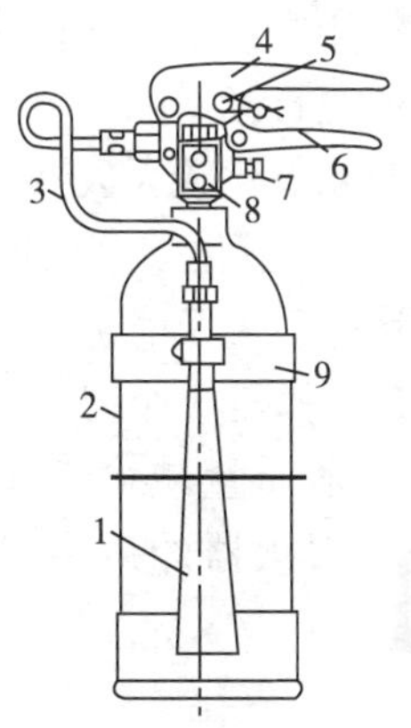

图 3－14　MTZ 型鸭嘴式灭火器

1—喷筒；2—钢瓶；3—喷管；4—压把；5—保险销；6—提把；7—安全堵；8—启闭阀；9—卡带

二氧化碳灭火器适宜扑救 600V 以下带电设备、仪器仪表、易燃气体和燃烧面积不大的易燃液体火灾。

(二)二氧化碳灭火器的使用

使用 MT 型灭火器时，先去掉铅封，翘起喷筒对准火源，转动手轮，打开阀门，瓶内高压气体即自行喷出；使用 MTZ 型灭火器应先拔去保险插销，一手持喷筒，另一手紧压压把，气体即喷出。

由于二氧化碳灭火器的射程近，喷射时间短。因此，在喷射时要迅速果断，接近火源，从近处喷起，快速向前扫射推进。使用中应注意机身的垂直，不可颠倒使用，以防止液体喷出。灭火时手要握住喷管木柄，切勿用手接触喷筒，以免冻伤。

另外空气中二氧化碳含量达5%～6%时，就会使人头晕呕吐；达8%～10%时，会使人感到呼吸困难甚至窒息。因此，灭火时应站在上风位置，顺风喷射，在空气不流通的场所，要特别注意安全。

（三）二氧化碳灭火器的维护保养

二氧化碳灭火器应放置在干燥、通风和易于取放的地点。存放地点的温度不得超过42℃，因为钢瓶受热，液态二氧化碳会变为气态，使压力剧增，易发生物理性爆炸事故。因此，灭火器应远离火源，避免日光暴晒。

对二氧化碳灭火器应经常进行例行检查：

（1）二氧化碳灭火器应保持清洁、油漆无锈蚀，喷嘴保持畅通。如有堵塞，应及时疏通。推车式灭火器的行走机构是否灵活。

（2）每隔3个月检查一次质量，做好记录，如果发现二氧化碳灭火器质量减少1/10时，或灭火器压力表指针在红色区域，则表明灭火器的压力已低于规定值，应查明原因，检修后重新灌装。

（3）二氧化碳灭火器由消防专业部门进行灌装，重新灌装后应由消防专业部门进行水压和气密性试验，不合格者不得使用。

四、泡沫灭火剂及灭火器

能够与水混溶，并可通过化学反应或机械方法产生灭火泡沫的药剂，称为泡沫灭火剂。按照泡沫生成机理，泡沫灭火剂可分为化学泡沫灭火剂和空气机械泡沫灭火剂两大类。

（一）化学泡沫灭火器的结构

目前国内泡沫灭火器主要有MP型手提式、MPZ型手提舟车式和MPT型推车式3种。

MP型手提式又叫颠倒式，把筒身颠倒，泡沫便能喷射出来。它主要由筒身、瓶胆、筒盖、提环等组成。MPZ型在结构上基本与MP

型相同，只是为不使内外药液相混合，增设了一个开关装置，以适应车船上的灭火需要，其结构见图 3－15。

MPT 型推车式灭火器是将筒身固定在带胶轮的车架上，便于移动，其结构见图 3－16。瓶塞在手轮丝杠的作用下使瓶胆口闭严，筒盖上有安全阀，如喷射系统堵塞，泡沫无法喷出，当筒内压力超过 981kPa 时，安全阀即自动打开，防止筒身爆炸。

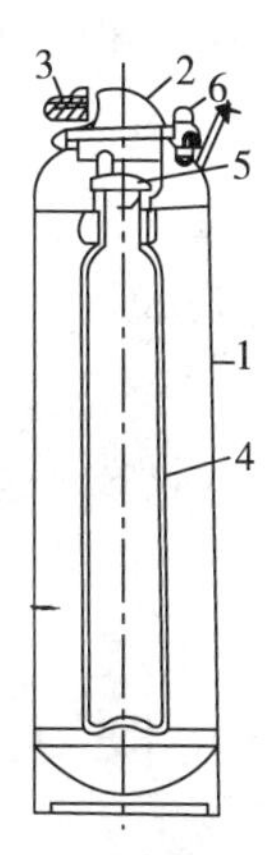

图 3－15　MP 型手提式灭火器

1—筒身；2—筒盖；3—喷嘴；4—瓶胆；5—瓶胆盖；6—螺母

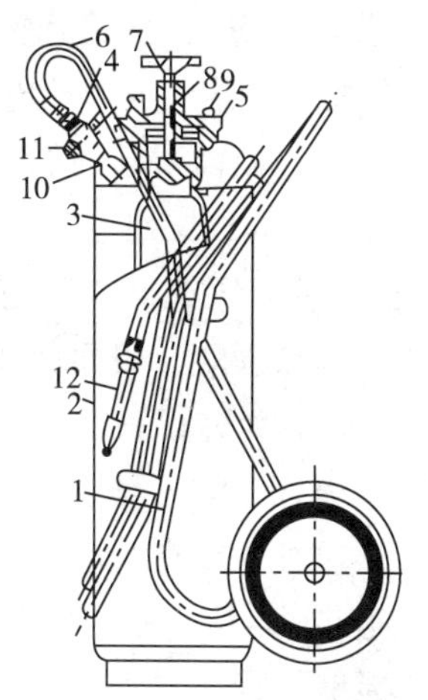

图 3－16　MPT 型推车式灭火器

1—筒架；2—筒身；3—瓶胆；4—密封垫圈；5—筒盖；6—喷管；7—手轮；8—丝杠；9—螺母；10—过滤网；11—旋塞阀；12—喷射枪

(二)化学泡沫灭火器的使用

泡沫灭火器用于火场灭火时，使两种溶液相混合后，即产生泡沫。对于 MP 型灭火器，只要将筒身颠倒，两种溶液即混合，产生的泡沫从喷嘴喷出；MPZ 型则应先将瓶盖把手向上扳起或旋松手轮，然后再颠倒筒身；对于 MPT 型灭火器的使用，需一人施放喷管，双手握住喷枪对准燃烧物，另一人转动手轮，开启瓶塞，然后将筒身倒放，再打开喷射系统的旋塞阀。

泡沫灭火器在使用时应注意以下几点：

(1)手提式因无法控制开关，在提往火场途中，筒身不能倾斜或震荡，更不能扛在肩上，否则使内外药液混合而喷出。

(2)灭火时，人宜站在上风位置，尽量接近火源，喷射时应从边缘开始，由点到面，逐渐覆盖整个燃烧面。

(3)灭火器药液必须一次用完，切忌中途堵住喷嘴，否则易发生爆炸事故。

(三)化学泡沫灭火器的维护保养

(1)存放灭火器地点的环境温度应在0~45℃之间，以防气温过低冻结，气温过高而引起药剂分解。

(2)灭火器的放置地点应便于取用，同时，应注意干燥、通风。

(3)经常检查灭火器喷嘴是否堵塞，如有堵塞，应及时疏通。灭火器有无锈蚀或损坏，表面涂漆有无脱落。

(4)每隔半年进行一次定期检查，检查筒盖、滤网安装是否牢固，滤网、喷枪、喷管是否堵塞。对于推车式灭火器还应检查瓶口密封圈是否腐蚀，安全阀有无堵塞，车轮是否灵活可靠。

(5)装药一年后，必须检查药液是否符合规定的技术要求，若不符合，应及时更换。

五、灭火器的设置要求

(1)灭火器应设置在明显和便于取用的地点，且不得影响安全疏散。

(2)灭火器应设置稳固，其铭牌必须朝外。

(3)手提式灭火器宜设置在挂钩、托架上或灭火器箱内，其顶部离地面高度应小于1.5m；底部离地面高度不宜小于0.15m。

(4)灭火器不应设置在潮湿或腐蚀性的地点，当必须设置时，应有相应的保护措施。设置在室外的灭火器，应有保护措施。

(5)灭火器不得设置在超出其使用温度范围的地点。

知识园地

灭火器的报废年限

如今，人们对于灭火器已不再陌生，它已走入寻常百姓家庭。然而，您知道灭火器也有使用期限吗？一个失去效应的灭火器是没有灭火作用的。

从出厂日期算起，达到如下年限的必须报废：

手提式化学泡沫灭火器——5年；

手提式酸碱灭火器——5年；

手提式清水灭火器——6年；

手提式干粉灭火器(贮气瓶式)——8年；

手提贮压式干粉灭火器——10年；

手提式二氧化碳灭火器——12年；

推车式化学泡沫灭火器——8年；

推车式干粉灭火器(贮气瓶式)——10年；

推车贮压式干粉灭火器——12年；

推车式二氧化碳灭火器——12年。

另外，应报废的灭火器或贮气瓶，必须在筒身或瓶体上打孔，并且用不干胶贴上“报废”的明显标志，内容如下：“报废”二字，字体最小为25mm×25mm；报废年、月；维修单位名称；检验员签章。灭火器应每年至少进行一次维护检查。

第四章　危险有害因素辨识

主题词：危害因素、辨识、风险

要点提示：危险有害因素辨识是安全工作的基础和前提条件，通过本章的介绍能应用安全检查表(SCL)、预先危险分析(PHA)和作业危害分析(JHA)对实际工作中的安全检查、作业进行危害分析。

第一节　基本概念

危害是指可能引起的损害，包括引起疾病和外伤，造成财产、工厂、产品或环境破坏，招致生产损失。

危害因素是指一个组织的活动、产品或服务中可能导致人员伤害或疾病、财产损失、工作环境破坏、有害的环境影响或这些情况组合的要素，包括根源和状态。危害因素是导致事件、事故的因素，包括人的不安全行为和物的不安全状态。分析事故就是要识别危害因素。

危险就是危害或危害因素。

危害因素辨识是指识别危害因素的存在并确定其特征的过程。这里的“特征”是指危害因素的本质，是人的因素还是物的因素，危害出现的规律性等。

事故是指造成死亡、疾病、伤害、污染、损坏或其他损失的意外情况。事故是意外事件，是人们不希望发生的；同时该事件产生了违背人们意愿的后果。如果事故的后果是人员死亡、受伤或身体的损害就称为人员伤亡事故。如果没有造成人员伤亡就是非人员伤亡事故。

事件是指导致或可能导致事故的情况。结果未产生疾病、伤害、损坏或其他损失的事件叫“未遂事件”。事故是由事件引起的，比如起重作业时吊物伤人事故就是“吊物坠落”和“人员处于吊物之下”两个事件共同引起的。分析事故时，先要找“事件”。

危险源是指可能造成人员伤亡、财产损失或环境破坏的根源，可以是存在危险的一件设备、一处设施、一个系统，也可以是其中的一部分。如油罐区构成一个系统，也构成了火灾、爆炸的危险源。

重大危险源是指长期地或临时地生产、搬运、使用或者储存危险物品，且危险物品的数量等于或者超过临界量的单位(包括场所和设施)。

事故隐患泛指生产系统中可能导致事故发生的人的不安全行为、物的不安全状态、有害的环境影响和管理缺陷。隐患和危害因素是近义词。查隐患就是要从以上方面找出事故隐患。

风险是指某一特定危害事件发生的可能性与后果的组合。风险高说明从事的活动危险，因此，风险和危险是同义词。

第二节　危险有害因素辨识方法

一、危险有害因素辨识常用方法

在危险有害因素辨识过程中，选择合适的方法是危险有害因素辨识人员所关心的主要问题之一，而熟练掌握各种危险有害因素辨识方法的内容、适用条件和范围是做好危险有害因素辨识工作的基础，本节将简单介绍油品销售企业常用的几种危险有害因素辨识方法。

(一)安全检查表

安全检查表种类多、适用面广、使用方便，可根据不同的要求制定不同的检查表进行检查，因此，它作为一种定性危险有害因素辨识方法有着广泛的应用。

为了系统地识别工厂、车间、岗位或装置、设备以及各种操作管理和组织中的不安全因素，事先将要检查的项目，以提问方式编制成表，以便进行系统检查和避免遗漏，这种表叫做安全检查表（Safety Checklist，SCL）。

1. 安全检查表主要优点

(1)检查项目系统、完整，可以做到不遗漏任何能导致危险的关键因素，因而能保证安全检查的质量。

(2)可以根据已有的规章制度、标准、规程等，检查执行情况，得出准确的评价。

(3)安全检查表采用提问的方式，给人的印象深刻，能使人知道如何做才是正确的，因而可起到安全教育的作用。

(4)编制安全检查表的过程本身就是一个系统安全分析的过程，可使检查人员对系统的认识更深刻，更便于发现危险因素。

2. 安全检查表类型

安全检查表按其使用场合大致分为：

(1)设计用安全检查表。主要供设计人员进行安全设计使用，也可作为审查设计的依据。其主要包括：厂址选择、平面布置、工艺流程的安全性，建筑物、安全装置、操作的安全性，危险物品的性质、储存与运输，消防设施等。

(2)公司级安全检查表。供公司安全检查时使用，内容较为全面。

(3)车间级安全检查表。供车间进行定期安全检查。其内容主要包括员工安全、设备布置、安全设施、照明、噪声、安全标志、消防设施及操作规程等。

(4)岗位安全检查表。主要用于自查、互查及安全教育。其内容应根据岗位的工艺与设备的防灾控制要点确定，要求简单易行。

(5)专业性安全检查表。由职能部门编制和使用。主要用于定期的专业检查或季节性检查，如对电气、压力容器、特殊装置与设备等的专业检查表。

3. 安全检查表的编制依据

编制安全检查表主要依据是：有关标准、规程、规范及操作规程；国内外同行和同类事故案例；通过系统安全分析确定的危险部位及防范措施。

（二）预先危险分析

预先危险分析（Preliminary Hazard Analysis，PHA）是一项实现系统安全危险分析的初步或初始的工作，是在方案开发初期阶段和设计阶段之初完成的，可以帮助选择技术路线。

预先危险分析可以达到的目的：

（1）大体识别与系统有关的主要风险；

（2）分析产生风险的原因；

（3）预测事故发生对人员的和系统的影响；

（4）判别风险等级，提出消除或控制风险的对策措施。

（三）作业危害分析

作业危害分析（Job Hazard Analysis，JHA）是一种定性风险分析方法。

实施作业危害分析，能够识别作业中潜在的危险，确定相应的工程措施，提供适当的个体防护装置，以防止事故发生，防止人员受到伤害。适用于涉及手工操作的各种作业。

作业危害分析将作业活动划分为若干步骤，对每一步骤进行分析，从而辨识潜在的危害并制定安全措施。所谓"作业"（有时也称"任务"）是指特定的工作安排，如加油作业、清罐作业等。

这种方法的优点是能够辨识原来未知的危害，增加职业安全健康方面的知识，促进操作人员与管理者之间的信息交流，有助于得到更为合理的安全操作规程。还能对新的作业人员进行培训，为不经常进行的作业提供指导。

作业危害分析的主要步骤是：

（1）选择待分析的"作业"；

（2）将"作业"划分为一系列的步骤；

（3）辨识每一步骤的潜在危害；

(4)确定相应的预防措施。

(四)危险与可操作性分析

危险与可操作性分析(Hazard and Operability，HAZOP)是一种定性的危险有害因素辨识方法，其基本过程是按照引导词找出过程中工艺状态的变化，即可能出现的偏差，然后分析找出偏差的原因、后果及应该采取的安全对策措施。

危险与可操作性分析与其他危险有害因素辨识方法的明显不同之处是：其他方法可由某人单独去做，而危险与可操作性研究则必须由一个多方面的、专业的、熟练的人员组成的小组来完成。

适用于设计阶段，也适用于现有的生产装置。

(五)故障树分析

故障树是一种描述事故因果关系的有方向的“树”，故障树分析(Fault Tree Analysis，FTA)是系统安全工程中的重要的分析方法之一。

该方法能对各种系统的危险性进行识别评价，既适用于定性分析，又能进行定量分析。该方法具有简明、形象化的特点，体现了以系统工程方法研究安全问题的系统性、准确性和预测性。

二、选择危险有害因素辨识方法应注意的问题

选择危险有害因素辨识方法时，应根据危险有害因素辨识的特点、具体条件和需要，针对被评价系统的实际情况、特点和评价目标，认真地分析、比较。必要时，要根据评价目标的要求，选择几种危险有害因素辨识方法进行辨识，相互补充和相互验证，以提高评价结果的可靠性。在选择危险有害因素辨识方法时，应注意以下几个方面的问题。

(1)充分考虑被评价系统的特点。根据被评价系统的规模、组成、复杂程度、工艺类型、工艺过程、工艺参数以及产品、作业环境等。

(2)评价的具体目标和要求。由于评价目标不同，要求的评价结果是不同的。因此需要根据被评价目标选择适用的辨识方法。

(3)评价资料的占有情况。如果被评价系统技术资料、数据齐全，可进行定性、定量评价方法。反之，如果是一个正在设计的系统，缺乏足够的数据资料或工艺参数不全，则只能选择较为简单的、需要数据较少的辨识方法。

(4)危险有害因素辨识人员的知识、经验、习惯，对辨识方法的选择是十分重要的。

第三节 危险有害因素辨识举例

一、安全检查表(SCL)举例

安全检查表种类多、适用面广、使用方便，可以根据不同的要求制定不同的检查表进行检查。应用安全检查表可以系统地识别加油站、油库平面布置、设备以及各种操作、管理和组织中的不安全因素。

依据《汽车加油加气站设计与施工规范》(GB 50156—2012)加油站管理规范和有关安全制度，编制加油站油罐区安全检查表，见表4-1。

表4-1 加油站油罐区安全检查表

序号	检查内容	评分标准	应得分	实得分
1	汽油罐和柴油罐应埋地设置，严禁设在室内或地下室内	一处不符合要求扣2分	4	
2	油罐的人孔，应设操作井；当油罐设在行车道下面时，人孔操作井宜设在行车道以外	一处不符合要求扣1分	2	
3	埋地油罐操作井应每周清理1次，做到无积油、无积水、无杂物、无锈蚀，操作井盖应有防撞产生火花措施	一处不符合要求扣1分	2	
4	油罐量油孔应设带锁的量油帽	一处不符合要求扣1分	2	

续表

序号	检查内容	评分标准	应得分	实得分
5	进出油管无渗漏；量油口密封垫圈完好有效，闭合严密；人孔盖螺栓齐全、连接牢固，垫圈完好闭合严密；阀门启闭灵活，无渗漏	一处不符合要求扣1分	2	
6	油罐应进行防雷接地，接地点不应少于2处，且应引出地面，设置检测断接卡，接地电阻不应大于10Ω(单独接地时)；油罐与露出地面的工艺管道相互做电气连接并接地	一处不符合要求扣2分	4	
7	有观测井的加油站应每日检查1次观测井内有无油花，无观测井的应每周检查1次油罐周边有无渗漏现象	一处不符合要求扣1分	2	
8	每个油罐应有标明所装油品的明显标识、标记；卸油口应安装可区别油品的异径接头	一处不符合要求扣1分	2	
9	油罐卸油口应上锁	一处不符合要求扣1分	2	
10	敷设管线的管沟应用沙子填实；输油管线不得与电缆线同沟敷设	一处不符合要求扣1分	2	
11	管线及各部件的连接法兰是否严密，做到无严重腐蚀、无渗漏	一处不符合要求扣1分	2	
12	加油管线禁止穿越站房	一处不符合要求扣1分	2	
13	地上油品管道始、末端和分支处的接地装置的接地电阻不应大于30Ω(单独接地时)	一处不符合要求扣1分	2	

续表

序号	检查内容	评分标准	应得分	实得分
14	在爆炸危险区域内的输油管线上的法兰应用金属线跨接(当法兰的连接螺栓不少于5根时，在非腐蚀环境下，可不跨接)	一处不符合要求扣1分	2	
15	汽油罐与柴油罐的通气管应分开设置；通气管的公称直径不应小于50mm；通气管应安装阻火器，阻火器应每季度检查保养1次，并有检查保养记录	一处不符合要求扣1分	2	
16	管口应高出地面4m及以上，通气管管口应距围墙3m；沿建筑物的墙(柱)向上敷设的通气管管口，应高出建筑物的顶面1.5m及以上	一处不符合要求扣2分	4	

二、预先危险性分析(PHA)举例

预先危险性分析是一种定性的概略分析方法。对油库油罐区可能的油品火灾、油气爆炸、油品中毒可进行概略分析，按轻重缓急提出处理措施。

采用预先危险性分析方法对油库油罐危险性辨识分析结果，见表4－2。

三、作业危险性分析(JHA)举例

作业危害分析又称作业安全分析，是一种定性风险分析方法。实施作业危害分析，能够识别作业中潜在的危害，确定相应的工程措施，提供适当的个体防护装置，以防止事故发生，防止人员受到伤害，适用于涉及手工操作的各种作业。某油库作业危害分析结果如表4－3所示。

表 4－2 油库油罐预先危险性辨识分析结果

序号	危险因素	触发事件	现象	形成事故原因	事故后果	危险等级	防范措施
1	油品火灾事故	油品作业环境引入火源	引发燃烧，造成人员伤亡、设备损坏、环境污染	输油管道、阀门、金属软管有缺陷，作业中发生泄漏	人员伤亡、财产损失、环境污染	Ⅲ	落实日常、定期设备维护检修制度；管道、阀门等设备必须具有相应资质单位制造，产品合格；管道、阀门必须经过打压等验收；埋地管道防腐符合加强级要求
				罐体存在缺陷，如油罐底板开裂、罐壁焊缝开裂，油罐排污管开裂等。油品在储存过程中发生泄漏			油罐必须具有石油化工资质企业的单位设计和施工安装
				油罐计量不准，卸油时发生溢油，造成油品泄漏			接卸油品时必须进行计量；安装高液位报警装置；高高液位报警装置与罐前阀门联锁
2	油气爆炸事故	达到油气爆炸极限，点火源引入	引发爆炸，造成人员伤亡、设备损坏、环境污染	输油管道、阀门、金属软管有缺陷，作业中发生泄漏，挥发的油气达到爆炸极限	人员伤亡、财产损失、环境污染	Ⅲ	除火灾防范措施外，罐区安装可燃气体报警装置
				部分输油管沟，积聚油蒸气			
		静电		输油速度快，产生静电放电			控制油品输送速度

表 4－3 某油库作业危害分析（JHA）记录表

工作/任务： 轻油付油作业　　区域/工艺过程： 付油区

分析人员：　　审核人：　　日期：

序号	工作步骤	危害或潜在事件	主要后果	以往发生频率及现有安全控制措施				可能性（L）	严重性（S）	风险度（R）	建议改正/控制措施
				发生频率	管理措施	员工胜任程度/设备现状	安全设施				
1	检查登记	携带手机	着火、爆炸	偶尔	付油场地管理规定，严格执行	胜任	电视监控	2	5	10	
		着装不规范	着火、爆炸	偶尔	付油现场管理规定，严格执行	胜任	电视监控	2	5	10	检查、落实
		证件不全	违反国家法规	偶尔	驾驶员管理规定，严格执行	胜任		3	3	9	
		未戴防火帽	着火、爆炸	曾经	出入库制度，严格执行	胜任		2	5	10	
		接地线未与地面跨接	着火、爆炸	偶尔	出入库制度，严格执行	胜任	与付油联锁	2	5	10	
		雷雨天气	着火、爆炸	曾经	油库防雷规定，严格执行	胜任		2	5	10	
		消防器材失效	违反制度	曾经	入库车辆安全职责，严格执行	胜任		1	3	3	
2	验单核对	车辆超速行驶	人员、设备损失	偶尔	付油场地须知，严格执行	胜任		2	4	8	
		无引导人员	人员、设备损失	曾经	付油场地须知，有时不能严格执行	有时不能胜任		2	3	6	
		付油卡损坏	财产损失	曾经	微机付油员安全职责，严格执行	胜任		2	3	6	
		出现假票（卡）	财产损失	曾经	油库提油票据管理规定，严格执行	胜任		2	4	8	
		未履行验票手续	财产损失	曾经	油库提油票据管理规定，严格执行	胜任		2	3	6	

续表

序号	工作步骤	危害或潜在事件	主要后果	以往发生频率及现有安全控制措施				可能性(L)	严重性(S)	风险度(R)	建议改正/控制措施
				发生频率	管理措施	员工胜任程度/设备现状	安全设施				
3	装车准备	未将车钥匙挂在挡车牌上	违反制度	曾经	付油场地须知，严格执行	胜任		2	5	10	
		罐车前未放车挡	财产损失	偶尔	油库制度，有时不能严格执行	有时不能胜任	电视监控	2	3	6	
		未接地线	着火、爆炸	曾经	付油场地须知，严格执行	胜任		1	5	5	
		没有检查油罐车的铅封情况	违反制度	曾经	出入库管理制度，严格执行	胜任		1	3	3	
		作业前未释放人体静电	着火、爆炸	曾经	付油场地须知，严格执行	运行良好		1	5	5	
		取放鹤管时未系安全带	人身伤害	曾经	付油场地须知，严格执行	运行良好		1	5	5	
		鹤管未插入底部	着火、爆炸	曾经	取放鹤管操作规程，严格执行	胜任		2	5	10	
		防溢装置失灵	溢油事故	曾经	付油场地管理规定，严格执行	运行良好		2	3	6	
4	罐装作业	作业时未戴安全帽	人身伤害	曾经	劳动纪律管理规定，严格执行	胜任		3	4	12	检查、落实
		输入数量错误	财产损失	曾经	付油员操作规程，严格执行	胜任		2	4	8	
		读卡器失灵	财产损失	曾经	付油员操作规程，严格执行	运行良好		2	4	8	
		微机失灵	财产损失	曾经	付油员操作规程，定期维修	运行良好		2	4	8	
		过滤器堵塞，电磁阀失控	财产损失	曾经	付油员操作规程，每半年检定	运行良好		2	4	8	
		操作人员穿脱衣服、梳头	着火、爆炸	曾经	油库防静电规定，严格执行	胜任		2	5	10	

续表

序号	工作步骤	危害或潜在事件	主要后果	以往发生频率及现有安全控制措施				可能性(L)	严重性(S)	风险度(R)	建议改正/控制措施
				发生频率	管理措施	员工胜任程度/设备现状	安全设施				
5	过程监控	作业人员、安全员不在现场	无人监控	曾经	安全员安全职责,严格执行	胜任		2	3	6	
		司机在作业现场修理车辆	着火、爆炸	曾经	安全员安全职责,严格执行	胜任		2	3	6	
		油罐车漏油没有发现	油品跑冒事故	偶尔	安全员安全职责,严格执行	运行良好		2	4	8	
		管线、阀门渗漏没有发现	油品跑冒事故	偶尔	安全员安全职责,严格执行	运行良好		2	4	8	
		油罐车溢油	油品跑冒事故	偶尔	安全员安全职责,严格执行	运行良好	溢油联锁	2	3	6	
6		鹤管未拔出	财产损失	偶尔	取放鹤管操作规程,有时不能严格执行	有时不能胜任	电视监控	3	3	9	
		接地线未取	财产损失	偶尔	付油场地须知,有时不能严格执行	有时不能胜任		2	3	6	
		警示牌、车挡未取走	财产损失	曾经	油库制度,严格执行	胜任		2	3	6	
		罐车盖未关闭	着火、爆炸	曾经	油库制度,严格执行	胜任		2	5	10	
7	罐车离库	未收回出门票	违反制度	曾经	油库提油票据管理规定,严格执行	胜任		2	3	6	
		未打铅封	违反制度	曾经	罐车交接管理规定,严格执行	胜任		2	3	6	
		未收回防火帽	财产损失	曾经	油库制度,严格执行	胜任		1	3	3	

管理智库

木桶定律

木桶定律说的是由多块木板构成的木桶，其价值在于盛水量的多少。但决定木桶盛水量多少的关键因素不是其最长的木板，而是其最短的木板，劣势决定优势，劣势决定生死。

基本思想：

——只要木桶有一块木板不够高，木桶就不可能装满水，最短的木板决定该木桶装水的最大容量。

——木桶中木板与木板之间契合不紧密，存在缝隙，就会漏水，不仅水盛不满，而且水桶也可能越来越松，最后导致散架。

——不断地识别、修补木桶中的所有“短板”因素，及时消除木桶构成的群体因素中最薄弱的环节，提高和发挥木桶的整体优势。

理论启示

——HSE管理需要持续动态识别出企业的HSE“短板”(习惯性违章、隐患问题、薄弱环节等)，通过实施削减控制措施，使风险达到安全状态(可接受程度)。

——提高对“桶”的本质管理，真正认识到HSE管理是一个不可分割的统一体系。通过行之有效的排查治理，把桶底做实，把“桶壁”短板做长、长板做厚，增强系统安全防范能力。

——HSE管理就像一个完整的“木桶”，需要各部门、各岗位各司其职、协作配合、齐抓共管。如果协作配合不好，如同木桶的木板之间存在缝隙漏水一样，HSE绩效目标无法实现。

第五章　风险控制措施

主题词：安全要求、应急措施、控制措施、直接作业环节

要点提示：本章重点从加油站工艺设备安全要求、加油站应急措施、油库风险控制等方面详细讲述了加油站、水上加油站、油库安全要求和风险控制措施；从用火、临时用电、进入受限空间、破土和高空作业等讲述了直接作业环节的安全管理。

第一节　加油站工艺设备安全要求

一、加油站的等级划分

加油站的油罐容量不同，其经营的业务量也不同，危险性和对周围建筑物的影响程度也有区别。根据《汽车加油加气站设计与施工规范》（GB 50156—2012），按加油站油罐的容量将加油站分成三级，见表 5－1。

表 5－1　汽车加油站的等级划分

级　别	油罐容积／m^3	
	总容积	单罐容积
一级	$150 < V \leqslant 210$	$V \leqslant 50$
二级	$90 < V \leqslant 150$	$V \leqslant 50$
三级	$V \leqslant 90$	汽油罐 $V \leqslant 30$，柴油罐 $V \leqslant 50$

注：柴油储罐容积可折半计入油罐总容积。

二、加油站工艺安全要求

加油站根据其使用性质的不同，一般将总平面分成4个功能区域，即加油区、油罐区、营业区和辅助区。当然，区域的划分并不是唯一的，但一般根据其具体功能来进行划分。

（一）加油站卸油工艺

加油站油罐车卸油采用密闭卸油方式，如图5－1所示。即加油站的油罐须设置专用进油管道，并向下伸至罐内距罐底0.2m处，且采用快速接头连接进行卸油。严禁采用敞口卸油方式。密闭卸油的主要优点是可以减少油品挥发损耗，避免敞口卸油时出现油气沿地面扩散，加重对空气的污染，更重要的是极易引起火灾爆炸事故和环境污染。多年来全国各地由于敞口卸油而引发的火灾事故频频发生。例如，广州市某加油站和天津市某加油站曾发生过两次火警，北京市昌平某加油站也曾发生过火灾，都是由于敞口式卸油（即将卸油胶管插入量油孔内）发生的着火事故。

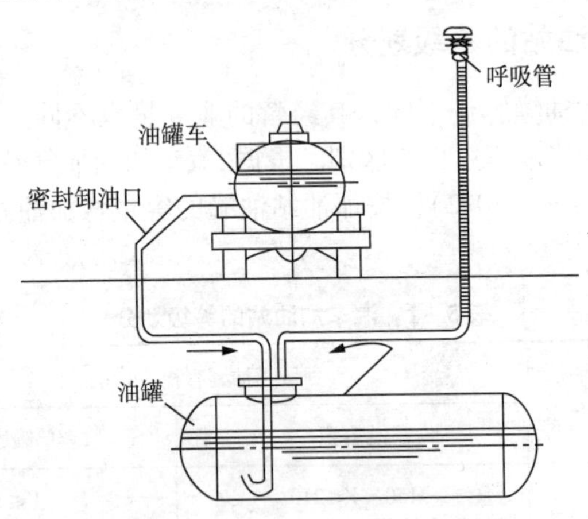

图5－1 加油站密闭卸油系统

密闭卸油口宜集中设置在罐区附近的箱形加盖防护体内，卸油口处设置相应品种的标牌。密闭卸油口集中设置时，快速接头中心应比卸油车道高出0.3m，油罐车卸油时不应影响加油车辆通行。油罐车卸油快速接头宜采用阴阳接头或不同规格（*DN*65、*DN*80）快速接头；卸油软管、油气回收软管应采用导静电耐油软管；耐油软管的公称直径应选用 *DN*50 ~ *DN*80。

（二）加油站加油工艺

（1）潜油泵加油机加油工艺。随着加油站规模的越来越大，加油站宜采用油罐装设潜油泵的一泵供多机（枪）的配套加油工艺，如图 5 -2 所示。与自吸式加油机相比，其最大特点是：油罐正压出油、加油噪声低、无汽蚀现象、设备故障率低、工艺简单，一般不受油罐液位低和管线长等条件的限制。

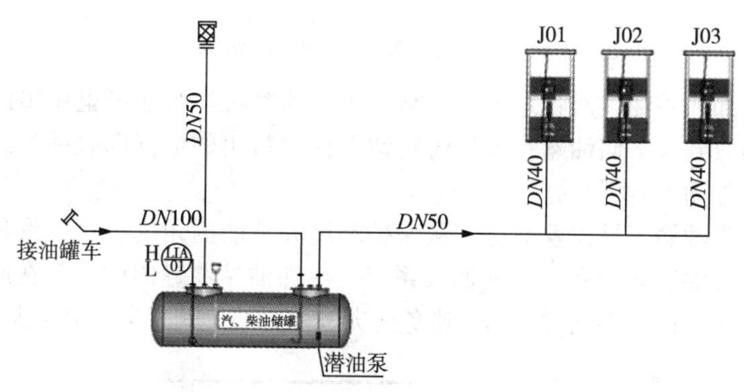

图 5 -2　潜油泵加油机加油系统示意图

（2）自吸式加油机加油工艺。为保证加油机正常吸入油品，当采用自吸式加油机时，每台加油机应按加油品种单独设置进油管，如图 5 -3 所示。如果几台加油机共用一根接自油罐的出油管，会造成互相影响，流量不均。当一台加油机停泵时，还有抽入空气的可能，影响加油机的正常吸入性能和计量的准确度，甚至出现断流现象。

（三）加油站油气回收工艺

汽油是一种易挥发的石油产品，在汽油的储运过程中会向大气散发大量油气，据估算全国每年汽油油气损失高达数万吨。如此大量油气散发到大气中去，既严重污染了环境，又浪费了宝贵的能源，还对安全构成严重威胁。抑制油气挥发，限制油气扩散，油气回收是今后加油站建设发展的方向和必然。

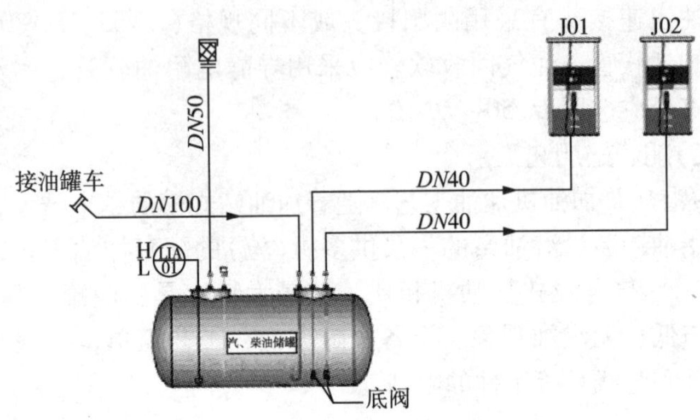

图 5-3 自吸式加油机加油系统示意图

加油站油气回收系统，即给汽车加油时将汽车油箱里排出的油气回收到地下储油罐；卸油时将地下油罐排出的油气回收的油罐车内，如图 5-4 所示。

汽油属于易挥发油品，从保护环境和节能的角度上讲，汽油油罐车卸油宜采用密闭油气回收系统，使加油站油罐内的油气在卸油的同时，回收到油罐车内，避免向大气中释放，其意义十分重大。

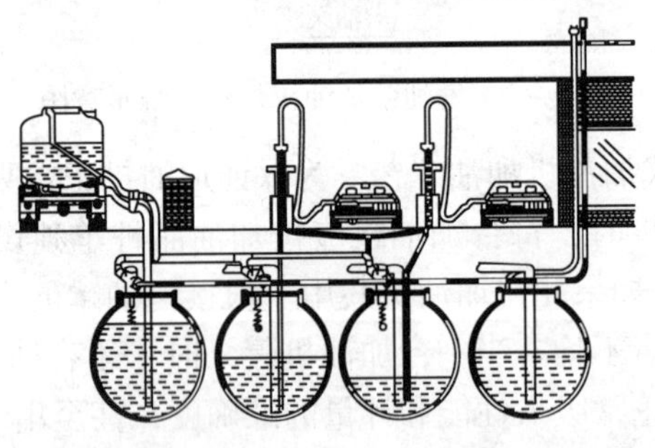

图 5-4 加油站加油、卸油油气回收示意图

卸油油气回收工艺是油罐车与地下油罐之间加设了一条油气回收连通管道，地下油罐的通气管管口安装机械呼吸阀，如图 5-5 所示。采用卸油油气回收系统时，应符合下列要求：

(1) 油罐车上的油罐设置供油气回收软管用的油气连接口，卸油油气回收管道接口安装手动球阀或采用自闭式快速接头；

(2)密闭卸油管道的各操作接口处，设快速接头及闷盖；

(3)加油站内的卸油管道接口、油气回收管道接口设在地面以上；

(4)油罐设带有高液位报警功能的液位计。

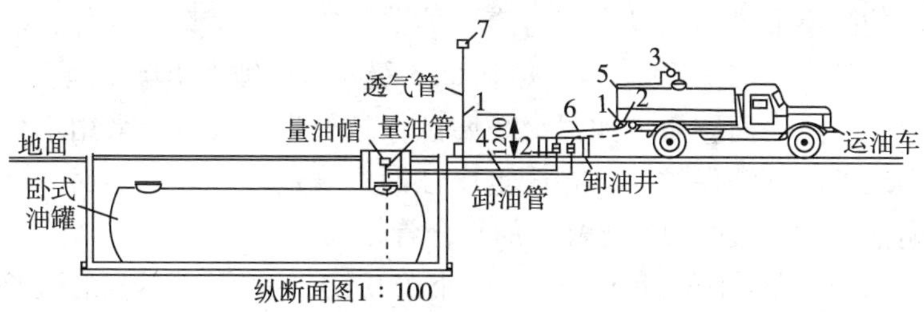

图5－5　油罐车卸油密闭油气回收系统

带有加油油气回收的加油站，加油所使用的是专用的加油枪，如图5－6所示。油枪由内管和外管组成，并在加油机内在安装有真空泵，用来抽吸油气。

加油油气回收，汽油加油机与油罐之间应设置油气回收管道，多台汽油加油机可共用1根油气回收总管，油气回收总管直径不应小于*DN*50，一般情况下油气回收总管直径宜为*DN*80。油气回收管道与加油机连接处下方应安装1个用于连接液阻检测装置或密闭性检测装置的三通接头。三通接头连接检测装置的开口应与检测装置的软管接头相匹配(一般为螺纹连接，公称直径25mm)，不检测时应用丝堵密封。

图5－6　带油气回收的加油枪

(四)管道的设置

1. 油品管道的设置要求

(1)与储罐相连通的油品管道，均应坡向油罐，其坡度不应小于2‰。

(2)加油站工艺管道应采用输送流体用无缝钢管，连接工艺管道应采用焊接方式。

(3)加油站内的工艺管道应埋地敷设，且不得穿过站房等建、构筑物。当油品管道与各类管沟、电缆沟和排水沟相交叉时，应采取相应的防渗漏措施；设在车行道下的油品管道宜用钢套管保护。埋地管道外表面应采用喷砂除锈到St2.5级，有腐蚀性土壤或地下水较高时，管道表面应做特加强级防腐蚀保护处理，其他应采用不低于加强级的防腐蚀保护层；有严重腐蚀的土壤地段直埋管道时，可选用耐油、耐土壤腐蚀、导静电的复合管材。

(4)油品管道的设计压力不应小于0.6MPa。管道系统的试验压力为设计压力的1.5倍。

2. 油罐通气管的设置要求

(1)汽油罐和柴油罐的通气孔应分开设置。这主要是防止这两种不同种类的油品储罐互相连通，避免一旦发生冒罐时，油品经通气管流到另一油罐造成混油事故。对同一类油品，允许共用一根通气立管。但在设计时，应考虑便于以后各罐在洗罐和检修时气路管道的拆装与封堵问题，所以每个油罐通气管最好单独设置。乙醇汽油储罐的通气管应安装干燥器，干燥器安装高度为1.2 ~1.5 m。

(2)通气管的管径应不小于*DN*50。某些加油站的通气管采用*DN*25的管子，阻力太大，延长卸油时间，为了加快进油时间，卸油时打开量油孔排气，这样做极不安全。若采用*DN*40的通气管，向汽车加油时进气没有问题。但自流卸油时，若按10min卸一个6m³的罐车，通气管中的气体流速为8m/s，显得较大，阻力增加，延长卸油时间。

(3)通气管的管口应高出地面4m及以上。沿建筑物的墙(柱)向上敷设的通气立管管口，应高出建筑物的顶面1.5m及以上，其与站房门窗的直线距离不应小于4m，与站内其他建筑的门窗水平距离不应小于5m，与围墙的距离不应小于3m。当采用卸油油气回收系统时，通气立管与围墙的距离可不小于2m。通气管管口应安装阻火器。当采用卸油油气回收系统和加油油气回收系统时，汽油通气管管口还应安装机械呼吸阀，呼吸阀的工作正压宜为 2 ~3 kPa，工作负压宜为 1.5 ~2 kPa。从采用油气回收系统的多座加油站的应用情况看，如果通气管管口不加控制，气路系统处于常压状态，就无法完全实现卸油密闭油气回收和加油油气回收。

(五)油罐

(1)汽车加油站的储油罐应采用卧式油罐，单层钢制油罐、双层钢制油罐和内钢外玻璃纤维增强塑料双层油罐的内层罐的罐体结构设计，可按现行行业标准《钢制常压储罐 第一部分：储存对水有污染的易燃和不易燃液体的埋地卧式圆筒形单层和双层储罐》(AQ 3020—2008)的有关规定执行，钢制油罐的设计内压不应低于 0.08MPa，钢制油罐的罐体和封头所用钢板的公称厚度，不应小于表 5 -2 的规定。

表 5 -2　钢制油罐的罐体和封头所用钢板的公称厚度　mm

油罐公称直径/mm	单层油罐、双层油罐内层罐罐体和封头公称厚度		双层钢制油罐外层罐罐体和封头公称厚度	
	罐体	封头	罐体	封头
800 ~1600	5	6	4	5
1601 ~2500	6	7	5	6
2501 ~3000	7	8	5	6

(2)汽车加油站的油罐应埋地设置，严禁设在室内或地下室内。油罐的顶部覆土厚度不小于 0.5m，油罐的周围，应回填厚度不小于 0.3m 的干净砂子或细土，不得有石块、冻土块等杂物，以免损坏油罐外防腐层。对油罐直埋有困难的地区，可采用地上覆土，且罐内最高液面低于罐外 4m 范围内地面的最低标高 0.2m。

油罐设在室内发生的爆炸火灾事例较多，造成的损失也非常大。其主要原因是室内必须要安装一些阀门等附件，它们是产生爆炸危险气体的释放源。泄漏挥发出的油气，由于通风不良而积聚在室内，易于发生爆炸火灾事故。

(3)埋设油罐的罐区地坪应高于地坪0.15m，并在罐区周围砌边墙，防止地面水流入罐区；同时埋设油罐应安装接地防护网。

(4)油罐的外表面，应采用不低于加强级的防腐保护层，见表5－3。在低温季节，涂层固化较慢，为了不妨碍溶剂的挥发，外部塑料布也可用玻璃布代替。

表5－3 石油沥青防腐涂层等级与结构表

防腐涂层等级	防腐涂层结构	每层沥青厚度/mm	涂层总厚度/mm
普通防腐	沥青底漆—沥青—玻璃布—沥青—玻璃布—沥青—聚氯乙烯工业膜	≈1.5	≥4.0
加强防腐	沥青底漆—沥青—玻璃布—沥青—玻璃布—沥青—玻璃布—沥青—聚氯乙烯工业膜	≈1.5	≥5.5
特加强防腐	沥青底漆—沥青—玻璃布—沥青—玻璃布—沥青—玻璃布—沥青—玻璃布—沥青—聚氯乙烯工业膜	≈1.5	≥7.0

(5)当油罐受地下水或雨水作用有上浮的可能时，应采用防止油罐上浮的措施。主要是防止当油罐埋在地下水位较高的地带时，在空罐情况下会有漂浮的危险，有可能将与其连接的管道拉断，造成跑油甚至发生火灾事故。

(6)建在水源保护区的直埋油罐，应对油罐采取防渗漏扩散的保护措施，并应设置渗漏检测设施。防止加油站油罐对地下水源和附近江河海岸的污染，是我国治理和保护环境的一部分。

(7)埋设油罐的人孔，应设操作井，以方便检修操作。油罐的进油结合管、出油结合管、量油孔、潜油泵、液位计等一般都设在人孔盖上。油罐的进油管，应向下伸至罐内距罐底0.2m处。这主要是为了避免油品卸油时，喷溅产生静电火花，引起着火。现在埋地油罐由于设置输油管道多、有液位仪、安装潜油泵等原因，一般采用双人孔油罐。

第二节 水上加油站工艺与安全作业

水上加油站服务对象是内河、湖泊中的水上运力——机动船。

由于我国水上加油站发展较晚，且都为专一的柴油。在储存、运输和使用的各个环节中，规范暂无明确规定，各地的做法也不尽相同。本节只就部分地区的习惯做法予以介绍。

一、水上加油站的分类

水上加油站分固定式和流动式两种类型。

(一)固定式水上加油站

固定式水上加油站又分岸式和趸船式两种。岸式水上加油站的储油设施全部安装在内河、湖泊的岸边，借助码头或独立停靠机动船用的趸船向过往船舶加油，如图 5 –7 所示。

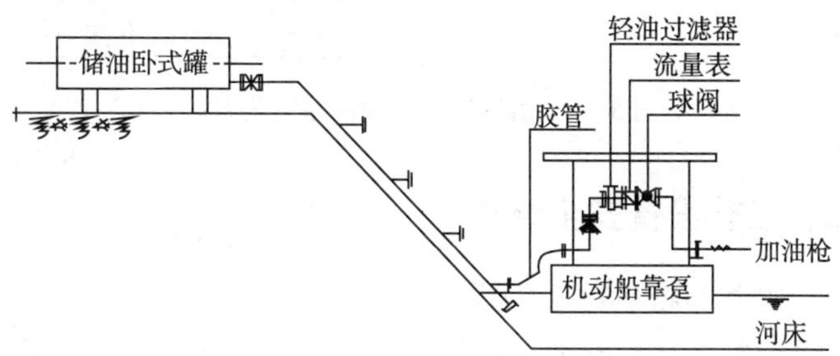

图 5 –7 岸式水上加油站工艺流程

趸船式水上加油站是利用专用的卸油趸船及油库的储油罐和管线，在趸船卸油泵房内增设一套或多套加油设施向外加油，储油设施不需单独设置，可利用油库储罐和趸船至罐区的输油管线，自流或泵送，如图 5 –8 所示。

(二)流动式水上加油站

流动式水上加油站是一个完整独立的水上供油系统，它由按航行要求制作的船体和动力为基础，在船上设置专用的储油舱或小型号卧式罐储油，再根据本地区水运区域的实际情况安装加油设施。

流动式水上加油站实际就是一条流动加油船，如图 5－9 所示。

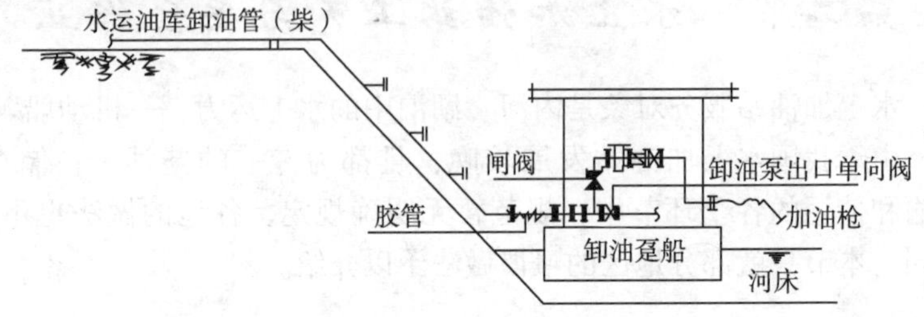

图 5－8　趸船式水上加油站工艺流程

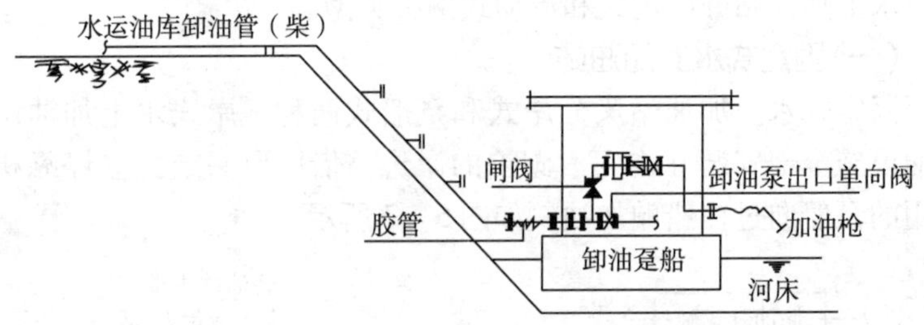

图 5－9　流动式水上加油站工艺流程

二、工艺设备安全要求

(一)水上加油站的自流加油

固定式水上加油站和趸船式水上加油站一般都为自流加油。目前自流加油工艺多数采用流量计计量和手动操作，它是由储油设施、管线、耐油胶管、闸阀、球阀、过滤器、流量计及加油枪组成。这种自流加油的水上加油站除设施的安装质量需符合国家有关技术要求外，还应注意解决以下两个问题。

(1)要控制好管道内液体的流速，也就是要根据地理环境的高差控制流速。高差过大，流速大，水击现象严重，设备容易损坏，特别是流量表和胶管接头，且计量不准确，进入客户油箱喷溅、冲击大，易产生静电。所以在高差大的情况下，应在适当位置安装缓冲装置，保证安全。

(2)一般情况下最高水位时的储油罐安装高度，要保证8m左右，以保证正常操作要求。如果高差太小，首先是加油速度慢，不能保证流量表的正常工作压力，其次流量表计量也不准确。在这种情况下，则应在岸上独立设置高架罐或在库区设置输转泵。

(二)水上流动加油站(船)的一般要求

泵送式水上加油站，由储油舱、加油泵、管线、止回阀、闸阀、过滤器、流量计、球阀、耐油胶管、加油枪组成。这种形式的水上加油站除船体和自身动力等要符合使用要求外，还应注意的主要问题是选泵要准确，即流量、流速和电机功率不能过大，安装要满足使用要求和便于操作。

流动式加油船一般是在辖区范围内航行的水上供油设施，船体和动力的一般要求是保证安全行驶和停泊安全，并能满足辖区内最大船型的停靠安全要求。

水上流动加油站(船)下水投入营业前，经有关部门验收，发放各种合格证后方可投入生产。

三、水上加油站安全作业

水上加油站作业首先应满足油船作业要求，如遇雷雨、大风天气应暂停作业。

(一)装油安全作业

(1)水上加油站接到业务部门装油通知后，通知计量员、司泵员及码头操作人员做好装油准备。

(2)连接卸油胶管和静电接地线，做到接头结合紧密，装油胶管自然弯曲。

(3)通知计量检测确认舱内(罐内)的空容量，防止跑、冒油事故的发生。

(4)装油前，应停止加油作业。

(5)经检查确认无误后，开启阀门，准备收油。

(6)收油过程中，应与码头操作密切配合，随时观察仪表读数变化情况，严禁脱岗。

(7)收油结束，关闭阀门，卸开卸油胶管和静电接地线，计量出收油量。

(8)清理现场，填写进货登记表。

(二)加油安全作业

(1)当船舶驶入加油站时，加油员应主动引导船舶进入加油位置。

(2)船舶停稳，发动机熄火后，连接好静电接地线。

(3)询问加油数量，同时将加油机回零，请客户确认。

(4)加油完毕，加油员请客户确认数量后，方可收回油枪。

(5)把油箱盖拧紧，关上油箱盖板，卸开静电连接线。

(6)引导船舶离开。

第三节 加油站应急措施

一、事故预防措施

(一)防混油措施

不同油品或不同标号的油品相混，会使得油品质量下降，使加油站蒙受经济损失，影响加油站的正常营业。倘若混油后的油品加入车辆，还会造成油路故障或车辆损坏，甚至威胁生命和财产安全，损坏加油站形象。为避免混油事故的发生，防混油措施有：

(1)卸油员会同驾驶员对罐车油品及交运单品种进行核对。

(2)坚持来油监卸制度，卸油过程中必须设专人负责监卸。

(3)卸油口用鲜明标志书写油品标号，核对卸油罐与罐车所装品种是否相符。

(4)汽油、柴油分别用大小头或阴阳端头进行区分。

(二)防冒油措施

据资料介绍，冒油事故有73%属于责任事故，20%是由于设备事故造成。由于油品有流动扩散的特性，冒油事故发生后，油品迅速向四周扩散和蒸发，所以加油站一旦发生冒油事故，不易控制，还易引发火灾事故。防冒油措施有：

(1)加强计量工作。接卸前通过液位计或人工计量检测确认卸油罐的空容量。

(2)按工艺流程要求连接卸油管，做到接头结合紧密，卸油管自然弯曲。

(3)坚持来油监卸制度，卸油过程中必须设专人负责监卸，卸油员集中精力监视、观察卸油管线、相关阀门等设备的运行情况，随时准备处理可能发生的问题。同时，罐车司机不得远离现场。

(4)防止设备老化或带伤作业，加油站应定期对站内有关设备进行检查维护。

(5)卸油管上安装满溢措施。油料达到油罐容量90%时，高液位报警；油料达到95%时，自动切断油料进入。

(三)防漏油措施

(1)防油箱溢油

当加油枪口接触油液面时会自动封枪停泵，这有效地避免了加油作业中油箱溢油事故的发生。但也经常会由于加油枪自封部件的损坏或司机估计油箱容量不准而发生溢油事故。特别对一些摩托车、助动车等，由于油箱容量小，附近又安装有电气线路、发动机，加油时应特别注意。应经常检测和维护加油枪的自封部件。

(2)防油箱漏油

油箱漏油是因为司机对油箱已破损的状况并不了解，在加油中一边加油一边漏油，此时应停止加油(漏油数量较多时还应用铁桶接住)，并将车移走，远离加油机后，再检查油箱(注意不得在站内修理)，及时清除地面。

(3)防加油枪漏油或胶管破损

加油枪漏油是指加油枪口封闭部件渗漏及胶管连接处渗漏。另外，胶管在长期的作业中，也可能由于某一局部频繁曲折、摩擦、损坏而产生渗漏。使用加油枪时不能用力拉动胶管，同时防止加油枪胶管被车辆碾压，加油完毕应迅速将胶管收起。

(4)防加油机渗漏

加油机易产生渗漏的部位是进油口下法兰口与吸入管口法兰连接处，油泵、油分离器排出口等。加油机一旦发生渗漏，应立即停止加油，然后切断电源进行检查。

(四)火种管理措施

(1)加油站内严禁烟火，但在实际工作中却很难严格落实。管理人员和安检员在日常检查中，要特别注意在加油场地、营业室内外、值班室、卫生间附近是否有烟头。

(2)严禁在爆炸危险区域和火灾危险区域使用非防爆电器。在加油站停电或夜间作业时，不得采用非防爆灯具进行照明检修和作业。

加油站营业室、值班室、休息间严禁使用电炉、电饭煲、电茶壶、"热得快"等易引起火灾的电器。

(3)机动车熄火加油，拖拉机、摩托车离开危险区域后发动。行驶中的车辆排出的尾气中可能有未燃尽的油气所携带的火星，所以任何车辆都必须熄火后加油。摩托车、助动车和拖拉机的完全燃烧程度低，特别在启动时，其尾气中的火星更多，故要求拖拉机、摩托车离开危险区域后发动。

(4)严禁在站内进行检修车辆、敲打铁器等易产生火花的作业。

(5)严格执行明火管理制度，防止意外事故发生。

(五)防静电措施

加油站产生静电的主要因素有：汽车油罐车在运油过程中产生静电；接卸过程中储油罐产生静电；油品在输油管线中产生静电；油品在过滤器、泵和计量器中产生静电；作业人员人体静电。防静电措施有：

(1)卸油前连接好静电接地线。输油管线与储油罐都安装有静电接地装置，卸油前必须连接好静电接地线，否则为违章作业。个别加油站在打开卸油阀门后才接上静电接地夹，而且有的接到油罐车的绝缘部位，这样将影响静电荷的泄漏。

(2)加油站防雷、防静电接地装置每年至少在雷雨季节前检测一次其有效性。油罐、站房和罩棚的接地电阻值不得超过10Ω，输油管线的接地电阻值不得超过 30Ω，卸油静电接地电阻值不得超过 100Ω。

(3)经常检查加油枪胶管上的金属屏蔽线和机体之间的连接。加油枪胶管上的金属屏蔽线和机体之间的静电连接由于经常移动，有可能发生断裂，从而造成静电事故。某加油站曾经发生过在加油过程中油箱爆燃事故，经检查是加油枪上的静电接地导线断裂造成的。所以操作人员应经常检查加油枪胶管上的静电接地导线的完整性，进行导通测试。

(4) 严禁向塑料桶直接加注汽油。向绝缘的塑料桶直接加注汽油时，由于塑料的绝缘会使桶内的油品静电荷大量积聚，静电电压很快升高，当静电电压升高到静电放电电压时，发生静电放电引燃油蒸气，发生火灾事故。正确的操作是将油品加入铁桶内，再将铁桶提到安全区域，通过漏斗将油品注入塑料桶内。

此外，严禁向汽车汽化器直接加注汽油。这是因为直接向汽车汽化器加注汽油易发生回火引燃发动机外的油品。

(5)作业人员要穿防静电工作服，以消除人体静电。化纤面料服装在穿着摩擦时会产生很高的静电电压，会产生静电火花，具有相当的危险性。所以，加油站员工的工作服必须是防静电面料或全棉面料，不允许穿化纤服装上岗操作，更不允许在加油现场穿脱、拍打化纤服装，以免发生静电事故。

(6)弱电系统(通信、信号、监测和微机控制等)应按有关专业规定或产品技术的要求，采取防静电措施。

(六)防电气火灾

加油站一旦发生电气火灾，后果很难预料，故应特别重视电气的选型、安装和操作。在电气线路的日常检查中应注意：电气是否老化；配线、接线是否松动和脱落；电气设施是否有破损。

(七)其他事故的预防

加油站除应重视火灾事故的预防外，还应重视防盗、防骗和防抢，确保人、财、物的安全，其防范措施主要有：

(1)加油站应采取防盗措施，如安装防盗门窗、通信报警电话等。

(2)当天的现金应及时解缴银行，少量现金及时放入保险柜。

(3)加油站应通过培训提高加油员的防伪鉴别技术等手段来防止出现假钞。

(4)在加油站应用IC卡，组成IC卡加油机管理系统。不仅提高了工作效率，并且在销售过程中减少了现金交易量，安全可靠。

二、特殊情况处理

(一)跑、冒油品

(1)当向储油罐卸油时发生跑、冒油品，应及时关闭油罐车卸油阀，切断总电源，停止营业，并向站长汇报。

(2)站长及时组织人员进行现场警戒，疏散站外人员，推出站内车辆，准备消防器材。

(3)对现场以跑、冒油品用棉纱、毛巾、拖把等进行必要的回收，禁止用铁制、塑料等易产生静电火花和与地面摩擦产生火花的器皿进行回收。回收后用沙土覆盖残留油面，待充分吸收残留油品后将沙土清除干净。

(4)检查所有井口是否有残留油品，若有残油应及时清理干净，并检查其他可能产生危险的区域是否有隐患存在。

(5)计量确定跑、冒油品数量，做好记录台账。检查确认无其他危险隐患后继续营业。

(6)分析跑、冒油原因，书面报告上级公司。

(7)当向车辆加油时，发生跑、冒油品，应及时关闭油枪，清理现场。

(二)接卸混油

(1)当向储油罐卸油时发生混油，应立即关闭罐车卸油阀，停止卸油；同时关闭相应的加油机，停止加油，并向站长汇报。

(2)分析原因和责任，按事故处理规定及时上报主管公司处理。

(3)若柴油、汽油相混，则需清罐，并将混合油品运出站外处理。

(4)清除管线和加油机内混合油品，确认无误后开启加油机加油。

(三)加错油品

(1)加油员发现加错油品时，应立即关闭加油机，向顾客说明原因并赔礼道歉，同时向站长汇报。

(2)站长征求顾客同意后，抽出混合油，加入合格油品。根据实际情况协商赔偿顾客损失。

(3)确认损失，上报主管公司处理。

(四)加油机乱码

(1)加油过程中，加油机出现乱码时，加油员应立即关闭加油机，向顾客表示歉意并说明原因，同时向站长汇报。

(2)与顾客协商确定已加油品数量，并根据协商意见补足数量。

(3)停止使用该加油机，记录该罐的其他加油机的字码数，对油罐进行计量。对当班的加油员进行结账，同时通知维修部门修理加油机。

(4) 当班营业终了，核实损失，报站长处理。

(五)大亏、大盈处理

(1)每日发油超耗或溢余量超过定额损耗一倍以上为大亏、大盈。

(2)出现大亏、大盈后，应及时复核数量和重新计量，认真查找原因。

(3)采用标准计量器核对加油机精度，发现有误，应及时维修鉴定。

(4)检查油罐及输油管线是否存在渗漏，如有问题及时报告主管公司处理。

(六)现金出现异常

(1)交班时出现现金量超常减小、补开发票出现负数等异常现象，应及时向站长汇报，站长要根据班次、数量、品种立即进行核对，分析情况，查找原因，妥善处理。

(2)按加油员收取的现金、IC 卡的总额与加油量核对；开票员按加油员收取的现金与开具的发票核对，直至找出原因。

(3)将查找结果书面上报主管公司。

(七)数、质量纠纷处理

(1)顾客对油品数量提出异议时，加油员应立即查询电脑记录或用标准计量筒检测。如无误，应向顾客耐心解释，礼貌送客；如有误，应向站(班)长汇报并向顾客赔礼道歉，赔偿顾客损失，停止使用该加油机，并报请维修和鉴定。

(2)顾客对油品质量提出异议时，加油员应向站(班)长汇报，及时取样，感观检查油品颜色、气味、挥发性等，如无误应向顾客耐心解释，礼貌送客。

(3)感观检查认为质量有问题时，应立即停止相应油罐加油业务，取样化验，同时向主管公司报告。

(4)依据取样化验结果，及时答复顾客，并按主管公司规定作出相应处理。

(八)外线停电

(1)当外线停电，加油机正在加油时，加油业务按加油机乱码处理。

(2)准备发电。

①当外线停电后，及时断开配电柜中外电总闸和加油站内主要设备及大负荷设备的电源开关(如加油机、加油区照明、计算机等)。

②检查确认发电机的燃油、水、机油是否充足。

(3) 发电供电。

①启动发电机，当发电机输出电压达到额定电压，并确认电压稳定后，打开发电机输出开关送电。

②将配电柜中的开关置于“发电”处，对站内供电。

③逐一开启设备开关。

④发电、供电过程中必须有专人监护。

(4) 恢复外线供电。

①当外线来电时，注意观察外电指示灯及电压表变化情况，确认电压稳定后，准备恢复供电。

②断开加油站内各主要设备及大负荷设备的电源开关（如加油机、加油区照明、计算机等）。

③断开配电柜中发电机电源输出开关，合上外线电源总闸，进行送电。

④关闭发动机，清理现场，并做好下次发电的准备工作。

⑤逐一开启设备开关。

（九）水患

（1）当发生水患时，加油站应立即关闭电源开关，停止营业，同时密封油罐量油孔，防止油品外溢，做好安全防范工作。

（2）水患过后及时组织排水，测试油罐底水高，检查设备，排除隐患，确认无误后，继续营业。

三、油品和气体毒性的安全防护

（一）油品和油蒸气的毒性

油品及油蒸气具有一定的毒性，一般属于低毒性物质，但由于中毒的途径不同，使人体器官能产生不同程度的急性或慢性中毒。油品蒸气慢性中毒会使人患慢性病，产生头昏、疲倦、想睡等病状。若皮肤经常与油品接触，会产生脱脂、干燥、裂口、皮炎和局部神经麻木。油品落入口腔、眼睛时，会使黏膜枯萎，有时会出血。

轻质油品的毒性比重质油品的毒性小些，但是轻质油品蒸发性能好，蒸发量大，往往使空气中的油品蒸气浓度大于重质油品产生的蒸气浓度，因此，危害性更大。如果空气中油品蒸气含量为0.28%，经过12～24min，人便会感到头昏；如果含量达到1.13%～2.22%时，便会发生急性中毒，人会感到难以支持。当油品蒸气含量更高时，会使人立即昏倒，丧失知觉。

（二）中毒途径

要想有效安全地防范油品及油蒸气引起的中毒事故，必须明确它们是如何侵入人体的。油品及其蒸气侵入人体的途径主要有3种：皮肤接触、呼吸道吸入和通过食物进入消化道。有时可单独通过呼吸道或皮肤侵入人体，有时可从2条或3条途径同时侵入人体。

(三)安全防范措施

在明确了油品及其蒸气侵害人体的途径之后，应能明白该如何进行安全防范。

(1)应从控制油品及其蒸气的污染着手。努力保证加油站的储油设备、输转管道、阀门、加油机等性能良好，不产生滴漏。

(2)改进储油技术，减少油品蒸发，降低油品损耗，改善卸油、加油条件，采用卸油和加油油气回收装置等。

(3)员工在加油时认真、仔细，以防油品冒出。

(4)防止人体吸入中毒，不论是轻油或重油都不得用嘴吸油，以防食入或吸入。

(5)在检修加油机、管道、容器或其他设备后，必须将手、脸等清洗干净后才能进行其他工作或进食。

(6)改善加油站的通风条件，加强油气浓度检测。

四、加油站火灾扑救

火灾是指在时间或空间上失去控制的燃烧所造成财产损失或人身伤亡的事故，没有造成损失或伤亡的燃烧现象称为火情或火警。火灾都是由小到大发展起来的，一般发展过程分燃烧、稳定燃烧、扩大燃烧及熄灭四个阶段。初燃阶段燃烧不稳定，温度低，火焰不高，燃烧面积小。稳定燃烧阶段放出大量热量，进一步促使可燃物发生分解，燃烧开始稳定，温度上升，燃烧猛烈，辐射热量大。扩大燃烧阶段燃烧面积大，温度更高，辐射热更强，以致引燃邻近可燃物，火灾扩大。熄灭阶段可燃物急剧氧化，基本上已完全燃烧，并逐渐熄灭，不需扑救即自灭。

(一)发生火灾后应注意的事项

加油站发生火灾后，应采取积极主动的方法，就地取用灭火器材，把火灭掉。如火势蔓延，在采取有效防范措施的同时，尽快向消防部门报警。

(1)主动切断电源，停止一切作业，关闭阀门。

(2)按照灭火预案迅速组织灭火。根据各自的分工，该报警的要报警，不能延误战机。

(3)有秩序地疏散人员、车辆，进出口两侧要有人监视和控制。

(4)及时收理票证、现金等贵重物品。

(5)引导外部力量支援。

(6)保护好火灾现场，以便善后处理，并查明原因。

(二)加油站火灾的扑救方法

1. 收发作业中车辆火灾的扑救

(1)收油时发生火警，必须立即扑救，同时关闭油罐车放油阀门，必要时将车迅速撤离现场。

(2)如果是车辆在加油中油箱口着火，可用石棉毯将油箱口堵严，使火窒息，或用干粉灭火器扑灭。

(3)如果是摩托车发动机着火，应停止加油，设法将油箱盖盖上，然后用灭火器将火扑灭。

(4)车辆发生火灾，一时不能扑灭时，必须边扑救，边将车撤离油站，继续扑救。同时指挥在场车辆迅速疏散，防止蔓延。

2. 油罐汽车火灾的扑救

(1)若油罐汽车在卸油时起火，应首先停止卸油，迅速驶离现场，再进行扑救。

(2)如果是油罐车罐口着火，可首先停止卸油，用石棉毯将罐口盖上，或使用其他覆盖物(如湿棉衣、湿麻袋)堵严罐口将油火扑灭。当火势较猛时，应使用灭火器对准罐口将火扑灭。

3. 站房或操作室内火灾的扑救

(1)首先应停止加油，切断电源，关闭油罐阀门。

(2)组织人员迅速用灭火器扑救。

(3)指挥加油车辆立即驶离加油站。

4. 敞口容器内油品火灾的扑救

敞口容器蒸发面积大，如果用油盆装汽油清洗汽车或其他机械的零件是很容易发生火灾的。当敞口容器内的油品发生火灾时，其扑救方法如下：

(1)不可用水浇，不要急于将盆内的零件取出，防止取零件时将油火带出盆外或将油火飞溅到人身上，或在取零件时将油盆翻倒，将油火四处流散，给扑救带来困难。

(2)用加油站的干粉或泡沫、二氧化碳灭火器进行扑救。

(3)也可用石棉被或浸过水的棉被、麻袋等覆盖着火容器，使油火窒息。

5. 电气火灾的扑救

(1)发生电气火灾时，首先应切断电源，然后用二氧化碳或干粉灭火器扑灭。

(2)电气火灾严禁用泡沫灭火器、水或湿棉被等进行灭火。

(3)当无法切断电源时，灭火人员应身着耐火并绝缘的鞋靴、服装，防止触电。然后用二氧化碳灭火器或干粉灭火器直接向电气着火源喷射灭火剂灭火，并应尽快设法切断电源，然后全面灭火。

6. 加油站因油蒸气燃烧或爆炸的扑救

加油站因油蒸气燃烧或爆炸，威胁整个加油站安全时，应采取以下程序扑救：

(1)立即停止加油，关闭阀门，切断电源；

(2)清理疏通站内或站外消防道路，并进行火灾报警；

(3)指挥加油车辆迅速驶离加油站，并派人在交叉路口等待和引导消防车；

(4)组织在场人员利用站内现有灭火器材扑灭火灾，同时转移油桶等小型储油容器，最大限度地减少火灾损失；配合消防队按预定方案投入灭火战斗。

7. 人身上着火的扑救

当人身上着火时，常惊慌失措或急于找人解救拔脚就跑，这种方法是错误的。因为人身上粘上油火时，一般是先烧衣服，如果人一跑，着火的衣服得到充足的空气，火就会更猛烈地燃烧起来。另外，着火的人一跑，势必将火种带到经过的地方，有可能扩大火灾。因此，人身上着火应注意以下几点：

(1)衣服能脱下来时，就尽可能迅速地脱下，浸入水中，或用脚踩灭，或用灭火器、水扑灭；

(2)如果衣服来不及脱，可就地打滚，把火扑灭；

(3)如果有两个以上人在场，未着火的人要镇定沉着，立即用随手可以拿到的麻袋、衣服、扫帚等朝着火人身上的火点覆盖、扑打或浇水，或帮他脱下衣服，但应注意，不能用灭火器向人身体上喷射，以免扩大伤势。

第四节 油库作业风险控制

一、铁路收发油作业安全

安全是铁路收发油品作业顺利进行的关键，参加作业的人员必须熟悉装卸油设备性能，严格按照操作规程认真作业，遵守规章制度。

(1)防火防爆。为防止在收发油作业时发生火灾爆炸事故，作业人员在操作中应严格按照操作规程操作，遵守防火防爆有关规定，泵房、洞库的通风设备应保持良好状态。当卸车采用真空泵工艺时，严禁伴随作业。

(2)防雷电。雷雨天应停止收发油品作业，以防雷感应产生放电，引起火灾。

(3)防静电。作业人员在操作时要身穿防静电服，严禁喷溅式装油作业，装车鹤管应插到罐车底部不大于0.2m处，装车初速度不宜大于1m/s，装车速度不应大于4.5m/s，上下栈桥扶梯入口应设置消除人体静电接地装置。

(4)防混油。混油时收发油作业中经常发生的事故之一，多数混油事故是由于作业人员责任心不强、业务能力低所造成的。

(5)防跑油。为防止跑油事故，现场值班员和保管员应对本次作业接受油品的数量、储油罐空容量、作业管道容量和放空罐容量认真记录。

(6)防渗漏。对输油系统中的垫片、填料，除日常定期维护和更换外，要加强在作业中的巡查，发现问题及时解决。

(7)防中毒。作业人员应穿工作服、戴手套，以防皮肤直接接触油品；洞库作业必须坚持两人同行和先通风后进洞库作业的制度。

二、公路付油作业安全

汽车油罐车是公路运输散装油品的主要工具，汽车油罐车的罐体由3mm厚的钢板制成，罐车内装有两个带孔的挡板，将罐车隔成三个可以相通的隔间，以减轻油品在运输途中的水力冲击。罐体前端装有量油孔，并有导尺筒直通罐底；罐车中部设有人孔及安全阀；罐车底部有排水阀、排油阀。罐车配有扶梯、手摇泵、小型灭火器和接地拖链等。公路付油是陆运油库主要的发油方式。公路付油作业频繁，在作业中应遵守下列要求：

(1)付油前，付油员应检查汽车油罐车车体的安全性能，罐车底部的排水阀、排油阀应关闭；

(2)装油前，必须将车体与防静电接地装置进行可靠连接，付油鹤管必须插入罐车底部，距罐底不应大于200mm；

(3)油桶灌装应按规定执行安全灌装容量，一般要留出5%～7%的剩余空间；

(4)付油完毕后，必须经过2min的静置时间才能提升鹤管，拆除静电接地线；

(5)雷雨暴风天气禁止付油作业；

(6)作业人员在上岗时必须身穿防静电服。

三、油轮、油驳作业安全

油轮带有动力设备，可以自航，一般还备有输油、扫舱、加热以及消防等设施。油驳是指不带动力设备，不能自航的油船，它必须依靠拖船牵引并利用油库的油泵和加热设备进行装卸和加热。

(1)限制流速。在装卸油品之初，由于输油管内存有积水，故应低速输送，一般不超过1m/s，尤其是装过压舱水的油轮在装轻油时应严格加以控制，只有待油位超过船底纵材，水稳定在油轮底部以后才可以增速，该速度最高不能超过表5-4中的规定。

表5-4 流速与管径的关系

管道直径/mm	25	50	100	150	200	250
流速/(m/s)	4.9	3.5	2.5	2.0	1.8	1.6

(2)合理使用过滤器。一般油品只能使用粗孔的过滤器，当使用精密过滤器时，则必须采用相应的消电措施，如降低流速，加缓和器或消电器等。

(3)防止气体和水的混入。当用空气或惰性气体将管道及输油臂内残留油品扫向油舱内时，应注意不要将空气放入油舱，禁止使用压缩空气清扫输送过挥发性油品的管道和油舱。

(4)注意加油方式。禁止通过外部软管从舱口直接灌装挥发性油品以及作业温度超过其闪点温度的其他油品。

(5)防静电与接地要求。禁止使用化纤碎布或丝绸去擦抹油轮油舱内部。为防止金属面之间或金属面与地面之间发生电火花，在有可燃性油气混合的场所，所有金属部件均须良好的接地。在油轮作业前，油轮上的接管口应与岸上输油管道进行等电位连接。

四、油品计量作业安全

油品计量作业安全是油库作业安全的重要内容之一，主要包括计量器具的安全、计量员的作业安全等。

(一)计量器具的安全

对于计量器具，在安全方面应注意以下几点：

(1)计量用的温度计、密度计、量油尺等属于强制检定计量器具，需要定期经计量检定部门、机构检定合格后才能使用；

(2)所有用于可燃性气体的金属计量器具，应用碰撞时不产生火花的金属制造；

(3)人工检尺法计量温度时应用保温盒，以减少外界气温对油品温度测量的准确性；取样器容量应不小于1.10L，质量不小于其所排开液体质量的1.5~2倍；保温盒和取样器的提拉绳应选用符合防静电要求的材料制作；

(4)量油尺必须无扭折、锈斑等，刻度部分的全部标记必须清晰易读；

(5)石油计量用的温度计，使用时要注意轻拿轻放；

(6)应用棉纱或棉布擦拭量油尺、取样器、温度计等工具，禁止使用化纤物品擦拭。

(二)计量员作业安全

(1)计量员进入油罐区、轻质油装卸区，应严格遵守该区内所有安全规定。有身体缺陷的人员不得承担计量工作。

(2)计量人员不准穿铁钉鞋和着化纤服装，应穿戴防静电服装和鞋帽，上罐时应在防火堤或盘梯栏杆附近用不锈钢制作的消静电设备上消除人体静电。在工作场所严禁穿脱和拍打衣服。

(3)计量员应仔细检查所用计量器具、辅助设备及记录本是否齐全、正常和洁净。严禁将火种带到测量作业现场。

(4)计量员所用器具应装包，以便腾出手来攀附罐梯。计量前应确保罐梯、平台和栏杆结构处于安全状态。在上下油罐、车、船和行走时，脚步要轻，要把好扶手，防止滑倒跌伤。

(5)计量员上油罐、车、船后不要急于开始计量工作，最好稍作休息或做深呼吸，再小心地站在上风口位置上，打开计量口盖，应先放松盖子上的保持夹，但要保持在原来的位置上，直到压力放完为止。测量完后，关闭计量口盖时动作要轻缓。

(6)日常计量和取样应在早晨上班后进行。因气温低、蒸发慢，相对比较安全。量油时间及盘点计量应尽可能选择在罐内外压力平衡时。

(7)遇有暴风、雷雨、冰雹等恶劣天气时，应暂停计量操作。

(8)晚上计量和观测油面，必须使用安全防爆型照明用灯或手电筒。

(9)计量员禁止携带打火机、钢笔、钥匙、非防爆通信设备及其他金属物件上罐。

(10)在有特殊需要计量员下到浮顶上去时，由于浮顶上方聚集有油蒸气，因此应始终在顶部平台上有另一名作业人员监护。

(11)计量员对油罐等容器上的附件进行检查维护，使其正常运行。

第五节 油库火灾的预防与扑救

一、油品火灾的危险特征

(一)燃烧速度快

液体的燃烧速度，是指单位时间内所烧掉液体的数量。燃烧速度分为质量速度和直线速度两种。易燃液体的燃烧速度，与液体的初始温度、罐内液体的高低、液体中水分含量、油品性质等因素有关。

易燃液体的初始温度越高，其燃烧速度越快，这是因为用来把液体加热到沸点所需的热量较少的缘故；储罐中低液位比高液位燃烧速度快；含水的油品比不含水的油品燃烧速度要慢，因燃烧产生的热量有一部分要消耗在水分的蒸发上，因而影响液体的蒸发和燃烧速度。

(二)燃烧温度高，辐射热量大

油品在发生燃烧时将释放出大量的热量，使火场周围的温度升高，造成火灾的蔓延和扩大，使扑救人员难以靠近，给灭火工作带来困难。所谓热值，是指单位质量或单位体积的可燃物质在完全烧尽时所放出的热量值。燃烧温度越高，它向周围辐射出的热量就越多，因而可燃物的燃烧速度就越快。因此，油面温度越高，对喷射到油面上的泡沫的破坏就越快，给灭火带来的难度就越大。

(三)易流动扩散

油品是易流动的液体，具有流动扩散的特性，这在火灾时随着设备的破坏，极易造成火灾的流动扩散，如罐顶炸开、罐壁开裂或油罐塌陷变形等。因此，油品火灾，应注意防止油品的流动扩散，避免火灾扩大。一般黏度低的流动扩散性强，但重质油品随着燃烧温度的升高其流动扩散性也会增强。

(四)易沸腾突溢

储存重质油品的储罐着火后，有时会引起油品的沸腾突溢。燃烧的油品大量外溢，甚至从罐内猛烈喷出，形成巨大火柱，可高达70～80m，火柱顺风向喷射距离可达120m左右，这种现象称为“突溢”。燃烧的油罐一旦发生突溢，不仅容易造成扑救人员的伤亡，而且由于高温辐射增加，引起邻近罐的燃烧，扩大火情。

重质油品之所以发生沸腾突溢是因为：

(1)辐射热的作用。油罐发生火灾时，辐射热在向四周扩散的同时，也加热了油面。随着时间的延长，被加热的油层也越来越厚，当温度不断升高，油品被加热到沸点时，燃烧着的油品就沸腾溢出罐外。

(2)热波的作用。油品燃烧时，首先处于表面的轻质馏分被烧掉，而剩余的重质馏分则带着热量逐步下沉，从而使油品逐层地往深部加热。这种现象称为热波，热油和冷油分界面成为热波面。在热波面处油温可达149～316℃。辐射热和热波往往是同时作用的，因而能使油品很快达到它的沸点温度而发生沸腾突溢。

(3)水蒸气的作用。如果油品中含有水，当热波面与油中悬浮水滴相遇或达到水垫层时，水被汽化，并形成气泡。水滴蒸发为水蒸气后，体积膨胀约1700倍，以巨大的压力急剧冲出液面，把着火的油品带到空中，形成巨大火柱。

由此可见，决不能因为重质油品闪点高，而放松防火、灭火的警惕。

油罐着火后突沸的时间取决于储罐内储存油品的数量、含水量和着火时间。一般在发生突沸前数分钟，油罐出现剧烈振动并发出强烈嘶哑声。火场指挥在掌握征兆时，应果断地抢先一步作出正确决定。

二、油罐发生火灾的特点

(一)突发性强

虽然油罐发生火灾的概率较小，但它的突发性具有极大的潜在危害性。燃烧过程中往往伴随着爆炸，使油罐被破坏，形成猛烈的开放性燃烧，燃烧速度快，蔓延迅速。

(二)高温辐射

油罐火灾的热辐射强度与发生火灾的时间成正比。燃烧时间越长，火焰温度越高，热辐射越强。另外，还与风向、风速、燃烧火焰高度有关。

(三)燃爆转换

油罐发生火灾时，燃烧情况相当复杂、形式多样。

(1)先爆炸后燃烧。油罐在设计、施工时为了保证油罐罐体相对不被炸坏，罐顶被做成弱顶结构。爆炸后，油罐罐顶可能被炸裂或飞出，有时能将罐顶抛到几十米远的地方；有的从罐壁中间裂开，导致油品流出并扩散，形成大面积燃烧。

(2)先燃烧后爆炸。油罐发生火灾后，在燃烧中爆炸主要有物理性爆炸、辐射热引起的爆炸和回火引起爆炸。在这三种情况中，辐射热引起周围邻近罐的爆炸最有可能发生。

(3)爆炸后不再燃烧。当罐内油品温度低于闪点，而蒸气浓度又处于爆炸浓度极限范围内；或者油罐内虽然没有储油，但存在油蒸气和空气的混合气体，一旦遇到火花，瞬间发生爆炸后不再燃烧。

(4)局部稳定燃烧。轻质油品在呼吸阀、人孔、光孔、量油孔等处形成稳定燃烧，燃烧呈火炬状，热辐射不强，较容易扑救。

三、火灾的预防与扑救

油库一般由储油区、接卸区、付油区、辅助作业区、办公区等组成，不同的场所因各自的特点，需要加以区别对待。各油库应根据自身的特点制定火灾预防和火灾扑救的方法、预案。

(一)油罐区的火灾预防与扑救

油罐区火灾的主要原因有：管理不善、责任心不强、违章作业、违反劳动纪律、油罐安装施工质量差、安全设施有缺陷等。

1. 油罐区的火灾预防措施

(1)罐区严禁一切机动车辆进入。

(2)油罐必须有良好的接地，有安全可靠的防雷、防静电设施，并定期检查维修，保证防雷、防静电有效。

(3)严格遵守执行防止储罐跑油十项规定，杜绝跑、冒、滴、漏事故发生。

(4)严格把好油罐的施工质量关。对油罐上的附件，要经常检查维修，特别是呼吸阀、阻火器、量油孔等。

(5)对油罐区及油罐上的消防设施，应经常检查，定期运行，防止生锈失灵。消防道路应畅通，防火堤应严密，阀门启闭灵活等。

(6)油罐区的可燃气体报警仪、高液位报警仪等监测仪表应经常校验，使之时刻处于良好状态。

(7)要加强专业消防队、义务消防队业务训练，按照油罐区的作战方案经常进行演练。

2. 油罐区的火灾扑救方法

(1)发现油罐区火灾，应立即报警。

(2)油罐区地面、水沟等处着火，应立即用身边消防器材，争取在火灾的初期阶段将火扑灭。

(3)油罐管线、阀门、仪表接口、焊缝等处着火，应立即用上述方法进行扑救，同时采取关闭、堵漏等措施予以配合。

(4)罐顶呼吸阀、量油孔、浮顶罐密封圈处着火，应在初期阶段立即用石棉被、灭火器等进行灭火。若有固定灭火设施的，发现火情后，应立即启动灭火系统进行灭火。

(5)油罐爆炸后着火，呈火炬型固定燃烧，若罐顶局部破坏引起固定或半固定消防设施受损，应立即用泡沫挂钩枪进行灭火，并根据实际情况对着火罐和相邻油罐进行冷却。

(6)油罐爆炸着火，罐顶遭到彻底破坏。一是抓紧时间，争分夺秒，力争在火灾初期阶段扑灭；二是集中优势兵力，统一指挥，形成包围，力争泡沫足够多，同时压向油罐。

(二)泵房火灾的预防与扑救

1. 泵房火灾的预防措施

(1)防止油品泄漏。

(2)保持泵房通风良好，油气报警装置运行良好。

(3)严格按照操作规程作业。

(4)电气设备整体防爆。

(5)合理配置消防器材。

(6)对油泵、仪表等运行前进行检查，运行中观察油泵等运转情况，发现问题及时处理。

2. 泵房火灾的扑救

(1)泵房发生火灾，立即报警。

(2)一定要在火灾初期，用灭火器材扑灭火灾。切不可惊慌失措，延误灭火时机。

(3)电机、电器设备着火，应立即停电，用二氧化碳或干粉灭火器进行扑救。

(4)因大量泄漏造成火灾时，首先在保证人员安全前提下关闭阀门，然后报警，启动固定灭火系统进行灭火。火势较大时，应用消防泡沫枪、泡沫炮进行灭火，并注意用消防水枪掩护人员关闭阀门，断电停泵，冷却设备管线。

(5)在火灾扑救的同时，应随时对在受燃火威胁的设备、管线等进行冷却。

(6)在有人员伤亡的情况下，应先救人后灭火。

(三)装卸栈台火灾的预防和扑救

装卸栈台，由于作业频繁，火灾危险性相当大，稍有疏忽，就会发生火灾爆炸事故，是油库消防工作的重点部位。

1. 装卸栈台火灾的预防

(1)装卸油栈台区域严禁火种。

(2)所有机动车辆必须戴好防火帽，否则一律不准入内。

(3)严格用火、临时用电、施工等安全管理规定。

(4)落实设备检维修制度，提高设备完好率，严防跑、冒、滴、漏事故发生。

(5)栈台通风良好，防止可燃气体聚集。

(6)防雷、防静电和防杂散电流措施完整有效，接地装置有效，电气设备符合防爆要求。

(7)装卸作业时，鹤管插入罐车底部。防止喷溅装油。

(8)遇有雷雨、大风等恶劣天气时，停止作业。

(9)作业人员必须穿戴防静电服，严格按照操作规程作业。

(10)严禁在装卸油品期间，车辆进行检修。

2. 装卸栈台火灾的扑救

(1)发现火情，立即报警。

(2)装油前，槽车余油着火，应立即将车盖压紧盖好，窒息灭火。若此举无效，可用石棉被等盖在罐口，火即可熄灭。还可用干粉、泡沫灭火器直接向罐口喷射，也可灭火。而且应尽快将槽车撤离栈台。

(3)装油、卸油时，槽车口发生火灾，应立即断电停泵，停止作业，关闭阀门，提起鹤管，然后再用上述方法进行扑救。

(4)装油时，油品冒罐外流发生火灾。首先应断电停泵，停止作业。在能保证人员安全的前提下，提起鹤管，盖好车盖。用消防泡沫、干粉等进行扑救。先扑救地面流淌火，再扑救罐体火，并注意冷却保护。

(5)栈台在装卸作业过程中，附近地面、水沟、管线等处发生着火时，应立即停止作业，提起鹤管，盖好车盖，用灭火器材进行扑救；当火势难以控制时，应尽快将罐车撤离栈台。

(四)油品码头的火灾预防与扑救

由于油品码头和船舶火灾的特殊性，再加上火势大，流动性大，水上消防技术装备、设施又比较落后，扑救相当困难。所以，提高油品码头的防火能力和船舶火灾的扑救能力，越来越引起人们的高度重视。

1. 油品码头的火灾预防

(1)码头距油船 50m 内，严禁明火及能产生火花的一切作业和行为。

(2)趸船应多设“软靠把”，防止油船碰撞。雷雨天或有其他明火时，应立即采取措施停止作业。

(3)输油管应有良好的接地，金属软管质量要好，连接要牢固，弯曲度要合适，跨接静电连线要接好。输油时，要经常检查，发现问题及时处理，防止软管脱落或爆裂而引起跑油着火事故。

(4)浮动泵房内机泵要完好，防止因机械事故发生跑油着火。

(5)电气设备等要符合防火防爆要求，特别是装卸作业时，静电接地线一定要先接后拆，防止产生静电。

(6)严格用火许可证和临时用电许可证制度。

(7)加强对消防器材和消防设施的检查和维护，不定期举行消防演习。消防通道要畅通，岸边紧急切断阀要完好。

2. 油品码头的火灾扑救

(1)油品码头发生火灾，应立即报警。

(2)输油管线、阀门、仪表、金属软管等处因漏油着火，应立即用泡沫、干粉、二氧化碳等灭火器，进行扑救，然后再做工艺处理。

(3)若火势很大，小型灭火器一时难以扑救时，应立即停止作业，关闭岸边紧急切断阀，然后再用小型灭火器扑灭残火。

(4)浮动泵房着火，应立即停止作业，并开启泵仓固定灭火装置进行灭火，同时用小型灭火器或启动固定泡沫灭火系统、消防供水系统进行扑救和保护。

(五)变、配电室的火灾预防与扑救

1. 变、配电室的火灾预防

(1)电缆沟、电缆沟墙壁等一定要严密，防止油气窜入。应设置防止小动物进入措施，防止小动物进入造成电气设备短路。

(2)变、配电室的屋顶、门窗等的防雨措施要完好。防止漏雨造成电气设备短路而发生火灾。

(3)防过载、防过热、防接触不良、防电缆老化、防雷电等技术措施齐全有效。

(4)消防器材配置合理，摆放地点安全、干燥，取用方便。

2. 变、配电室的火灾预防与扑救

(1)发现火灾，应立即报警。

(2)电气设备着火，应立即用二氧化碳、干粉灭火器扑救。

(3)电气设备着火，尽可能先停电，再灭火。

(4)带电灭火应采取必要的防护措施，保持安全距离。

(六)电气设备火灾的扑救

从灭火角度考虑，电气火灾与其他火灾相比有以下两个特点：一是着火后电气装置或设备可能仍然带电，而且因电气绝缘损坏或带电导线断落接地，在一定范围内会存在跨步电压和接触电压，如不注意可能引起触电事故；二是有些设备内部充有大量油品(如电力变压器、油断路器等)，着火后受热，油箱内部压力增大，可能会发生喷油，甚至爆炸，造成火灾蔓延及重大事故。

电气设备灭火可分为：断电灭火、带电灭火和充油设备火灾扑救。

1. 断电灭火

当电气装置或设备发生火灾或引燃附近可燃物时，首先要切断电源，并及时正确选用灭火器进行扑救。

(1)断电时，应按规定的程序进行操作，严禁带负荷拉隔离开关。在火场内的开关和刀闸，由于烟熏火烤，其绝缘性能可能降低或破坏。因此，操作时应戴绝缘手套、穿绝缘靴，并使用相应电压等级的绝缘工具。

(2)紧急切断电源时，切断地点要选择适当。防止切断电源后影响扑救工作的进行。切断带电线路导线时，切断点应选择在电源侧的支持物附近，以防导线断落后触及人身，或短路或引起跨步电压触电。切断低压导线时应分相，并在不同部位剪断，剪的时候使用有绝缘手柄的电工钳。

(3)夜间发生电气火灾，切断电源时，应考虑临时照明。

(4)需要电力部门切断电源时，应迅速用电话联系，述清情况。

2. 带电灭火

发生电气火灾时首先考虑断电灭火，因为断电后灭火比较安全。但有时在危急情况下，如等到切断电源后再进行扑救，会延误灭火时机，使火势蔓延，扩大燃烧面积，或者由于断电会严重影响生产，这时就必须在确保灭火人员安全的情况下，进行带电灭火。带电灭火一般在10kV及以下电气设备上进行。

带电灭火很重要的一条就是正确选用灭火器材。绝对不准使用泡沫灭火器对有电的设备进行灭火。一定要用不导电的灭火器灭火。

(1)扑救人员及所使用的灭火器材与带电部分必须保持足够的安全距离，扑救人员应戴绝缘手套。

(2)不准使用导电灭火剂对有电设备进行灭火。

(3)使用水枪带电灭火时，扑救人员应穿绝缘靴、戴绝缘手套，并将水枪喷嘴接地。

(4)在灭火中电气设备发生事故，如电线断落在地上，在局部地区会形成跨步电压。这时扑救人员进行灭火，必须穿绝缘靴(鞋)。

3. 充油设备火灾扑救

(1)充油电气设备容器外部着火时，用灭火器扑救，灭火时要保持一定安全距离。

(2)如果充油电气设备容器内部着火，应立即切断电源，有事故储油池的设备应立即设法将油放入事故储油池，并用喷雾水灭火，不得已时也可用沙土灭火；但当油桶着火时，则应用石棉被盖在桶上，使火熄灭。不得用沙土抛入桶内，以免燃油溢出，使火势蔓延。

(3)发电机、电动机等着火时，不能用干粉、沙土灭火，以免沙子等落入设备内部，损伤电机绝缘，造成严重后果。可使用二氧化碳灭火器灭火。

第六节 直接作业环节风险控制

用火、临时用电、高处施工、破土、进入受限空间等作业，很容易发生涉及人身安全的伤害事故，因为这些作业都是由人直接实施和参与，所以统称为直接作业。直接生产作业由于生产现场多、危险性较大、涉及人员多，因此加强直接作业环节的风险控制，促进直接作业环节安全措施落实，保证作业安全进行，是生产的实际需要。

一、用火作业

用火作业系指在具有火灾爆炸危险场所内进行的施工过程。用火作业前，应针对作业内容进行危害识别，制定相应的作业程序及安全措施，将安全措施填入许可证内。

(一)用火管理

1. 用火作业分级

(1)一级用火作业包括：

①储存收发易燃、可燃液(气)体的罐区、泵房、装卸作业区(铁路、公路、码头)、桶装仓库用火。

②加油(气)站的罐区(储气瓶)、加油(气)区、液态烃泵房、压缩机房、接卸站区用火。

③输油(气)管道、隔油池、污水处理设施用火。

④ 易燃、可燃液体和气体的罐车、油轮、驳船等爆炸危险性区域的用火。

(2) 二级用火作业包括：

①从易燃易爆及有毒储罐、泵房、装卸区等拆除的容器、管线、附件，已运到安全地点并经吹扫处理检验合格的用火。

②罐区、泵房、装卸作业区等的非防爆区域及防火间距以外的区域用火。

③发电机房、配电间、消防泵房、化验室、储存收发润滑油的储罐、桶装油品仓库、灌装、收发区域等火灾危险性区域的用火。

(3)三级用火作业范围是在油库、加油站内，除一、二级以外的用火均属三级用火。

2. 许可证的办理

一级、二级用火作业由用火单位填写许可证，报各单位二级单位安全监督管理部门、生产部门审查合格后，由主管安全生产领导签发。三级用火作业由用火单位填写许可证，报基层单位负责人签发。固定用火作业区的设定应由用火单位提出申请，报各单位二级单位安全监督管理部门进行审查批准。用火作业许可证如表 5－5 所示。

3. 用火作业的安全措施

(1)在正常运行生产区域内，凡可用可不用的用火一律不用火，凡能拆下来的设备、管线均应拆下来移到安全地方用火，严格控制一级用火。

(2)各级用火审批人应亲临现场检查，督促用火单位落实防火措施后，方可审签许可证。

(3)一张用火作业许可证只限一处用火，实行一处(一个用火地点)、一证(用火作业许可证)、一人(用火监护人)，不能用一张许可证进行多处用火。

(4)许可证有效时间为一个作业周期，最多不超过5天；若中断作业超过1h后继续用火，监护人、用火人和现场负责人应重新确认。固定用火作业区，每半年检查认定1次。

(5)用火分析。当可燃气体爆炸下限大于4 %时，分析检测数据小于0.5 %为合格；可燃气体爆炸下限小于4 %时，分析检测数据小于0.2 %为合格。

(6)在用火前应清除现场一切可燃物，并准备好消防器材。用火期间，距用火点30 m内严禁排放各类可燃气体，15 m内严禁排放各类可燃液体。

(二)危害或潜在事件分析

1. 组织领导

没有计划方案，方案不完善，组织机构不健全；没有安全教育，安全教育不到位、分工不明确；无应急预案及防范措施；未签订安全协议书。

2. 作业准备

未办理用火和相关作业票，用火票超期使用，不按用火级别进行审批；着装不符合规定，携带非防爆工具、器具；未封堵相关的闸门、管线，动火设备未通风或通风时间不足；未进行油气浓度测试，未按规定定点、定时测试，非专业人员进行油气测试；雷雨、大风、阴闷天气作业；消防器材配备不足或失效；监护人不到位，签发用火人未到现场检查；未设立警戒线和警戒标志，无跟班领导和监火人不到位，明火作业与非明火作业区未进行隔离，用火的安全距离不符合要求。

3. 用火作业

未将能拆卸的设备移到固定点动火；管线、设备未加堵盲板和隔离；未切断与其相通的管线和设备；正在进行油品装卸作业时用火；用设备和管线充当导线或接地体；在易燃、易爆的管线、容器及油罐上动火，没有进行、隔离、清洗、通风和检测，安全措施不完善，野蛮作业；高处作业时火花飞溅，在下水井、管沟内动火，未采取密封等防火措施；油罐动火与邻近罐未搭建防火墙或不符合安全距离，油罐动火前未先进行用火测试，监火人未戴明显标志；用火部位与用火票不符，异常事故发生时未停止用火，一张动火票多处使用。

4. 作业完毕

未切断电源、气源、水源；动火人和监火人未对现场进行复查，未做到人离火熄灭；未对设备、器材、工具进行清理和归位，离开现场前防火负责人未对现场进行检查确认；现场明火未清理干净、用电线路未拆除、未进行验收；作业票未存档、未填写相关记录。

(三)用火操作指南

1. 组织领导

(1)根据各类设备设施使用周期和检修要求制订计划和作业方案。

(2)明确现场安全监督、消防管理、数据测试、用火作业工作人员的职能，做到分工明确，责任到人。

(3)作业前应对作业人员进行安全和有关操作技术的岗前教育，经考核合格后方准上岗。

(4)建立应急预案及安全防范措施，定期进行培训和演练。

(5)与承包商或作业人员签订安全协议书。

2. 作业准备

(1)作业前检查提示：不准酒后上岗，不准无证上岗；按规定着装；雷雨大风天气，严禁动火施工作业。

(2)准备好防爆工具、灯具，照明灯具不超过安全电压，作业设备必须进行静电接地保护，对相通油罐的管线进行封堵、隔离。

(3)安全技术人员负责检查复核作业现场，确认作业条件，落实安全措施。

(4)由专业人员测试油气浓度，测试点不少于三点，距地面为0.2m浓度测试时应使用规格型号相同的两台以上仪器。

(5)检查人或执行人逐项对照作业票防护措施，确认作业条件后签字，办理作业票手续。

(6)用火作业票只限一处用火点、实行一点一证一人，不准一张作业票多点使用。

(7)明火作业区域和非明火作业区域必须进行隔离，安全距离符合要求。

(8)现场配备足够的消防器材，严禁附近有易燃易爆物。

3. 用火作业

(1)凡能拆下来的设备、管线要拆下来移到安全地点用火，压力容器卸压后方可动火，带电设备需断电或拆下后进行动火，不得带电动火作业。

(2)用火作业过程中，如果油气浓度超过规定值，必须立即停止作业，用火作业许可证同时废止。

(3)用火点周围(最小半径15m)的下水井、地沟、电缆沟等必须清除易燃物并进行覆盖处理。

(4) 高处作业2m以上必须采取防火花飞溅措施，大于5级风时禁止作业。

(5)凡是生产、储存、输送可燃物料的设备、容器及管道上用火，应首先切断物料来源，并加好盲板，彻底吹扫、清洗。

(6)油罐动火必须进行用火试验，与相邻油罐需搭建隔离墙。

(7)用火负责人、监护人必须对用火现场进行巡视检查。

4. 作业完毕

(1)切断电源、水源、气源，拆除临时电源、隔离管线、盲板，恢复设备运行。

(2)动火及监护人对现场进行复核检查，确认无火源、火种，做到人离火灭。

(3)清理现场，整理器材及工具，对用火设备进行验收。

(4)整理用火作业许可证及相关记录、存档管理。

二、临时用电作业

在正式运行电源上所接的一切临时用电，应办理临时用电许可证、临时用电许可证签发前，配送电单位应针对作业内容进行危害识别，制定相应的作业程序及安全措施。

(一)临时用电管理

1. 许可证办理程序

(1)施工单位负责人持《电工作业操作证》、施工作业单等资料到配送电单位办理许可证。配送电单位在销售企业一般为油库或加油(气)站等。临时用电许可证如表5－6所示。

(2)配送电单位负责人应对作业程序和安全措施进行确认后签发许可证。

(3)施工单位负责人应向施工作业人员进行作业程序和安全措施交底。

(4)作业完工后，施工单位应及时通知配送电单位停电，并作相应确认后，拆除临时用电线路。

(5)在运行的生产装置、罐区和具有火灾爆炸危险场所内不允许随意接临时电源。确属装置生产、检修施工需要临时用电时，在办理许可证前，按规定办理"用火作业许可证"。

2. 作业安全措施

(1)检修和施工队伍的自备电源不能接入公用电网。

(2)安装临时用电线路的电气作业人员，应持有电工作业证。

(3)临时用电设备和线路应按供电电压等级和容量正确使用，所用电气元件应符合国家规范标准要求，临时用电电源施工、安装应严格执行电气施工安装规范，并接地良好。

(4)在防爆场所使用的临时电源，电气元件和线路应达到相应防爆等级要求，并采取相应的防爆安全措施。

(5)临时用电设施应做到一机一闸一保护，移动工具、手持式电动工具应安装符合规范要求的漏电保护器。

(6)配送电单位应对临时用电设施巡回检查，确保每天不少于两次，并建立检查记录和隐患问题处理通知单。对存在重大隐患和发生威胁安全的紧急情况时，有权停电处理。

(7)临时用电单位不得变更地点和工作内容，禁止任意增加用电负荷或私自向其他单位转供电。

(8)在临时用电有效期内，如遇施工过程中停工、人员离开时，临时用电单位应从受电端向供电端逐次切断临时用电开关，待重新施工时，应对线路、设备进行检查确认后，方可送电。

3. 许可证管理

(1)许可证一式三联，第一联由签发部门留存，第二联交配送电执行人，施工单位持第三联。

(2)许可证有效期限为1个作业周期。

(3)用电结束后临时用电作业许可证第三联交配送电执行人注销。

(4)许可证保存期为一年。

(二)危害或潜在事件分析

临时用电作业主要由作业准备、作业和作业完毕三个步骤组成。

1. 作业准备

未办理作业许可证，易燃易爆场所未办理用火许可证；未进行安全教育，不按规定着装、穿戴劳动保护用品；使用裸导线、电线挂在树上或脚手架上，地下敷设未穿钢管保护；防爆电器不符合等级要求，防爆电器未接地；未悬挂安全标志；使用部门未填报用电设备及功率；消防器材不到位或失效；作业现场有易燃易爆物品。

2. 作业

无电工作业操作证；架空线路距离、高度超过规定；监护人、负责人不在场，线路超负荷，配电盘、箱、闸、电器等无防雨措施；行灯电压超过36V，特别潮湿场所或金属设备内行灯电压超过12V，临时用电设备没有用电保护装置，移动工具或手持工具未做到一闸一保护；附近有卸油作业，遇有雷雨大风天气。

3. 作业完毕

未及时断电、验电，未及时拆除用电线路及设备；未清理现场，未清点工具、器材；未巡视检查，未填写相关记录。

(三)临时用电作业操作指南

1. 作业准备

(1)负责人会同安全人员对相关班组和作业人员进行安全教育。

(2)根据用电作业范围、办理临时用电作业票，易燃易爆场所还应办理用火作业票。临时用电作业票有效期应与用火作业票一致。

(3)作业人员按要求穿戴好防护用品。

(4)在爆炸危险区域使用临时电源、电气元件和线路要达到相应的防爆等级要求。

(5)临时用电线路架空时，不能采用裸线，严禁在树上或脚手架上架设电线，穿越道路的用电线路应穿钢管保护 。

(6)现场临时用电配电盘、配电箱要有防雨措施。

(7)用电设备悬挂安全标志，作业现场配置消防器材，严禁存放易燃易爆物。

2. 作业

(1)安装临时用电线路的作业人员必须具有电工操作证。

(2)在装置内架空高度不得低于2.5m，采用暗管埋设及地下电缆线路，必须设有专门标识及安全标志，电缆埋深不得小于0.7 m。

(3)行灯电压不得超过36V，在特别潮湿的场所，行灯电压不得超过12V。

(4)临时用电设施必须安装符合规范要求的漏电保护器，移动工具、手持式电动工具应一机一闸一保护，禁止任意增加用电负荷。

(5)临时用电的单相和混用线路应采用TN－S系统。

(6)对临时用电设施要有专人维护管理，每天必须进行巡视检查。

(7)严禁在油品输转和雷雨大风天气进行临时用电作业。

3. 作业完毕

(1)用电结束后及时断电、验电，临时施工用的电气设备和线路应立即拆除恢复原有状态；

(2)供电部门和用电部门共同对现场进行检查验收签字。

(3)清理作业现场、清点工具、器材，填写相关作业记录。

三、高处作业

高处作业是指在坠落高度基准面2m以上(含2m)，有坠落可能的位置进行的作业。进行15m(含15m)以上的高处作业，应办理“高处作业许可证”。凡经高处作业特殊培训的岗位人员，在正式巡检路线进行正常高处检查的人员等不需办理高处作业许可证。

进行高处作业前，应针对作业内容进行危害识别，制定相应的作业程序及安全措施，将安全措施填入许可证内。

(一)高处作业管理

1. 许可证办理程序

(1)施工单位负责人持施工任务单，到基层单位办理许可证。基层单位负责人应对作业程序和安全措施进行确认后，签发许可证。高处作业许可证见表5－7。

(2)施工单位负责人应向施工作业人员进行作业程序和安全措施的交底，基层单位与施工单位现场安全负责人对高处作业的全过程实施现场监督。

(3)高处作业完工后，基层单位与施工单位现场安全负责人应在许可证完工验收栏签字。

2. 作业安全措施

(1)基层单位与施工单位现场安全负责人应对作业人进行必要的安全教育，其内容包括所从事作业的安全知识、作业中可能遇到意外时的处理和救护方法等。

(2)应制定应急预案，其内容包括作业人员紧急状况下的逃生路线和救护方法，现场应配备的救生设施和灭火器材等。现场人员应熟知应急预案的内容。

(3)高处作业人员应使用与作业内容相适应的安全带，安全带应系挂在施工作业处上方的牢固构件上，不得系挂在有尖锐棱角的部位。安全带系挂点下方应有足够的净空。安全带应高挂低用。在进行高处移动作业时，应设置便于移动作业人员系挂安全带的安全绳。

(4)劳动保护服装应符合高处作业的要求。对于需要戴安全帽进行的高处作业，作业人员应系好安全帽带。禁止穿硬底和带钉易滑的鞋进行高处作业。

(5)高处作业严禁上下投掷工具、材料和杂物等。所用材料应堆放平稳，必要时应设安全警戒区，并派专人监护。工具在使用时应系有安全绳，不用时应放入工具套(袋)内。在同一坠落方向上，一般不得进行上下交叉作业。确需进行交叉作业时，中间应设置安全防护层，其中对于坠落高度超过 24m 的交叉作业，应设双层安全防护。

(6)高处作业人员不得站在不牢固的结构物上进行作业，不得在高处休息。在石棉板、瓦楞板等轻型材料上方作业时，必须铺设牢固的脚手板，并加以固定。

(7)高处作业应使用符合安全要求、并经有关部门验收合格的脚手架。夜间高处作业应有充足的照明。

(8)供高处作业人员上下用的梯道、电梯、吊笼等应完好，高处作业人员上下时手中不得持物。

(9)遇有不适宜高处作业的恶劣气象条件(如六级风以上、雷电、暴雨、大雾等)时，严禁露天高处作业。

3. 许可证的管理

(1)许可证是进行高处作业的依据，不得涂改；如确需修改时，应经签发人在修改内容处签字确认。许可证应妥善保管，保存期为1年。

(2)许可证一式两联，各单位基层单位留存第一联，施工单位作业现场负责人持有第二联。

(3)许可证的有效期为作业项目一个周期。

(二)危害或潜在事件分析

1. 作业准备

未制订计划方案、未办理高空作业票；未进行安全教育；未按规定着装、未穿戴劳动保护用品，劳动保护用品未定期检定或检定不合格；恶劣天气作业；工作票超期或一张工作票多处使用；负责人、监护人不在现场；承包商未签订安全协议；未设置警戒标志和警戒线，爆炸场所未使用防爆工具。

2. 高处作业

患高血压、心脏病及其他不适于高处作业者作业；未戴安全帽、系安全带、保险绳，保险绳直接系在吊栏上；上下抛掷工具、器材；梯子缺档，垫高使用；用绳子捆在腰部代替安全带，安全带挂在尖锐有棱角或活动的部位；高处作业时无通信联络工具；高处临时用电，电线系在人体接触的金属、平台、脚手架、护栏上；现场搭建脚手架、防护围栏不符合规定，绳索不能承受全部拉力。

3. 作业收尾

设备上有遗留物，随手向下抛扔工具、物体；人员下落时“溜绳”作业；人员未撤离先拆除保护设施；未拆除临时用电线路；现场未清理，未填写相关记录。

（三）高处作业操作指南

1. 作业准备

(1)根据设备检修计划及设备现状，制订高处作业方案。

(2)一个施工点一张作业许可证。

(3)作业前应对作业人员进行安全教育，与承包商或作业人员签订安全协议书，经考核合格后方可上岗。

(4)患高血压、心脏病、贫血病、癫痫病以及其他不适于高处作业的人员，不得从事高处作业。

(5)按规定着装、穿戴好劳动保护用品，准备好作业工具、器具，酒后严禁上岗。

(6)检修电器设备时先断电、验电、放电、悬挂警示标志，恶劣天气不准作业。

(7)安全负责人、监护人必须亲临现场检查监督。

2. 高处作业

(1)作业时要与相关班组联系，确认无误后方可进行作业。

(2)必须系好安全带、戴好安全帽，禁止穿硬底和带钉易滑的鞋进行高处作业。

(3)安全带必须系挂在施工作业处上方的牢固构件上，严禁用绳子捆在腰部代替安全带。

(4)在排放有毒、有害气体及粉尘的烟囱及设备场所不得高处作业。

(5)在六级以上的雷雨、暴雨、大雾等恶劣气候影响施工作业时，禁止高处作业。

(6)高处作业要与架空电线保持规定的安全距离。

(7)高处作业严禁往下投掷工具，不得交叉作业。

(8)梯子应牢固、不得二人同时站在梯子上，不得站在不牢固的结构物上进行作业。

(9)作业人员要认真检查安全设施。如各项防护措施未落实到位，监护人有权制止作业。

(10)如果作业条件、工作范围等发生异常变化时，必须立即停止作业。

3. 作业收尾

(1)清理设备上的遗留物，不准随手向下抛扔工具、物体。

(2)拆除临时用电线路、人员着陆后拆除登高保护设施和临时搭建物，人员不得“溜绳”下落。

(3)清理现场、填写相关记录。

四、进入受限空间作业

“受限空间”是指在所辖区域内炉、塔、釜、罐、仓、槽车、管道、烟道、下水道、沟、井、池、涵洞、裙座等进出口受限，通风不良，存在有毒有害风险，可能对进入人员的身体健康和生命安全构成危害的封闭、半封闭设施及场所。

办理许可证前，生产及施工单位应针对作业内容对受限空间进行危害识别，分析受限空间内是否存在缺氧、富氧、易燃易爆、有毒有害、高温、负压等危害因素，制定相应作业程序、安全防范和应急措施，并将危害识别内容填入许可证。

(一)进入受限空间作业管理

1. 许可证办理程序

(1)进入受限空间作业单位负责人，应持施工任务单，到二级单位办理许可证。二级或基层单位主管安全的负责人对作业程序和安全措施进行确认后，签发业许可证。进入受限空间作业许可证见表5－8。

(2)进入受限空间涉及用火、临时用电、高处等作业时，必须遵守有关安全规定，办理相应的作业许可证。

(3)进入受限空间作业完毕后，生产单位与施工单位现场安全负责人在许可证完工验收栏中签字确认。

2. 作业安全措施

(1)生产单位与施工单位现场安全负责人应对现场监护人和作业人员进行必要的安全教育。其内容应包括所从事作业的安全知识、紧急情况下的处理和救护方法等。

(2)制定安全应急预案，其内容包括作业人员紧急状况时的逃生路线和救护方法，监护人与作业人员约定联络信号，现场应配备的救生设施和灭火器材等。现场人员应熟知应急预案内容，在受限空间外的现场配备一定数量符合规定的应急救护器具(包括空气呼吸器、供风式防护面具、救生绳等)和灭火器材。出入口内外不得有障碍物，保证其畅通无阻，便于人员出入和抢救疏散。

(3)进入受限空间作业实行“三不进入”。当受限空间状况改变时，作业人员应立即撤出现场，同时为防止人员误入，在受限空间入口处应设置“危险！严禁入内”警告牌或采取其他封闭措施。处理后需重新办理许可证方可进入。

(4)在进入受限空间作业前，应切实做好工艺处理工作，将受限空间吹扫、蒸煮、置换合格；对所有与其相连且可能存在可燃可爆、有毒有害物料的管线、阀门加盲板隔离，不得以关闭阀门代替安装盲板。盲板处应挂标识牌。

(5)为保证受限空间内空气流通和人员呼吸需要，可采用自然通风，必要时采取强制通风，严禁向内充氧气。进入受限空间内的作业人员每次工作时间不宜过长，应轮换作业或休息。

(6)进入受限空间作业应使用安全电压和安全行灯。进入金属容器(炉、塔、釜、罐等)和特别潮湿、工作场地狭窄的非金属容器内作业，照明电压不大于12V；需使用电动工具或照明电压大于12V时，应按规定安装漏电保护器，其接线箱(板)严禁带入容器内使用。作业环境原来盛装爆炸性液体、气体等介质的，应使用防爆电筒或电压不大于12V的防爆安全行灯，行灯变压器不得放在容器内或容器上；作业人员应穿戴防静电服装，使用防爆工具，严禁携带手机等非防爆通信工具和其他非防爆器材。

(7)取样分析应有代表性、全面性。受限空间容积较大时，应对上、中、下各部位取样分析，保证受限空间内部任何部位的可燃气体浓度和氧含量合格(当可燃气体爆炸下限大于4%时，其被测浓度不大于0.5%为合格；爆炸下限小于4%时，其被测浓度不大于0.2%为合格；氧含量19.5%～23.5%为合格)，有毒有害物质不得超过国家规定的“车间空气中有毒物质最高容许浓度”指标(H_2S最高允许浓度不得大于$10mg/m^3$)，分析结果报出后，样品至少保留4h。受限空间内温度宜在常温左右，作业期间至少每隔4h复测1次，如有1项不合格，应立即停止作业。

(8)作业人员所带的工具、材料须登记，禁止与作业无关的人员和物品工具进入受限空间。

(9)在特殊情况下，作业人员可戴供风式面具、空气呼吸器等。使用供风式面具时，必须安排专人监护供风设备。

(10)发生人员中毒、窒息的紧急情况，抢救人员必须佩戴隔离式防护面具进入受限空间，并至少有1人在受限外部负责联络工作。

(11)作业停工期间，应在受限空间的入口处设置“危险！严禁入内”警告牌或采取其他封闭措施防止人员误进。作业结束后，应对受限空间进行全面检查，确认无误后，施工单位和生产单位双方签字验收。

(12)上述措施如在作业期间发生异常变化，应立即停止作业，经处理并达到安全作业条件后，方可继续作业。

3. 作业监护人的资格和权限

(1)作业监护人应熟悉作业区域的环境和工艺情况，有判断和处理异常情况的能力，掌握急救知识。

(2)作业监护人在作业人员进入受限空间作业前，负责对安全措施落实情况进行检查，发现安全措施不落实或不完善时，有权拒绝作业。

(3)作业监护人应清点出入受限空间的作业人数，在出入口处保持与作业人员的联系，严禁离岗。当发现异常情况时，应及时制止作业，并立即采取救护措施。

(4)作业监护人应随身携带许可证。

(5)作业监护人在作业期间，不得离开现场或做与监护无关的事。

4. 作业人员职责

(1)持有效的许可证方可施工作业。

(2) 作业前应充分了解作业的内容、地点(位号)、时间和要求，熟知作业中的危害因素和安全措施。

(3) 许可证中所列安全防护措施须经落实确认、监护人同意后，方可进入受限空间内作业。

(4) 作业人员在规定安全措施不落实、作业监护人不在场等情况下有权拒绝作业，并向上级报告。

(5) 服从作业监护人的指挥，禁止携带作业器具以外的物品进入受限空间。如发现作业监护人不履行职责，应立即停止作业。

(6) 在作业中发现异常情况或感到不适应、呼吸困难时，应立即向作业监护人发出信号，迅速撤离现场，严禁在有毒、窒息环境中摘下防护面罩。

5. 许可证管理

(1) 许可证是进入受限空间作业的依据，不得涂改；确需修改，须经签发人在修改内容处签字确认。若许可证中安全措施、气体检测、评估等栏目内容填满后，应另加附页。许可证和附页应妥善保管，保存期为1年。

(2)许可证一式四联，第一联由生产单位安全技术人员留存备查，第二联由作业负责人持有，第三联由监护人持有，第四联存放在作业点所在的操作控制室或岗位。

(3)许可证中各栏目，分别由相应责任人填写，其他人不得代签；作业人员、监护人姓名应与许可证一致。

(4)许可证的有效期为作业项目一个周期。当作业中断4h以上再次作业前，应重新对环境条件和安全措施进行确认；当作业内容和环境条件变更必须重新办理许可证。

(二)危害或潜在事件分析

1. 作业前准备

(1)没有计划方案、方案不完善、组织机构不健全、没有安全教育、安全教育不到位、分工不明确、不负责任、无应急预案、无防范措施、未签订安全协议书。

(2)没有办理作业票、签发票人员未到现场复核、签票人未按作业条件复核签字、作业票超期。

(3)油气浓度测试部位不准确、油气浓度未测试或仪器失灵。

(4)未切断阀门、未堵封相邻的管线。

2. 进入受限空间作业

作业现场无警示标志，安全监护人员不到位；作业人员未穿防护服、未戴安全帽、进罐人员未戴防毒面具和呼吸器；防毒面具、呼吸器失效；照明灯具不防爆、不使用安全电压照明；作业人员不符合健康条件；无关人员进入现场；人员轮换不及时；超时作业、作业人员未系安全保险绳；安全员、监督员未巡视检查。

3. 作业收尾

(1)进出人员、工具无登记、清点、记录。

(2)设备未复位，现场未清理。

(3)档案资料未及时整理。

(三)进入受限空间作业操作指南

本操作指南以清罐作业为例。

1. 组织领导

(1)根据油罐清洗周期和检修要求制订油罐清洗计划和作业方案。

(2)成立由工务、设备、仓储、安全保卫、消防等部门参加的清罐工作领导小组，做到统一指挥、统一领导。

(3)明确现场安全监督、消防管理、数据测试、清罐作业等工作人员的职能，做到分工明确、责任到人；建立油罐应急预案及安全防范措施，定期进行培训和演练。

(4)清罐作业前应对作业人员进行安全和有关操作技术的岗前教育，经考核合格后方准上岗；与承包商或清罐作业人员签订安全协议书 。

2. 清罐前准备

(1)作业前检查提示：不酒后上岗；按规定着装；不带手表、戒指等其他饰品；不带火种、通信工具；准备好医疗急救用品，配备消防器材，消防员现场监护。

(2)备好防爆工具、灯具，照明灯具不超过安全电压，作业设备必须进行静电接地保护。

(3)安全员监督检查，不符合作业条件不准清罐作业。

(4)计量油罐底油数量，提供准确的余油数据并对相通油罐的管线进行封堵、隔离。

(5)抽尽底部余油，打开人孔、光孔，进行通风换气，自然通风时间10天以上，强制通风时间24h以上。

3. 实施作业票

(1)安全技术人员负责检查复核清罐作业现场，确认作业条件，落实安全措施。

(2)由专业人员测试油气浓度，测试点不少于3点，测试点距地面为0.2m，油气浓度测试时应使用规格型号相同的2台以上仪器。

(3)检查人或执行人逐项对照作业票防护措施，确认作业条件后方可签字，办理进罐作业票手续。

(4)在作业票规定的有效时间内，若作业条件发生变化时，应重新办理审批手续，作业票不得超期使用。

4. 清罐作业

(1)作业场所设置安全棚栏或界标，班组安全员负责对现场进行监护，领导跟班作业。

(2)进罐前先导除人体静电，穿戴好劳动防护服，戴好防毒面具，不符合健康条件者严禁进罐作业。

(3)作业时先用特制铜(铝)铲或者木耙子清除罐底和罐壁的污染及铁锈，作业中不准嘻笑打闹、野蛮作业，防止行走时滑倒碰伤。

(4)作业人员每30min左右轮换一次，进罐时腰部系救生信号绳索，绳子末端留在罐外以便随时抢救。

(5)将锯末或白灰撒入罐底后，用铜铲或竹扫帚进行清扫，将清罐污物运往指定地点进行处理，也可在控制条件下烧掉。

(6)清点人员、工具，检查罐内无遗留物，及时拆除电气设备撤离作业现场，做好作业记录。

5. 清罐验收

(1)检查测试油罐底板、圈板的厚度，检查浮盘密封圈严密，测试静电接地良好，其他附件符合技术要求。

(2)检查油罐漆层完好，面漆无严重变色、起皮、脱落老化现象，底漆无大面积外露，内防腐涂层厚度不大于2mm。

(3)验收合格后在有关人员的监督下，立即封闭人孔、光孔等处，连接好相关管线，恢复油罐原来的技术状态。

(4)油罐清洗完毕后，应由清罐工作领导组会同有关领导及设备管理(维修)人员共同对清罐工作质量进行签字验收，整理竣工验收报告存入设备档案中。

五、破土作业

破土作业系指油库、加油(气)站内部地面、埋地电缆、电信及地下管道区域范围内，以及交通道路、消防通道上开挖、掘进、钻孔、打桩、爆破等各种破土作业。破土作业前，应针对作业内容，进行危害识别，制定相应作业程序及安全措施，并将安全措施填入许可证。

(一)破土作业管理

1. 许可证办理程序

(1)许可证由施工单位填写。

(2)工程主管部门组织电力、电信、生产、机动、公安保卫、消防、安全等有关部门，破土施工区域所属单位和地下设施主管单位联合进行现场地下情况交底，根据施工区域地质、水文、地下供排水管线、埋地燃气(含液化气)管道、埋地电缆、埋地电信、测量用的永久性标桩、地质和地震部门设置的长期观测孔、不明物、沙巷等情况向施工单位提出具体要求。

(3)施工单位根据工作任务、交底情况及施工要求，制订施工方案，落实安全施工措施。

(4)施工方案经施工主管部门现场负责人和建设基层单位现场负责人签署意见，有关部门确认签字后，由二级单位主管领导审批。

(5)破土作业涉及用火、临时用电、进入受限空间等作业时，应办理相应的作业许可证。

2. 破土作业安全措施

(1)破土前，施工单位应按照施工方案，逐条落实安全措施，并对所有作业人员进行安全教育和安全技术交底后方可施工。破土作业涉及到电力、电信、地下供排水管线、生产工艺埋地管道等地下设施时，施工单位应安排专人进行施工安全监督。

(2) 破土开挖前，施工单位应做好地面和地下排水工作，严防地面水渗入作业层面造成塌方。破土开挖时，应防止邻近建(构)筑物、道路、管道等下沉和变形，必要时采取防护措施，加强观测，防止位移和沉降；要由上至下逐层挖掘，严禁采用挖空底脚和挖洞的方法。在破土开挖过程中应采取防止滑坡和塌方措施。

(3) 作业人员在作业中应按规定着装和佩戴劳动保护用品。

(4)对施工过程中，出现的下列情形，应及时报告建设单位，采取有效措施后方可继续进行作业：需要占用规划批准范围以外场地；可能损坏道路、管线、电力、邮电通信等公共设施；需要临时停水、停电、中断道路交通；需要进行爆破的。

(5)在道路上(含居民区)及危险区域内施工，应在施工现场设围栏及警告牌，夜间应设警示灯。在地下通道施工或进行顶管作业影响地上安全，或地面活动影响地下施工安全时，应设围栏、警示牌、警示灯。

(6)在施工过程中，如发现不能辨认物体，不得敲击、移动，应立即停止作业，并报建设单位，待查清情况、采取有效措施后，方可继续施工。

(7)在雨期和解冻期进行土方工程作业时，应及时检查土方边坡，当发现边坡有裂纹或不断落土及支撑松动、变形、折断等情况应立即停止作业，经采取可靠措施并检查无问题后方可继续施工。

(8)在破土开挖过程中，出现滑坡、塌方或其他险情时，要做到：立即停止作业，先撤出作业人员及设备，挂出明显标志的警告牌，夜间设警示灯；划出警戒区，设置警戒人员，日夜值勤；通知设计、工程建设和安全等有关部门，共同对险情进行调查处理。

3. 许可证管理

(1)许可证一式三联，第一联交由建设单位留存，第二联交施工单位，第三联交现场施工管理人员随身携带。破土作业许可证见表5-9。

(2)一个施工点、施工周期应办理一张作业许可证。

(3)许可证保存期为1年。

(二)危害或潜在事件分析

1. 组织领导

未制定破土施工方案及安全措施、方案不完善、组织机构不健全、没有进行安全教育、安全教育不到位、分工不明确、无应急预案、无防范措施、未签订安全协议书。

2. 作业前准备

未办理破土作业许可证、许可证超期使用、许可证一票多用，相关作业负责人未对作业条件进行复核签字，不按规定着装、穿戴劳动保护用品，携带火种、通信工具，无隐蔽管线及线路图纸，未对区域内地质、水文等进行勘探，未明确作业现场安全负责人，油库未对施工单位进行现场地下情况交底，施工单位未落实安全施工措施，安全监护人未对安全措施进行检查审核、未切断作业区域的电源、水源、气源，重大危险施工时未请示主管领导，进坑、沟、井、管道作业前未进行通风、未对有毒气体及易燃物进行检测，未对电力、电信、电缆落实保护措施。

3. 破土作业

重点作业区施工无专人监督，作业时破坏有关地下设施，施工现场未设围栏及警示牌，夜间施工时未设警示灯，物体辨认不清时进行敲击移动，未进行放坡处理和固壁支撑，临时用电线路胡拉乱扯，机械设备不在指定路线和位置，未采取防止滑坡和塌方的措施，出现险情时未立即停止作业、撤离人员及设备，打桩机夜间作业噪声超标，雨季和解冻期作业时未检查土方道坡，消防员监督不到位，安全员和监督员脱岗，在库区内进行爆破作业。

4. 作业完毕

未回土填实坑沟管道等地面，未对地埋电缆、电信、管道等进行标桩，未标明管线、线路的走向和深度。

未撤离机械设备和施工工具、未恢复电气线路和管线的使用、未整理和保存作业票、未填写相关作业记录、未清理现场。

（三）破土作业操作指南

1. 组织领导

根据工作任务和交底情况及施工要求制定施工方案，落实安全施工措施。

成立由工务、设备、仓储、安全保卫、消防等部门参加的破土施工领导小组。

明确现场安全监督、消防管理、数据测试、施工作业等工作人员的职能，做到分工明确、责任到人。

作业前应对作业人员进行安全和有关操作技术的岗前教育，经考核合格后方准上岗。

建立应急预案及安全防范措施，定期进行培训和演练。

与承包商或作业人员签订安全协议书。

2. 作业前准备

(1)作业前检查提示：不酒后上岗，不穿化纤服装，不带火种，不带通信工具，穿戴好劳动保护用品。

(2)安全员检查复核作业现场，确认作业条件，落实安全措施；检查人或执行人逐项对照作业票防护措施，确认作业条件后签字，办理作业票手续。

(3)准备电、气、水、地埋电缆等走向图纸及资料，并于施工单位进行现场地下情况交底。

(4)爆炸危险区域破土，须专业人员对施工点进行油气浓度测试。

(5)施工单位负责人和安全监护人，对破土作业区域进行检查复核，确认无误后破土作业。

3. 破土作业

(1)施工现场设置围栏和警示牌，重点作业区域有专人进行监督。

(2)在施工过程中，如发现不能辨认物体时，不得敲击、移动，应立即停止作业。

(3)在坑、沟、槽、井、地道内施工时，必须保持通风良好，并对有毒气体和易燃物进行检查检测。

(4)破土开挖时，对邻近建筑物、道路、管道等下沉和变形地带进行防护。

(5)破土时由上而下进行，防止滑坡和塌方，出现险情时立即停止作业，撤离人员和设备，并设专人警戒值勤。

(6)施工负责人和安全监护人，认真巡查作业现场。

4. 作业完毕

(1)回土填实坑、沟、管道等，地面恢复原来状态。

(2)及时撤离机械设备和施工工具，拆除围栏和警示标志等，清理作业现场。

(3)对电信、电缆、管道等地埋设施进行打桩，标明其走向和深度。

(4)整理作业票及相关记录，归档管理。

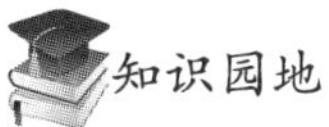

知识园地

认识工作中对眼睛产生危害的因素

冲击物：主要产生于打磨、研磨、刮除、切、削、铲、凿、刨、吹扫、钉合和机加工等工艺中。

化学物：主要产生于电镀、喷漆等化学物操作的作业中。危害有化学物飞溅、蒸气及刺激。

粉尘：悬浮在空气中的固体颗粒。如煤尘、电焊烟尘、催化剂粉尘等。

光辐射：包括强可见光、红外线、紫外线等。主要存在于各种类型的炉膛观察、焊接等各种作业及一些使用红外、紫外光源的作业中。

热(烫伤)：包括热辐射、高温金属飞溅和热火花。存在于高温设备、蒸汽管线、用火作业等。

表 5 –5 用火作业许可证(级)

编号 第 联 共四联

申请单位					申请人	
用火具体部位及内容						
用火人			特殊工种类别及编号			
监火人			监火人员工种			
采样检测时间		采样点		分析结果		分析人	
用火时间	年 月 日 时 分至 年 月 日 时 分					

序号	用火主要安全措施	确认人签字
1	用火设备内部构件清理干净，蒸汽吹扫或水洗合格，达到用火条件	
2	断开与用火设备相连接的所有管线，加盲板( )块	
3	用火点周围(最小半径 15m)的下水井、地漏、地沟、电缆沟等已清除易燃物，并已采取覆盖、铺沙、水封等手段进行隔离	
4	罐区内用火点同一围堰内和防火间距内的油罐不得脱水作业	
5	高处作业应采取防火花飞溅措施	
6	清除用火点周围易燃物	
7	电焊回路线应接在焊件上，把线不得穿过下水井或与其他设备搭接	
8	乙炔气瓶(禁止卧放)、氧气瓶与火源间的距离不少于 10m	
9	现场配备消防水带( )根，灭火器( )台，铁锹( )把，石棉布( )块	
10	其他安全措施	
危害识别：		

申请用火基层单位意见	基层单位主管部门意见	安全监督管理部门意见	领导审批意见
年 月 日	年 月 日	年 月 日	年 月 日
完工验收	年 月 日 时 分	签名：	

表 5－6　临时用电作业许可证

第　　联　　共三联

编　　号		申请作业单位	
工程名称		施工单位	
施工地点		用电设备及功率	
电源接入点		工作电压	
临时用电人		电工证号	
临时用电时间	年　月　日　时　分至　年　月　日　时　分		

序号	主要安全措施	确认人签字
1	安装临时线路人员持有电工作业操作证	
2	在防爆场所使用的临时电源、电气元件和线路达到相应的防爆等级要求	
3	临时用电的单相和混用线路采用五线制	
4	临时用电线路驾空高度在装置内不低于2.5 m，道路不低于5 m	
5	临时用电线路架空进线不得采用裸线，不得在树上或脚手架上架设	
6	暗管埋设及地下电缆线路设有“走向标志”和安全标志，电缆埋深大于0.7 m	
7	现场临时用电配电盘、箱应有防雨措施	
8	临时用电设施安有漏电保护器，移动工具、手持工具应一机一闸一保护	
9	用电设备、线路容量、负荷符合要求	
10	行灯电压不应超过 36 V，在特别潮湿的场所或塔、釜、槽、罐等金属设备作业装设的临时照明行灯电压不应超过 12V	
11	其他补充安全措施	

临时用电单位意见	供电主管部门意见	供电执行单位意见
（签名） 年　月　日	（签名） 年　月　日	（签名） 年　月　日
送电开始	签名： 电工证号：	年　月　日　时　分
完工验收	签名：	年　月　日　时　分

表5－7 高处作业许可证

第　联　　共三联

编　号		施工单位		
所属单位		施工地点		
作业内容			填写人	
作业人				
开工时间	年　月　日　时　分			

序号	主 要 安 全 措 施	确认人签名
1	作业人员身体条件、着装符合要求	
2	作业人员佩戴符合要求的安全带	
3	作业人员携带有工具袋，所用工具系有安全绳	
4	工具不用时应放在工具袋内，上下时手中不得持物	
5	使用的脚手架、吊笼、防护围栏、梯子等符合要求	
6	垂直分层作业中间有隔离设施	
7	在石棉瓦、瓦棱板等轻型材料上方作业时需铺设牢固的脚手板	
8	高处作业有充足照明	
9	30m以上进行高处作业配备通讯、联络工具	
10	作业人员佩戴：A. 过滤式呼吸器　B. 空气呼吸器	
补充措施	____________ ____________ ____________	
危害识别		

施工作业负责人意见	油库或加油站负责人意见	物流或零管部门负责人审批意见
年　月　日	年　月　日	年　月　日
完工验收	年　月　日　时　分	签名：

表5－8　进入受限空间作业许可证

编号　　　　　　　　　　　　　　　　　　　　　　第　　联　　共四联

<table>
<tr><td>申请单位</td><td colspan="4"></td><td colspan="2">施工单位</td><td></td></tr>
<tr><td>设施名称</td><td colspan="4"></td><td colspan="2">作业内容</td><td></td></tr>
<tr><td>原有介质</td><td colspan="4"></td><td colspan="2">主要危险因素</td><td></td></tr>
<tr><td>基层单位安全负责人</td><td colspan="4"></td><td colspan="2">施工单位安全负责人</td><td></td></tr>
<tr><td>作业人员</td><td colspan="7"></td></tr>
<tr><td>监护人</td><td colspan="7"></td></tr>
<tr><td rowspan="2">采样分析数据</td><td>分析项目</td><td>氧含量</td><td>可燃气</td><td>有毒气体</td><td></td><td>分析人</td><td></td></tr>
<tr><td>分析结果</td><td></td><td></td><td></td><td></td><td>采样时间</td><td></td></tr>
<tr><td>开工时间</td><td colspan="7">年　月　日　时　分</td></tr>
</table>

序号	主要安全措施	确认人签字
1	所有与受限空间有联系的阀门、管线加盲板隔离，列出盲板清单，并落实拆装盲板责任人	
2	设备经过置换、吹扫、蒸煮	
3	设备打开通风孔进行自然通风，温度适宜人员作业；必要时采用强制通风或佩戴空气呼吸器，但设备内缺氧时，严禁用通氧气的方法补充氧	
4	相关设备进行处理，带搅拌机的设备应切断电源，挂“禁止合闸”标志牌，设专人监护	
5	检查受限空间内部，具备作业条件，清罐时应用防爆工具	
6	检查受限空间进出口通道，不得有阻碍人员进出的障碍物	
7	盛装过可燃有毒液体、气体的受限空间，应分析可燃、有毒有害气体含量	
8	作业人员清楚受限空间内存在的其他危害因素，如内部附件、集渣坑等	
9	作业监护措施：消防器材(　)、救生绳(　)、气防装备(　)	
10	其他补充措施：	
危害识别		

<table>
<tr><td>施工作业负责人
意见</td><td colspan="2">基层单位负责人
意见</td><td colspan="3">基层单位主管部门
审批意见</td><td>二级单位领导
审批意见</td></tr>
<tr><td>年　月　日</td><td colspan="2">年　月　日</td><td colspan="3">年　月　日</td><td>年　月　日</td></tr>
<tr><td>完工验收</td><td>验收时间</td><td></td><td>施工
单位</td><td>签名</td><td>基层
单位</td><td>签名</td></tr>
</table>

表5-9 破土作业许可证

第 联 共三联

许可证编号		施工单位		
建设单位		施工地点		
电源接入点		电压		
作业内容			填写人	
开工时间	年 月 日 时 分			

序号	主要安全措施	确认人签名
1	电力电缆已确认，保护措施已落实	
2	电信电缆已确定，保护措施已落实	
3	地下供排水管线、工艺管线已确认，保护措施已落实	
4	已按施工方案图划线施工	
5	作业现场围栏、警戒线、警告牌、夜间警示灯已按要求设置	
6	已进行放坡处理和固壁支撑	
7	道路施工作业已报：交通、消防、调度、安全监督管理部门	
8	人员进出口和撤离保护措施已落实：A. 梯子；B. 修坡道	
9	备有可燃气体检测仪、有毒介质检测仪	
10	作业现场夜间有充足照明：A. 普通灯；B. 防爆灯	
11	作业人员必须佩戴防护器具	
12		
补充措施		
危害识别		

施工作业负责人意见	基层单位负责人意见	工程管理部门意见	主管领导审批意见
年 月 日	年 月 日	年 月 日	年 月 日
完工验收	年 月 日 时 分	签名：	

第六章　加油站标准化作业操作指南

主题词：加油站、标准化作业、操作指南

要点提示：本章重点从加油站主要的作业环节，即加油、卸油、计量、发电、巡检等环节详细地讲述了标准化作业中的步骤和操作指南。

第一节　加油站加油作业

一、危害或潜在事件分析

根据加油作业步骤，对加油站作业进行分析。

(一)加油前准备工作分析

混穿或未着防静电工作服，易产生静电，着火爆炸；穿带铁钉的鞋，易产生火花，引发火灾；携带火种和易燃易爆品，着火爆炸；携带通信工具，着火爆炸；班组长班前训导不认真；作业前未检查设备状况；灭火器材失效。

(二)加油作业分析

1. 引车到位

(1)无加油员引导车辆，违反《规范化服务标准》。

(2)加油机标识不清，违反《规范化服务标准》。

(3)车道有水(雪)，易发生车辆事故，人员伤亡。

(4)夜晚灯光不足，易发生车辆事故，人员伤亡。

(5)加油车辆车速过快，易发生碰撞事故。

2. 问候顾客

(1)未提醒熄灭发动机，易产生火灾事故。

(2)询问加油品种不确切，易加错油品。

(3)加油数量不确切，易发生溢油。

3. 打开油箱

发动机未熄火加油，产生火花，引发火灾事故。

4. 加注油品

(1)司乘人员吸烟，易引发火灾。

(2)司乘人员使用手机，易引发火灾。

(3)司机现场修车、擦车，穿脱衣服，易产生火花、静电，引起着火爆炸。

(4)加油员现场穿脱衣服、梳头、拍打衣服，易产生静电，引发火灾事故。

(5)加油员用化纤或丝绸类纱布擦拭加油机，易产生静电，引发火灾事故。

(6)司机违章启动车辆(打火)，产生火花，引发火灾事故。

(7)车辆油箱漏油，易遇明火，着火爆炸。

(8)输入数据错误，加油量不足或超加。

(9)直接给塑料容器注油，使静电集聚，着火爆炸。

(10)直接给摩托车加油，易引发火灾事故。

(11)加油机线路、电机、接线盒等不防爆，着火爆炸。

(12)加油枪静电导线与机体不导，着火爆炸。

(13)雷雨天气，着火爆炸。

(14)加油枪从加油口脱落，造成油品喷溅，着火爆炸。

(15)油枪渗漏或胶管破裂，造成油品滴、漏，着火爆炸。

(16)油枪不自封，易发生跑油，引发火灾事故。

5. 擦拭车窗

未征得顾客同意擦拭车窗玻璃，易与顾客发生口角。

6. 盖油箱盖

(1)未请顾客确认后，收回油枪，易造成与顾客口角。

(2)油枪未回位，易造成油品喷洒，产生火灾。

(3)加油后未拧紧油箱盖、关上盖板，易引起着火爆炸。

7. 结算货款

(1)未辨别人民币真伪，出现假钞(币)，造成货款损失。

(2)未唱收唱付，发生付款差错。

(3)未给顾客提供正规票据，影响企业形象。

8. 引车出站

(1)未正确引导车辆出站，违反《规范化服务标准》。

(2)未使用文明用语，违反《规范化服务标准》。

(3)车辆离站速度过快，易发生交通事故。

(三)加油作业后分析

(1)加油机累计数确认不认真，加油量发生差错。

(2)未认真履行发票交接班手续，违反《交接班制度》。

(3)未认真填写交接班纪录，发生差错后无法确认。

(4)未进行工作小结，对当班发生或存在的问题得不到及时解决和纠正。

(5)未交接本班遗留问题，易发生差错、造成事故。

二、加油作业操作指南

(一)加油前准备

(1)加油员在上岗前须按规定着装。

(2)严禁携带易燃易爆品和通信工具。

(3)班组长认真做好班前训导。

(4)安全员须认真检查设备和环境卫生状况，确保安全运行。

(二)加油作业

1. 引导车辆进站

当车辆驶入站时，加油员主动引导车辆进入加油位置。

2. 问候顾客

问候顾客，提醒熄灭发动机，询问加油品种、数量或金额。

3. 打开油箱

车辆停稳，发动机熄火后，加油员应主动将油箱盖、油箱盖板打开(带锁的可等顾客开锁后再行打开)。

4. 加注油品

(1)将加油机泵码回零，并请顾客确认。

(2)定量加油(微机加油)：根据顾客要求输入加油数据；根据顾客要求的品种将对应的加油枪插入车辆油箱中，提示顾客确认无误后打开加油枪进行加油；加油完毕，加油员须对照加油机(显示屏)的显示值，请顾客确认所加品种、数量无误后，方可收回油枪；把油箱盖拧紧，关上油箱盖板。

(3)非定量加油：根据加油机(显示屏)的显示值，请顾客确认所加品种、数量无误后，方可收回油枪；把油箱盖拧紧，关上油箱盖板。

5. 擦拭车窗

状况允许，征得顾客同意后，可擦拭车窗玻璃。

6. 盖油箱盖

请顾客确认后，收回油枪，拧紧油箱盖，关上盖板。

7. 结算货款

(1)结算油款时，加油员、收款员要认真辨别人民币、加油单等，避免收取假钞假币。

(2)做到唱收唱付，按实找零，提供正规票据。

8. 引车出站

车辆出站时加油员要按照规范化服务标准以及加油站现场管理规定，自觉使用文明用语，正确引导车辆出站，提醒司机缓行，确保车辆安全。

(三)加油后清理

1. 清理

(1)加油站要做到现场卫生分工明确。

(2)加油员做到各负其责，交接班时自觉清洁加油机和现场卫生。

(3)带班长认真填写交接班记录，发现异常问题及时汇报。

2. 班结离岗

加油员交接班时双方要确认加油机累计数，班组认真填写汇总单，按单上交货款，同时认真履行发票交接手续；认真填写交接班记录，并进行工作小结。

第二节 加油站卸油作业

加油站卸油作业主要由引车到位、连接导静电接地线、安全防护、确认、进货验收、卸油、过程监控、卸后确认、施打铅封、卸后处理十个步骤组成。

一、危害或潜在事件分析

1. 引车到位

(1)车速过快，造成人员伤亡，财产损失。

(2)卸油场地有积水(雪)，造成车辆、设施损坏。

(3)车头朝内，不便在应急状态下撤离现场。

(4)车轮下未放置车挡，发生溜车。

(5)未关闭引擎和电门、拉起手刹，产生溜车。

(6)罐车钥匙未挂至指定位置，车辆启动失去监控。

(7)未检查油罐车安全状况，产生异常情况。

2. 连接导静电接地线

(1)静电接地线失灵，产生静电火灾。

(2)未接静电接地线，产生静电火灾。

(3)稳油时间不足15min，引发静电着火事故，计量结果失真。

3. 安全防护

(1)消防器材不到位，发生火灾无法及时扑救。

(2)消防器材失效，延误灭火时机，扩大火灾事态。

(3)未设置警示牌和警示线，无关人员进入，发生意外事故。

4. 确认

(1)未共同核验交运单、品种和数量，未确认油罐车铅封完好，造成混油、数量不准确。

(2)未确认收油罐对应的加油机停止发油，引起静电火灾。

(3)计量员未确认油罐可收容量，产生溢油事故。

(4)铅封损坏，易造成数质量事故。

(5)胶管接头无密封垫，造成油品渗漏。

(6)卸油胶管破裂，造成油品损失。

(7)卸油管连接错误，易造成混油事故。

(8)无关人员进入现场，易引发事故，造成人员伤亡。

5. 进货验收

(1)未认真核对品种、数量，易造成混油事故。

(2)注意力不集中，坠落、人员伤亡。

(3)关闭罐口盖时用力过猛，与罐车口边缘碰撞，易产生火花，造成火灾事故。

(4)无取样器，不能取样验质。

(5)未用玻璃试管验质，不明质量。

(6)计量器具过期未检，计量结果失真。

(7)大风、雨、雪天气上罐车作业，易造成人员伤亡。

6. 卸油作业

(1)司机和卸油员未在现场，不能及时发现事故苗头，采取有效措施。

(2)连接口漏油，造成油品损失，遇明火易产生火灾爆炸。

(3)胶管断裂，造成油品损失，遇明火易产生火灾爆炸。

(4)作业环境下敲击、碰撞，着火爆炸。

(5)司机擦车、修车，易产生火花，引发火灾事故。

(6)雷雨天气，易着火爆炸。

7. 过程监控

(1)未检查油罐、管线等接口，产生渗漏。

(2)加油站接卸人员和油罐车驾驶员未在现场，发生异常不能及时采取有效措施。

8. 卸后确认

(1)未登车确认油品卸净，造成经济损失。

(2)未控胶管内余油，造成油品损失，污染环境。

9. 施打铅封

(1)罐车盖未关闭或关闭不严，遇明火产生火灾。

(2)罐车卸油口堵盖未上好，遇明火产生火灾。

(3)未卸胶管启动车辆，造成财产损失。

(4)未收回静电接地线，造成财产损失。

10. 卸后处理

(1)未稳油后计量，计量不准确。

(2)未稳油后对应的加油机进行加油，易造成静电或质量事故。

二、卸油作业操作指南

1. 引车到位

(1)保持卸油场地无积水、积雪和杂物。

(2)油罐车驶入加油站时，计量员引导油车司机减速、慢行。

(3)车头朝外。

(4)车轮未放置车挡。

(5)关闭引擎和电门，拉起手刹。

(6)罐车钥匙挂至指定位置。

(7)检查油罐车安全状况。

2. 连接导静电接地线

(1)检查静电接地报警器是否完好有效。

(2)将接地线与罐车固定接地端进行有效连接。

(3)稳油时间 15min 后，进行采样观察油品质量、计量。

3. 安全防护

(1)放置 2 只 4kg 灭火器、1 条石棉被。

(2)设置警示牌和警示线。

4. 确认

(1)驾驶员和接卸人员共同核验交运单、品种和数量，确认油罐车铅封完好。

(2)确认收油罐对应的加油机停止发油。

(3)计量员确认油罐可收容量。

(4)关闭油罐计量口，并拧紧。

5. 进货验收

(1)接卸人员与驾驶员双方确认来油体积数量。

(2)计量员取样目测，确认油品质量。

(3)关闭油罐车人孔盖。

6. 卸油

(1)连接卸油胶管，使胶管自然弯曲。

(2)开启罐车卸油阀门。

7. 过程监控

(1)加油站接卸人员检查油罐、管线等接口。

(2)油罐车驾驶员在现场。

8. 卸后确认

(1)计量员登车确认油品卸净。

(2)卸净胶管内余油。

9. 施打铅封

(1)计量员对油罐车卸油口、计量口进行铅封。

(2)清理地面油污。

(3)收好导静电接地线、消防器材、警示牌、警示线。

10. 卸后处理

(1)稳油 15min 后计量。

(2)通知该油罐对应的加油机可以进行加油。

第三节 加油站计量作业

加油站计量作业主要由计量前准备工作、储油罐液面高度测量、罐底水面高度测量、油罐车液面高度测量、油品温度测量、油品密度测量、清理作业现场、记录等八个步骤组成。

一、危害或潜在事件分析

（一）计量前准备工作

（1）着化纤衣服，易引发着火事故。

（2）携带易燃品，易引发着火事故。

（3）携带通信工具，易引发着火事故。

（4）计量员无证，违反规定。

（5）量油尺超期未检，计量结果失真。

（6）使用化纤布，易产生火灾。

（二）储油罐液面高度测量

（1）计量时未停止使用与油罐相连的加油机，计量数据失真。

（2）卸油后稳油时间不足15min，计量结果不准确。

（3）未站在上风口计量，影响计量员健康。

（4）视读油面高度有误，造成计量差错。

（5）夜间计量使用非防爆灯具，易产生火花，着火爆炸。

（6）储油罐倾斜（变形），计量结果失真。

（7）罐区周围有火源，易引起着火爆炸。

（8）雷雨天气，易发生雷击着火爆炸。

（三）罐底水面高度测量

（1）水、油界面不清，计量结果不准确。

（2）水高超过50mm，影响油品质量。

（3）测试水高记录有误，不能准确反应罐内水容量。

（四）油罐车液面高度测量

（1）停车位置不当（地面坡度大于0.5°），造成计量偏差。

（2）油面没有平稳，造成计量偏差。

（3）上罐车操作不稳，易发生坠落事故。

（五）油品温度测量

（1）看错温度计读数，造成计量错误。

（2）浸没时间不足5min，不能准确反应油品温度。

（六）油品密度测量

（1）操作错误，计量结果失真。

（2）未将油样倒回油罐，油品损失。

（七）清理作业现场

（1）未将设备复位，易引发事故。

（2）未及时清理现场，影响环境卫生。

（八）记录

（1）计量结果错误，违反《数质量管理制度》。

（2）记账不及时，违反《进、销、存手续管理制度》。

（3）记录与账簿保管不善，违反《加油站经营管理奖惩条例》。

二、加油站计量作业操作指南

（一）计量前准备工作

（1）按规定着装。

（2）上岗时不准携带易燃品，不准携带手机，不准使用化纤棉纱。

（3）准备计量器具 。

（二）储油罐液面高度测量

（1）计量作业时，停止使用与油罐相连的加油机，抄写停机时泵码累计数。

（2）卸油后稳油 15min 后进行计量。

（3）计量员站在上风口，作业时需在规定的下尺点，尺砣接触油面时的速度要缓慢，不能冲击罐底。

（4）读数准确、迅速，夜间计量时，使用防爆灯具。

（5）强风、雷雨天气禁止作业。

（三）罐底水面高度测量

（1）测量时试水膏涂抹要均匀，尺砣或试水尺触底停置 2 ~ 3s。

（2）水高超过 50mm 时，及时报告和处理。

（四）油罐车液面高度测量

（1）罐车停于专门计量场地。

(2)稳油时间15min后，进行测量。

(五)油品温度测量

(1)测温时位置准确，浸没时间达到5min。

(2)读取温度计读数值，做好测温记录。

(六)油品密度测量

(1)测量密度时备好清洁的量油桶，量油桶放置位置准确。

(2)正确使用密度计，准确读取密度计数值，测量完毕需将油样倒回油罐，并做好测量记录。

(七)清理作业现场

(1)将设备准确复位。

(2)及时清理现场。

(八)记录

(1)做好记录。

(2)填写账、表、单，确保原始记录完整。

第四节　加油站发电作业

加油站发电作业主要由发电前准备、发电、供电、停止发电机供电和现场清理五个步骤组成。

一、危害或潜在事件分析

(一)发电前准备

(1)未使用防护用品，易发生人员触电事故。

(2)消防器材不到位，无法扑救火灾。

(3)未检查仪表，违反作业规程。

(4)未检查地线，易造成人员触电、设备损坏违反作业规程。

(5)未检查发电机机油、燃料油、水及发电机技术状况，影响正常工作，损坏设备。

(6)未切断外线供电电路，并将配电开关置于发电处，电外送，造成事故。

(二)发电

(1)未按规定程序启动发电机，易造成人身伤害、设备损坏事故。

(2)未将电压调至规定额定电压，匆忙供电，易损坏设备。

(3)发电机运行不平稳，易损坏设备。

(三)供电

(1)未将有关电闸合至规定位置，易造成人员触电伤亡，设备损坏事故。

(2)用电设备非正常工作，易损坏设备。

(3)仪表失灵，易导致设备损坏。

(4)电路出现故障，易损坏设备，发生火灾。

(四)监控

(1)发电机运转异常，易造成设备损坏。

(2)发电机超负荷运行，易损坏发电机。

(五)停止发电机

突然降低转速，易使设备受损。

(六)恢复市电供电

(1)未切断发电机供电电路，易导致设备损坏。

(2)外线电闸未至供电位置，影响正常营业。

(七)现场清理

(1)未清理发电机房，违反作业规程。

(2)未填写发电运行记录，违反作业规程。

二、加油站发电作业操作指南

1. 发电前准备

(1)作业人员按规定着装，佩戴防护用品。

(2)检查仪表。

(3)检查接地。

(4)检查发电机机油、燃料油、水箱等，准备好消防器材，悬挂警示牌，认真检查仪表，打开发电机室窗户。

2. 发电

(1)切断外线供电电路，并将配电开关置于规定位置。

(2)按程序启动发电机，待发电机运行平稳后，将电压调至额定数值后开始供电。

3. 供电

(1)将电闸合至供电位置。

(2)发电机不得超负荷运行。

(3)发电过程中遇有交接班时，带班长要认真交代发电机运行情况，并做好交接班记录。

4. 监控

(1)随时进行巡视和检查。

(2)当发现发电机运转、用电设备异常等问题时，及时停止供电。

5. 停止发电机

(1)外电恢复供电时，断开发电机供电电路，缓慢降低转速。

(2)停止发电机。

6. 恢复市电供电

将外线电闸合至供电位置。

7. 现场清理

(1)发电机停止工作后，及时进行现场检查、维护和保养，清理发电机室。

(2)认真填写发电机运行记录。

管理智库

墨菲定律

墨菲定律缘于美国一位名叫爱德华·墨菲的空军上尉工程师，他认为他的某位同事是个倒霉蛋，于是不经意间说了句笑话："如果一件事情有可能被弄糟，让他去做就一定会弄糟。"在流传扩散的过程中，这句笑话逐渐脱离它原有的局限性，演变成各种各样的形式，被称为墨菲定律或墨菲法则。

基本思想：

(1)如果坏事情有可能发生，不管这种可能性多么小，它总会发生，并引起最大可能的损失。

(2)凡事只要有可能出错，那就一定会出错；凡有可能搞错的地方，一定会有人搞错，而且以最坏的方式发生在最不利的时机。

(3)容易犯错误是人类与生俱来的弱点，错误是世界的一个组成部分，客观上存在着导致事故的因果链(薄弱环节)，不论科技多发达，都有发生事故的可能性，甚至可能破坏整个系统。

(4)好的开始，未必就有好结果；坏的开始，结果往往会更糟。

管理分享：

(1)动态识别危害，加强岗位风险提示和关键环节风险控制。

(2)隐患、违章“四不放过”，关注细节、不放过任何小过失。

(3)完善HSE手册、程序文件、控制文件和作业指导书，一切按标准操作。

(4)加强危机管理，完善应急预案，开展应急知识、技能培训。

第七章　油库标准化作业操作指南

主题词：油库、标准化作业、操作指南

要点提示：本章重点从油库收发储存、设备检维修、消防作业等三个方面，讲述了员工在作业中的危害分析，从而进行标准化作业，掌握标准操作步骤、方法、操作应注意的事项等。

第一节　油品收发储存作业

一、铁路槽车调度作业

铁路槽车调度作业操作主要由槽车入库前准备、槽车入库、检查复核、接卸单传递、槽车出库和账务处理等六个步骤组成。

（一）危害或潜在事件分析

1. 槽车入库前准备

电报传递不到位、电报抄错、未及时与车站核对槽车到站情况、跑站员脱岗、鹤管滑落掉下、栈桥翻梯脱落未拉起、未核对专用线槽车情况、正在卸油作业、附近有动火施工作业、专用线损坏或有障碍物、专用线内正在检修作业、卸油区油品泄漏、未清理道岔内积雪和杂物。

2. 槽车入库

未开大门或开启大门未固定、未放道口栏杆、未通知输油员对货位、输油员脱岗或未对货位、跑站员未在现场监护、调车人员携带火种、道岔未搬到位、机车未加挂隔离车、机车溜放作业、撞坏设备、机车在库内清渣、进车速度超速、货位超出警戒线、铁路调送员乱动库内设备、未放安全铁鞋或警示防护牌、未拿起铁路栏杆、未锁大门。

3. 检查复核

车号抄错，未与电报核对车号、品种、发地或核对错误，车号与电报不符，未及时与货运员核对车号、品种、发地、时间，未检查铅封和车体技术状况，铅封不完整，未与货运员核对，货运员未出具无铅封证明，未通知化验，计量人员作业、油品接卸通知单填错，未核对随货同行单及质量检验合格证，油槽车漏油。

4. 接卸单传递

接卸单传递不及时，跟班领导未到现场或未签发作业指令，未检查复核接卸单传递手续，各作业环节复核人未签字，接卸单填写不完整、责任不明确，未通知消防员到现场防火监督，卸完后未通知车站货运员，接卸完毕后没有及时将接卸单传递各作业班组。

5. 设备复位

卸油鹤管未拔出或归位、翻梯未拉起或脱落、槽车盖未盖好、未逐车检查复核槽车卸净情况、出现槽车漏卸。

6. 槽车出库

道轨安全铁鞋未取、安全警示牌未取。

7. 账务处理

未核对槽车运输费，铁路调运单上未签字，账务不清或未填写登记结算台账，未填槽车回空单或填错回空地点，未核对调送单、出现填写错误，转车未核对车号、品种出现差错，转车手续填写不认真、错发到其他地点，未核对槽车延时费，未报告领导。

(二)铁路槽车调度作业操作指南

1. 槽车入库前准备

(1)接到业务科电报后，跑站员抄电报并与电报传真件核对，确认后通知库领导做好接卸准备。

(2)联系车站，确认槽车到站情况，并与铁路货物运单核对油品品名、车号、数量、收货人等项目。

(3)检查接卸设施设备的技术状况：

①栈桥翻梯无脱落；

②鹤管在固定位置；

③专用线上无检修作业；

④周围无动火施工作业；

⑤道岔内无积雪和杂物。

(4)确认后联系调车作业 。

2. 槽车入库

(1)接到铁路通知后，及时放好道口栏杆，开启铁路大门；跑站员通知输油员做好对位准备，并检查调车情况。

(2)机车要加挂隔离车，不得在库内进行检修作业。

(3)货位不能超出安全警戒线。

(4)铁路调车人员不准乱动库内设备，不准到处乱窜，严禁携带火种 。

(5)机车入库不得超速行驶，到位时要及时制动，不得顶车溜放作业。

(6)货位对好、机车出库后，跑站员要及时放置安全铁鞋 、警示防护牌，提起铁路道口栏杆、锁好大门。

3. 检查复核

(1)认真抄写进车车号，检查槽车铅封、车体状况良好，如有异常会同铁路货运员共同查看签字确认。

(2)与电报核对车号、品种、发地、收货人、油品数量。

(3)用电话与货运员核对车号、品种、发地、数量、时间等，并到车站查看货物运单和电报是否一致。

(4)查看油槽车随货同行质量检验报告或合格证，归档管理。

(5)填写油品进货记录，并通知计量化验到位作业。

4. 接卸单传递

(1)经化验、计量确认签字复核后，填好油品接卸通知单，送交领导签字。

(2)通知消防、电工、输油及有关岗位人员到岗接卸。

(3)跑站员跟踪复核卸车情况，直至卸完，做好槽车接卸记录与电报核对后盖“油品已卸”章。

(4)将接卸单送交有关班组，填写接卸油品复核记录和值班记录。

5. 设备复位

跑站员检查复核油品卸净，槽车盖盖好，鹤管、翻梯归位，确认无误后，通知车站调车作业。

6. 槽车出库

(1)接到车站调度拉车通知后，放好铁路栏杆、开启铁路大门，取走安全铁鞋、警示防护牌。

(2)现场监督车辆调运情况，发现问题及时处理和上报。

(3)槽车出库后，及时拿起铁路栏杆、锁好大门。

7. 账务处理

(1)根据费用情况，做好登记。

(2)与铁路部门核对槽车运输费，与货运员核对调送单，确认卸车时间后方可签字，自备车及时填好槽车回空单。

(3)若卸车超时，认真填写油品卸车延时记录，准确记载卸车时间，并计算压车时间和延时费用，及时去车站复核确认。

(4)认真填写交接班记录，交清库内油品接卸情况和车站油品到货情况。

二、铁路槽车计量作业

槽车计量作业操作主要由作业前准备、消除静电、核对数据、槽车测量、记录、清理现场和计算七个步骤组成。

(一)危害或潜在事件分析

1. 作业前准备

未按规定着装，作业人员携带火种、携带手机，计量器具未检定和不合格的计量器具，使用非防爆灯具、器材工具，使用化纤棉纱，使用化纤采样绳，雷雨天气作业，附近有明火作业，机动车辆进入作业现场。

2. 消除静电

人体未进行静电导除。

3. 核对数据

未逐车核对车号、品种、铅封。

4. 槽车测量

翻梯放置过猛或损坏踩空，槽车上有积雪和油污时未进行防滑处理，油品稳油时间不够，开启槽车盖时未放气或翻盖过猛，油蒸气中毒，作业时穿脱衣服、梳头和嬉笑打闹，未按规定在下尺点计量，导尺未与罐体跨接，量油时导尺下落速度快。

5. 记录

未按规定采样或采集数据不准；槽车表号抄写错误，数据填写错误。

6. 清理现场

量油桶内的余油随意倾倒，槽车漏检，计量后槽车口未盖，油棉纱随意抛弃。

7. 计算

专用计量器显示不准，无罐车容积表，计算不准确；未及时填写接卸单，未与电报原发数复核，油品超耗未进行复核计量，发生超耗未及时上报，未及时出据索赔资料，未核对进油储罐实际容量。

(二)铁路槽车计量作业操作指南

1. 作业前准备

(1)按规定着装。

(2)不带火种、手机。

(3)备好合格有效的量油尺、密度计、温度计、试水膏等计量器具。

(4)检查工具、灯具及器材符合防爆要求，严禁携带化纤棉纱。

(5)检查附近无明火作业、临时用电、检维修作业等。

(6)雷雨大风天气禁止作业。

2. 消除静电

上栈桥前用手直接触摸扶梯处的人体导静电装置消除人体静电。

3. 核对数据

(1)认真抄写车号、表号，检查并登记铅封号。

(2)逐车核对车号、品种、铅封。

4. 槽车测量

(1)作业前检查翻梯、槽车设施完好，放置翻梯要轻缓，严禁攀爬、跳跃槽车，槽车有油污或积雪时应进行防滑处理。

(2)稳油时间轻油不少于15min。

(3)旋松车盖螺栓，待罐内气压泄压后，开启槽车盖。

(4)作业时站在上风处，尽量避免油品与皮肤接触。

(5)在槽车施封处投尺，投尺时计量尺与槽车跨接，不准猛拉快提，上提速度不得大于0.5m/s，下落速度不得大于1m/s，读数要准确。

(6)作业中不准梳头，穿脱衣服，嬉笑打闹。

(7)按顺序逐车计量油高、水高、温度、密度首车必测，中间车每4个槽车测一个，采样时温度计应在槽车中部停留7~10min，测试后的油样应及时沿槽车口倒回。

(8)复核计量车数与实际车数相符。

5. 记录

记录有关测量数据。

6. 清理现场

计量完毕后，随手关闭槽车口，用棉纱擦拭油污，使用后的油棉纱及时回收。

7. 计算

(1)按《成品油计量管理标准》进行计算。

(2)复核计量数据准确后，认真填写《槽车计量单》。

(3)与电报进行核对，发现超耗派专人进行复核。

(4)如果超出误差，出具索赔资料。

(5)根据油品品种、数量确定储油罐、管线、阀门。

(6)填写接卸通知单。

三、油品化验取样分析

油品采样作业操作主要由准备工作、检查器具、释放静电、核对油品、开启操作、规范取样、清理现场等七个步骤组成。

（一）危害或潜在事件分析

1. 准备工作

作业人员未按规定着装，未穿戴必要的防护用品，携带火种，携带手机，无证作业，携带化纤棉纱，附近有明火作业，雷雨天气作业。

2. 检查器具

试样瓶不符合要求，取样器不清洁、渗漏，取样绳为化纤绳，使用非防爆灯具、工具。

3. 释放静电

进入现场前未进行人体放电。

4. 核对油品

未核对品种、车号、发地、罐号。

5. 开启操作

翻梯损坏、踩空或放置过猛，栏杆损坏，踏步不防滑，有积雪和油污未进行防滑处理，开启槽车盖时未放气或翻盖过猛。

6. 规范采样

油品未静止或时间不足取样，未站在上风处取，油蒸气中毒，穿脱拍打衣服，梳头和嬉笑打闹，违章攀爬、跳跃槽车，未按规定部位取样，所采试样没有代表性，未用被采试样冲洗采样器，未贴标签或标签内容不详，装卸油作业或付油罐装时取样。

7. 清理现场

未盖槽车盖或量油口，用汽油等易燃溶剂擦拭设备和油污，油样随意乱放、乱倒，油棉纱随意丢弃或堆放。

（二）油品取样作业操作指南

1. 准备工作

(1) 按规定着装、穿戴必要的防护用品。

(2)不准带火种、手机。

(3)不准无证上岗。

(4)严禁携带化纤棉纱。

(5)检查附近无明火作业、临时用电、检维修作业等；严禁机动车辆进入作业现场。

(6)雷雨大风天气禁止作业。

2. 检查器具

(1)备好洁净干燥的取样瓶，合格的取样器。

(2)使用防爆工具、灯具及器材。

3. 释放静电

上栈桥(油罐)前用手直接接触摸扶梯处的人体导静电装置消除人体静电。

4. 核对油品

核对车号、品种、发地、油罐号。

5. 开启操作

(1)作业前检查翻梯、槽车设施、栏杆、踏步完好有效，放置翻梯要缓慢，槽车、油罐油污或积雪时应进行防滑处理。

(2)开盖时应先旋松螺栓，待罐内气体放净后，开启罐盖，动作轻缓，不准撞击。

6. 规范采样

(1)采样时站在上风处，尽量避免油品与皮肤接触。

(2)采样中不准梳头、穿脱衣服、严禁攀爬、跳跃槽车。

(3)严格按要求进行采样，采样器应被采试样冲洗至少 3 次，同时要做到：

①槽车采样在油品深度 1/2 处进行；

②卧式油罐采样在油品深度 1/2 处进行；

③立式油罐采样按比例合并上部样、中部样和下部样；

④出库油样应在油罐的出口液面处采集；

⑤所采试样量应不超过试样瓶的 3/4 处，不能过多过少，及时盖好瓶盖，密封油样，贴好标签。

(4)严禁装卸油作业、付油灌装时采样。

7. 清理现场

(1)采样后及时关闭槽车盖。

(2)清理现场油污，不得用汽油擦拭取样设备、油罐，使用后的油棉纱及时回收。

(3)将油样放在油样间。

四、油品化验分析作业

油品化验分析操作主要由准备工作、核对油品、检查仪器、选择试剂、操作、仪器复位、填写报告等七个步骤组成。

(一)危险或潜在事件分析

1. 准备工作

着装不符合要求，未穿戴防护用品，无证人员上岗操作，计量器具未检定和不合格的计量器具，化验器具不干净、有裂痕，无通风设施或失灵、油气聚集，油样储量过多，油蒸气浓度大，消防器材配备不足或失效。

2. 核对油品

样品标示不清、没核对油品、样品量不满足试验用量。

3. 检查仪器

仪器漏电、没有接地保护，液化气源接头、胶管处泄漏，仪器未进行定期检验。

4. 选择试剂

无药品、试剂、溶液或失效，没有产品标准，有毒、有害药品泄漏未及时处理或处理方法错误、操作人员皮肤破裂，接触有毒物，毒品出入库手续不健全，毒品柜未设立双锁管理。

5. 操作

仪器安装不正确，称量或量取试样不准，蒸馏油品时不密封；加热速度过快；点燃煤气程序不对；私自减少化验项目；用湿布擦拭电气设备；有毒有害气体操作不在排风柜内；直接嗅到有毒液体；操作时擅离职守；设备预热时人员不在位；油样未进行预处理；试剂容器破裂，烧伤、烫伤皮肤；明火加热时附近有易燃物；油品、电气动力设备超过允许温度；湿手分、开合开关或接触电气设备。

6. 仪器复位

未及时切断电源，未及时关闭气瓶，废油或废液回收不及时或乱倒乱盛，用汽油擦拭电气设备，作业完毕后不及时洗手、清洗器具。

7. 填写报告

不按规定填写记录，停水、停电未及时关闭设备，计算结果不准，化验报告单填写不认真或弄虚作假。

（二）油品检验作业操作指南

1. 准备工作

(1)按规定着装。

(2)不准戴手表、戒指等其他饰品；不准带火种、手机。

(3)不准无证上岗。

(4)使用检定合格的计量器具；所用器具要干净干燥、无破损。

(5)通风设备正常、室内无油气聚集。

(6)消防器材有效到位。

(7)检查作业环境具备和符合安全作业条件。

2. 核对油品

核对所需油品，确认标示清晰完整、样品量满足使用要求。

3. 检查仪器

(1)检查化验仪器、电源、水源、液化气源处于正常状态。

(2)仪器按规定定期进行检定。

4. 选择试剂

(1)准备好合格有效的药品、试剂、溶液。

(2)有毒有害药品无渗漏、毒品出入库手续齐全。

5. 操作

(1)按试验方法正确地操作，正确的安装仪器。

(2)有毒有害气体的操作应在通风橱内进行，不能直接嗅别油品的气味。

(3)坚守岗位，严密监视仪器、仪表等数据的变化，不许超过额定电压、电流。

(4)作业时不能用湿手分、合开关。

(5)明火作业时周围无易燃易爆物。

6. 仪器复位

(1)关闭仪器上的电源、水源、液化气源，化验用后的废油或废液要及时回收，不准乱盛乱倒。

(2)清洗用过的玻璃器具，擦拭仪器，上好防尘罩，收好油样。

(3)清理现场，搞好卫生。

7. 填写报告

(1)准备好原始记录登记本。

(2)依照标准，对照化验仪器读出有关数据，做好原始记录。

(3)检测中发生停水、停电或其他事故时，立即切断电源、水源、原检验数据作废，待条件恢复正常后重新测试。

(4)对照标准，判断油品检验结果，填写油品检验报告单。

(5)对有疑义的结果，必须做到三级检查(即自查、互查、负责人检查)，并重新复核。

(6)对不合格油品，要及时报告领导，认真分析原因，确保质量的责任方及责任人，写出分析报告及书面处理建议。

五、铁路油品接卸作业

铁路油品接卸作业操作主要由槽车进库、油品检验、卸油准备、槽车计量、卸油作业、扫舱作业和卸槽结束等七个步骤组成。

(一)危害或潜在事件分析

1. 槽车进库

(1)未检查库内铁路线上有无障碍物。

(2)槽车速度过快，燃煤机车未加隔车。

(3)未加挡车器。

(4)未打开防溜脱轨器。

(5)槽车未进行检查。

(6)没有核对罐车车号、数量、型号。

2. 油品检验

(1)没有按照规定进行取样，造成检验结果失真。

(2)化验结果出错。

3. 卸油准备

(1)作业通知单错误。

(2)开错阀门，流程导通错误。

(3)未复核油品品种、车号、作业指令、工艺流程。

4. 槽车计量

(1)人体未放静电，携带非防爆工具。

(2)数量不准确。

(3)油品质量检验有误。

5. 卸油作业

(1)电压、电流大，补偿器不倒相，电机缺相，电机温度高，压力表、真空表损坏。

(2)作业过程中人员脱岗。

(3)未监视压力仪表数据和机泵运行状况。

6. 扫舱作业

(1)油泵漏油。

(2)闸门开错。

(3)油品未卸净。

7. 卸槽结束

(1)油罐车盖、扫舱管、踏梯、阀门等设备没有复位。

(2)未清理现场的工具。

(3)未切断电源。

(二)铁路油品接卸作业操作指南

1. 槽车进库

(1)门卫打开铁路大门，检查库内铁路线上有无障碍物。

(2)注意槽车速度，燃煤机车加隔车。

(3)槽车推进到与鹤管操作相对方便的位置，如果是双侧专用线，推完一侧油罐车再推另一侧；

(4)加挡车器，放在车轮朝向铁路大门的一侧，或朝向下坡方向。

(5)打开防溜脱轨器。打开防溜脱轨器，关闭铁路大门。

(6)罐车入库检查 。

(7)核对罐车车号、数量、型号、容积表。

(8)雷雨大风天气禁止作业。

2. 油品检验

(1)取样　首、尾车取样，中间每五车随机取样配成混合样，外采油品每车取样。

(2)质检　送质检站或化验室质检，等候化验结果。

3. 槽车计量

(1)测量油高，全部油罐车都要测量油高。

(2)测量水高。

(3)测量温度。

(4)取样测密度。

(5)计算来油量，与应发量比对，计算损溢；如果油品超耗要复核计量，确认无误后要及时出具索赔资料。

(6)化验结果是接收油品的重要依据，必须检验合格后才能卸油。

(7)根据油罐运行情况，拟定作业方案。

4. 卸油准备

(1)开具作业通知单。油品质检合格、数量准确后，仓储部门根据各环节情况开具作业通知单，通知接卸人员准备卸油作业。

(2)放下踏梯，打开罐盖，放下鹤管。

(3)开通相关阀门，导通流程。

(4)复核工艺、设备。

5. 卸油作业

(1)卸油人员通知电工送电，电工按规定及时供电。

(2)司泵工开泵卸油。

(3)监控监护、巡检:

①作业过程中严密监视压力仪表数据和机泵运行状况;

②要定时巡检;

③控制卸油进程，带潜油泵的鹤管卸油时要注意非作业鹤管管线阀门必须关紧;

④停卸油泵，鹤管复位。

6. 扫舱作业

(1)启扫舱泵。

(2)确认扫舱结束，停扫舱泵。逐车检查扫舱情况，确保每节油罐车都已经卸油并已经卸完。

(3)填写相关记录。

7. 卸油结束

(1)设备复位。油罐车盖、扫舱管、踏梯、阀门等设备复位。

(2)清理现场的工具，擦净场地。

(3)罐车出库准备。调度通知铁路部门牵引罐车出库，通知门卫打开铁路大门，撤铁鞋并放下防溜脱轨器。

(4)罐车出库。机车牵引油罐车出库，关闭大门。

六、油罐计量作业

油罐计量作业操作主要由作业准备、测量油高、测量水高、测量油温、油品取样、测量密度、计算记录等七个步骤组成。

(一)危害或潜在事件分析

1. 作业准备

(1)未按规定着装、携带火种、携带手机。

(2)无证作业。

(3)人体未进行静电导除。

(4)雷雨大风天气进行计量。

2. 测量油高

(1)使用非防爆灯具、器材。

(2)计量器具未检定或使用不合格的计量器具，使用化纤棉纱。

(3)量油口开启不规范、未站在上风处。

(4)作业时量油尺未夹静电接地夹、量油尺未与量油口跨接或不在导尺槽中。

(5)下尺速度过快，猛拉快提；进出油品时计量。

3. 测量水高

(1)使用非防爆灯具、器材。

(2)使用化纤棉纱。

4. 测量油温

(1)使用非防爆灯具、器材。

(2)计量器具未检定和使用不合格的计量器具。

(3)使用化纤棉纱。

5. 油品取样

(1)使用化纤采样绳。

(2)取样瓶放置倾斜倒洒。

(3)油样回收时未沿导向管壁倾倒。

(4)计量完毕后未及时关闭量油口，拧紧螺栓。清理油污及计量器材，回收棉纱。

6. 测量密度

(1)温度计、密度计损坏或超鉴定期。

(2)油样随意倾倒。

7. 计算记录

(1)油品计算错误。

(2)未保存原始记录。

(3)未及时记录油罐分户账。

(二)油罐计量作业操作指南

1. 作业准备

(1)按规定着装。

(2)不带火种、手机。

(3)备好合格有效的量油尺、密度计、温度计、试水膏等计量器具。

(4)检查工具、灯具及器材符合防爆要求，严禁携带化纤棉纱。

(5)确认作业条件，雷雨大风天气禁止作业。

2. 测量油高

(1)作业前复核油罐号、油品品种，关闭进出口阀门，待油品静置后方可进行计量作业，油品静置时间：卧式油罐为30min；对于立式金属罐，轻油收油后液面稳定2h，付油后液面稳定30min。重质黏油收油后液面稳定4h，付油后液面稳定2h。

(2)作业前用手直接触摸扶梯的人体导电装置，导除人体静电，不准戴手套触摸。

(3)上罐要轻缓，待呼吸正常后再计量。

(4)计量时站在上风方向，开启量油口盖动作要轻、稳。

(5)量油尺一端要与静电接地线跨接，一端要和油罐连接，延导尺槽操作。

(6)操作时不得猛拉快提，上提速度不得大于0.5m/s，下落速度不得大于1m/s。

(7)若尺带油痕不明显，可在油痕附近的尺带上涂试油膏。连续测量2次，读数误差不大于1mm，取第一次的读数，超过时应重新检尺。

3. 测量水高

(1)将量水尺擦净，在估计水位的高度上，均匀地涂上一层薄薄的试水膏，然后将量水尺在容器计量口的指定下尺槽降落到容器内，直至轻轻地接触罐底。

(2)应保持水尺垂直，停留5～30s后，将量水尺提起，在试水膏变色处读数，即为容器内底水高度。

(3)当容器内底水高度超过300mm时，可以用量油尺代替量水尺。

4. 测量油温

(1)测量容器内油品液面高度后，应立即测量油温。

(2)按照规定在液面下1/2处测量温度，选择一支合格的适合容器内油品温度范围的全浸水银温度计放入杯盒中，盒子的容量至少为100mL，充溢式盒的容量至少为200mL。

(3)最少浸没时间为5min。

(4)读数要迅速准确，及时记录。

(5)杯盒温度计的提拉绳应采用不产生火花的材料制成的绳和链。

5. 油品取样

(1)取样时，首先用待取样的油品冲洗取样器一次，再按照取样规定的部位、比例和上、中下的次序取样。

(2)试样容器应有足够的容量，取样结束时至少留有10%的无油空间。

(3)试样取回后，应分装在两个清洁干燥的瓶子里密封好，供试样分析和提供仲裁使用。贴好标签，注明取样地点、容器(罐)号、日期、油品名称、牌号和试样类型等。

(4)取样完毕后及时关闭量油口，拧紧螺栓。清理油污及计量器材，回收棉纱。

6. 测量密度

(1)选择合适的密度计。

(2)将密度计、温度计放入油样。

(3)读取数据。

(4)回收油样。

7. 计算记录

(1)计算油品质量。

(2)记录油罐分户账，每次计量都要做出完整记录。

(3)按分户账的动态情况，填报《进出油品库存日报表》。

七、公路付油作业

公路付油作业操作主要由检查登记、验单核对、装车准备、发油作业、过程监控、发油结束和罐车出库七个步骤组成。

(一)危害或潜在事件分析

1. 检查登记

证件不全、疲劳驾驶、着装不规范、携带火种、携带手机、无人检查、车辆超速、未戴防火帽、防火帽不合格、接地线未与地面跨接、阀门未关闭、汽车电气线路老化、漏电、雷雨天气、动火作业、消防器材配备不足。

2. 验单核对

司机不服从指挥，车辆超速行驶，无引导人员，引导失误，货位标识不清，路面太滑，积雪未清理，路标不明，现场修车，洗车。

票据字迹印章不清、数量不准，出现假票，未履行验票手续，验票不准，输入数据错误。

3. 装车准备

未接地线、地线失灵、罐车前未放置作业状态牌、罐车车轮未放置车挡、防爆电器密封不严、未检查核对铅封。

4. 发油作业

鹤管未插入底部、未接防溢装置或防溢装置失灵、微机失灵、流量表失灵。

5. 过程监控

阀门、管道产生漏油没有发现，司机现场修理车辆，罐车冒油。

6. 发油结束

鹤管未拔出、未取下静电接地夹、踏步梯未复位、车挡没有取走、作业状态牌没有复位、罐车盖未关闭。

7. 罐车出库

未收回出门票、未收回防火帽。

（二）公路付油作业操作指南

1. 检查登记

入库前由门卫对司机和油罐车车辆进行检查，对不符合安全规定的严禁入库。

（1）按规定着装。

（2）不准带火种。

（3）不准带手机。

（4）车况完好，容器无渗漏。

（5）导静电拖带完好有效。

(6)配戴合格有效的防火帽。

(7)配备齐全有效的消防器材。

(8)雷雨大风天气车辆禁止入库作业。

2. 验单核对

确认以下提油信息并录入油品品名、油品数量、铅封数量、仓位现状、送站名称。

(1)核对证件　核对提油车辆相关证件。

(2)刷卡　输入密码，禁止验卡员代替司运人员输入密码。

(3)验卡操作　核对提油卡信息。

①防止车辆超载，验卡前核对行驶证核定载质量，特别是多仓车，要注意各个仓的差异。

②要完整录入车辆牌照号。

③打印付油清单。

④单据签字。在付油清单指定位置处签字。

⑤递交单据。递交司运人员签字。

⑥交还卡、单据。验卡流程结束，留下第一联单据，双手交还提油卡及单据。使用文明用语，提示司运人员到指定货位提油。

⑦刷卡入库。司运人员领取付油清单，到门禁系统刷卡，确认信息。门禁系统自动核对信息，正确后抬杆放行。

3. 装车准备

(1)引导车辆按规定的路线行驶，停靠在指定的货位上。

(2)入库车辆必须按规定的路线低速行驶，保持5km/h的车速。

(3)司机不得远离车辆，严禁在现场修车或擦车。

(4)车钥匙放在指定位置。

(5)放置车挡和作业状态牌。

(6)将静电接地线与罐车固定接地点连接并确认。

(7)铅封核对。检查反向铅封单所提油品是否与本次提油品种相同，品种不符，禁止发油。符合规定则剪断铅封，把废铅封放到专用容器中。

4. 发油作业

(1)检查罐车容器内无余油、罐车底阀关闭。

(2)上发油台前要消除人体静电。

(3)扣好安全带。

(4)连接装油油路。

①上装形式：先缓插鹤管至底部，垂直插入后略抬，鹤管距底部不能大于200mm，再锁定鹤管限位器。最后放好防溢油器，防溢油探头底部离装油标尺20～30mm。

②下装形式：连接油气回收管线和输油管，确认仓位，打开阀门。

(5)核对品种、数量、油位等信息，按键发油。

(6)操作时严禁穿脱衣服、梳头等。

5. 过程监控

(1)司运人员及发货员不得远离油罐车。

(2)检查鹤管、阀门、管线连接等是否泄漏。

(3)监视流量表的运行情况。

(4)监视车体及底阀是否泄漏。

(5)检查作业现场安全。

(6)出现异常情况及时处理。

6. 发油结束

(1)关阀停泵或联系泵房停泵。

(2)鹤管复位。上装鹤管要打开排空阀，缓慢抽取鹤管。

(3)施加铅封。

(4)踏梯复位(上装)。

(5)收静电接地夹。封好罐车口盖后2min后撤除静电线。

(6)拿开车挡，作业状态牌复位。

(7)填写相关记录。发货记录、铅封使用记录。

7. 罐车出库

(1)引导车辆驶离货位。

(2)门卫收出门票，检查付油车辆，收回防火帽做好登记。

八、水路收油作业

水路收油作业操作主要由靠泊准备、靠泊操作、收油准备、开泵收油、过程监控、计量验收、复位离港七个步骤组成。

(一)危害或潜在事件分析

1. 靠泊准备

(1)作业时未穿戴好安全帽、救生衣等安全劳保用品。

(2)没有核实油轮的吨位、装卸油品品种。

2. 靠泊操作

(1)未对有关管线、阀门、仪表、静电接地线及输油设备进行检查。

(2)没有插好靠船指示标志。

(3)油轮靠船速度过快，超过0.25m/s。

(4)没有配合船方搭好登船梯。

(5)没有有效连接静电接地线。

(6)没有落实围油设施、灭火器材。

3. 收油准备

(1)在非量油孔计量。

(2)使用尼龙量油绳。

4. 开泵收油

(1)阀门开启错误。

(2)油罐膨胀阀未关闭。

5. 过程监控

(1)监视不到位，油船起伏超过输油臂允许摆动范围。

(2)未做好监视、巡检和记录。

6. 计量验收

没有确认收油数量。

7. 复位离港

(1)输油臂收回时，操作人员没有避开内外臂垂直下落的位置，发生意外。

（2）解缆时未注意缆绳惯性，碰触人员落水。

（二）水路收油作业操作指南

1. 靠泊准备

（1）接调度指令，核对船名、油品、数量及时间。

（2）办理港务/海事申报手续。

（3）拟定收油流程及检查有关设备设施状态。

2. 靠泊操作

（1）准备好工具，进入码头待油船靠泊。

（2）系缆、架梯，落实围油设施、灭火器材。

（3）插好靠船指示标志，使油轮对准输油臂装卸油位置；油轮靠船速度不得超过0.25m/s；让出船方抛绳位置，待绳头抛至码头后，根据船方和系缆绳的要求系缆；设置围油栏。

（4）连接静电接地设施；检查有关管线、阀门、仪表、静电接地线及输油设备是否完好等。

（5）连接输油臂/胶管；当油轮在码头停靠并系好缆绳后，最少应有2个人同时操作手动输油臂与油轮对接。当风速大于48m/s时，应用螺栓固定输油臂。

（6）检查设备设施的安全技术状况，双方签名确认。

3. 收油准备

（1）库船双方共同计量收油罐。上罐前消除人体静电。量油高、水高、油温及密度。

（2）对油轮舱及收油工艺进行检查、确认。

（3）双方确认流量计读数。

4. 开泵收油

（1）复核流程，签发作业通知单。

（2）关闭膨胀阀，开启输油阀，开泵收油。

5. 过程监控

做好监视、巡检和记录。

6. 计量验收

（1）收油完毕，双方确认收油数量。

(2)填写《油轮装(卸)舱容计量记录表》。

(3)核对数据，开具收油凭证。

7. 复位离港

(1)输油设施复位。油轮作业后，应先拆输油软管，后拆静电接地线。

(2)收回静电接地夹。

(3)拆除缆绳，附送化验单，协助油船离港，清理现场。

九、水路发油作业

水路发油作业操作主要由靠泊准备、靠泊操作、装船准备、开泵发油、过程监控、计量验收、复位离港七个步骤组成。

(一)危害或潜在事件分析

与水路收油类似，参见水路卸油作业。

(二)水路发油作业操作指南

1. 靠泊准备

(1)接调度指令，核对船名、油品、数量及时间。

(2)办理港务/海事申报手续。

(3)拟定发油流程及检查有关设备设施状态。

2. 靠泊操作

(1)作业时要穿戴好安全帽、救生衣等安全劳保用品；准备好工具，进入码头待油船靠泊。

(2)核对有关资料；核实油轮的吨位、装卸油品品种、待靠泊位。

(3)插好靠船指示标志，使油轮对准输油臂装卸油位置；油轮靠船速度不得超过0.25m/s；让出船方抛绳位置，待绳头抛至码头后，根据船方和系缆绳的要求系缆；设置围油栏。

(4)连接静电接地设施；检查有关管线、阀门、仪表、静电接地线及输油设备是否完好等准备工作。

(5)连接输油臂/胶管；当油轮在码头停靠并系好缆绳后，最少应有2个人同时操作手动输油臂与油轮对接。当风速大于48m/s时，应用螺栓固定输油臂。

(6)检查设备设施的安全技术状况，双方签名确认。

3. 装船准备

(1)库船双方共同计量发油罐。上罐前消除人体静电。量油高、水高、油温、密度。

(2)对油轮舱及发油工艺进行检查、确认。

(3)双方确认流量计读数。

4. 开泵发油

(1)复核流程，签发作业通知单。

(2)关闭膨胀阀，开启输油阀，开泵发油。

5. 过程监控

做好监视、巡检和记录。

6. 计量验收

(1)发油完毕，双方确认发油数量。

(2)填写《油轮装(卸)舱容计量记录表》。

(3)核对数据，开具出库凭证。

7. 复位离港

(1)输油设施复位。

(2)收回静电接地夹。

(3)拆除缆绳，附送化验单，协助油船离港，清理现场。

第二节 检维修作业

一、油罐检修作业

油罐检修作业主要由制定措施、器具准备、现场准备、检修作业、现场复位、检查确认、填写记录七个步骤组成。

(一)危害或潜在事件分析

1. 制定措施

未按检修计划实施，未经上级部门审批、未与相关部门协调，未办理相关作业票证。

2. 器具准备

不按规定着装，携带化纤棉纱，携带火种，携带手机，携带非防爆灯具、工具。

3. 现场准备

未与相关部门协调，未封堵相关阀门、管线，不按规程拆除阀门、管线、电气、仪表等线路，未切断电源；消防器材不到位或失效。

4. 检修作业

安全员不在场；未进行强制通风；未设置围挡、警戒线和警示灯；动火未进行油气浓度检测；入罐使用呼吸器不符合要求；未检查底板厚度、未测试罐壁厚度、未对内浮盘进行检查、未对防静电导线进行检测、未对设备进行试压。

5. 现场复位

人孔、阀门等没有复位，修理临时设备未拆除，罐内遗留工具未清理。

6. 检查确认

相关部门未验收，未对检修油罐进行检查确认。

7. 检修收尾

现场工具、器材未清理，未清理现场油污、杂物，未填写设备检修记录。

(二)油罐检修作业操作指南

1. 制定措施

(1)制定检修方案和防护措施。

(2)办理相关作业票证。

2. 器具准备

(1)按规定着装。

(2)准备好技术资料图纸。

(3)准备好油气浓度测试仪、测厚仪、静电测试仪等。

(4)准备好防爆工具、灯具。

3. 现场准备

(1)断电、悬挂警示标志。

(2)消防器材布置到位。

(3)切断和封堵相关闸门、管线。

(4)对拆开的管线采取打盲板隔离，拆开的电气、仪表线路采用临时保护措施。

(5)开挖管线设置围挡。

4. 检修作业

(1)现场安全责任人、作业安全员跟班作业。

(2)登高检修人员必须进行有效的保护，安全绳、安全带符合要求，做到一人作业、一人监护。

(3)进罐检修人员，在油气浓度测试合格后方可进入，检查油罐罐体无渗漏，测试钢板厚度、静电接地装置，检查维护进出口阀门、排污阀、内浮盘等。

(4)当发现油罐底板与圈板的焊缝有裂纹和渗漏时，进行动火维修处理。

(5)恢复调试设备，对检修后的进出油阀门、排污阀、消防设施进行耐压试验，对验收不合格的设备要进行复检。

5. 现场复位

(1)对开启的人孔、光孔、呼吸阀等附件进行复位。

(2)连接工艺管线、消防管线、仪表控制线、防雷防静电接地线。

(3)相关线路和仪表复位。

6. 检查确认

(1)设备管理人员和相关班组进行检查、检测和油罐试运行。

(2)确认符合技术要求后签字。

7. 检修收尾

清理现场、整理工具，做好设备检修记录。

二、输油管线检修作业

输油管线检修作业主要由制定措施、器具准备、现场准备、检修作业、现场复位、检查确认、填写记录七个步骤组成。

(一)危害或潜在事件分析

1. 制定措施

未按检修计划实施，未办理相关作业票证。

2. 器具准备

不按规定着装，携带化纤绵纱，携带火种，携带手机，携带非防爆灯具、工具。

3. 现场准备

未与相关部门协调，未抽空相关管线，未封堵相关阀门、管线，不按规程拆除阀门、管线，未切断有关电源，消防器材不到位或失效。

4. 检修作业

安全员不在场，管沟作业时未进行强制通风，开挖地埋管线后未设置围挡、警戒线和警示灯，未检查修复防腐层，未测试管壁厚度，未进行防静电跨接，动焊时管线未进行清洗、吹扫，在装满油品的管件上焊接，静电接地未测试。

5. 现场复位

管线未进行试压，开挖处未及时回填，设备未拆除，工具未清理，大修后管线未吹扫、防腐。

6. 检查确认

相关部门未验收，未对检修管道进行检查确认。

7. 检修收尾

现场工具、器材未清理，未清理现场油污、杂物，未填写设备检修记录。

(二)输油管线检修作业操作指南

1. 制定措施

(1)制定检修方案和防护措施。

(2)办理相关作业票证。

2. 器具准备

(1)按规定着装。

(2)准备好技术资料图纸。

(3)准备好油气浓度测试仪、测厚仪、静电测试仪等。

(4)准备好防爆工具、灯具。

3. 现场准备

(1)断电、悬挂警示标志。

(2)消防器材布置到位。

(3)切断和封堵相关闸门、管线。

(4)对拆开的线路采取临时保护措施。

(5)开挖管线设置围挡。

4. 检修作业

(1)拆分时采用专用工具，并做好拆分标记，严禁敲击设备。

(2)对拆分后的各部件检查测试，确认零部件的技术状况，对不符合要求或损坏的零部件进行检修或更换。

(3)装配前对各部件进行清洗、吹扫，保持机件清洁，严禁用汽油清洗机件。

(4)测试管线的厚度，其局部探伤超过1.5mm时，应进行检修或更换管线。

(5)大修后的管线，要进行强度水压试验和严密性试验。

(6)按规定对管线进行防腐，根据油品的种类对管线进行标色、标号，明确管线的走向、位置。

5. 现场复位

(1)按工艺进行管线连接。

(2)相关线路和仪表复位。

6. 检查确认

(1)设备管理人员和相关班组进行检查、检测和管线试运行。

(2)确认符合技术要求后签字。

7. 检修收尾

(1)埋地管线回填土方，恢复设备原有状态。

(2)清理现场，整理工具，做好设备检修记录。

三、油泵检修作业

油泵检修作业主要由制定措施、器具准备、现场准备、检修作业、现场复位、检查确认、填写记录七个步骤组成。

(一)危害或潜在事件分析

1. 制定措施

未按检修计划实施，未办理相关作业票证。

2. 器具准备

不按规定着装，携带化纤棉纱，携带火种，携带手机，携带非防爆灯具、工具。

3. 现场准备

未抽空相关管线，未封堵相关阀门、管线，不按规程拆除阀门、管线，未切断电源，消防器材不到位或失效。

4. 检修作业

不按标准检修设备，用汽油清洗工具、配件，检修后未调试、调试后未安装复位，未对油泵各部位进行紧固、上油等，拆卸时未使用专用工具，未对设备进行各部位的功能检测，未用仪器、仪表对设备状况进行技术检测。

5. 现场复位

阀门、法兰未复位，电力线路和仪表未复位。

6. 检查确认

相关部门未验收，维修组长未对检修油泵进行检查确认。

7. 检修收尾

现场工具、器材未清理，未清理现场油污、杂物，未填写设备检修记录。

(二)油泵检修作业操作指南

1. 制定措施

(1)制定检修方案和防护措施。

(2)办理相关作业票证。

2. 器具准备

(1)按规定着装。

(2)准备好技术资料图纸。

(3)准备好工具、灯具。

3. 现场准备

(1)断电、悬挂警示标志。

(2)消防器材布置到位。

(3)抽空泵体、管线内部的油品，封堵管线的进出口阀门。

(4)对拆开的用电线路采取保护措施。

(5)大修时拆回车间进行。

4. 检修作业

(1)拆分时采用专用工具，并做好拆分标记，严禁敲击设备。

(2)对拆分后的各部件检查测试，确认零部件的技术状况，对不符合要求或损坏的零部件进行检修或更换。

(3)装配前对各部件进行清洗、吹扫，保持机件清洁，严禁用汽油清洗机件。

(4)按照技术要求对机件进行技术标定和测试，按拆分顺序和技术要求进行安装，并对转动部位进行润滑保护，保证密封良好，各部位紧固。

(5)对安装后的油泵进行调试检查，间隙、间距符合标准要求，机械性能符合作业要求。

(6)与动力设备组装调试，联轴器、同心度、地角螺栓等部件均符合技术要求。

5. 现场复位

(1)与油泵进出口管线进行连接，检查泵机与管线无渗漏。

(2)电力线路和仪表复位。

6. 检查确认

设备使用班组与维护人员对油泵进行试泵验收，确认符合技术要求后签字。

7. 检修收尾

清理现场、整理工具，做好设备检修记录。

四、清罐作业

清罐作业主要由作业准备、排出底油、油气排除、油气检测、进罐准备、进罐清洗、验收复位七个步骤组成。

(一)危害或潜在事件分析

1. 作业准备

没有计划方案、方案不完善、组织机构不健全、没有安全教育、分工不明确、无应急预案、无防范措施、未签订安全协议书。

2. 排出底油

罐内油品未抽净，计量不准确，复核检查不认真，抽油胶管无静电保护，使用非防爆电气设备，无用电票手续，未切断阀门，未堵封相邻的管线，不按指令拆卸人孔、管线，不使用防爆工具、灯具，不按规定着装，携带手机、火种。

3. 油气排除

未开罐顶上部光孔、量油孔，卸下呼吸阀和油罐下部人孔等；未设置“危险！严禁入内”警告牌；机械通风时，风筒和风机未接地。

4. 油气检测

没有办理进入受限空间作业许可证，签发人员未到现场复核，现场监护人员未按作业条件复核签字，许可证超期，油气浓度测试部位不准确，不是专业人员测试油蒸气，测试仪器失灵，通风时间不足，未检测罐内氧气含量。

5. 进罐准备

作业场所未设置安全栅栏或界标，班组安全员不在现场监护；进罐作业人员未穿戴好劳动防护服，未戴好防毒面具，不符合健康条件者进罐作业；没有复核作业许可证，未检查作业工具、应急救护器具和灭火器材。

6. 进罐清洗

进罐人员未戴防毒面具和呼吸器、防毒面具，呼吸器失效；未进行人体放电；照明灯具不防爆、安全电压超过12V；作业人员不符合健康条件；人员轮换不及时，超时作业；安全员、监督员未巡视检查；清洗的污物没有集中处理，随意排放和抛弃；高空作业时，作业人员没有系好安全带；进出罐人员无登记、清点、记录。

7. 清罐验收

清洁度不符合要求，底板、圈板未测厚；浮盘密封圈不严密、浮盘密封圈损坏、浮盘静电接地未测试、浮盘倾斜变形、浮盘支架不牢固；人孔未安装、人孔盖螺丝未紧固、人孔垫未更换、排污阀未关闭、进出口闸门未安装好、油罐与管线未连接；现场油污、杂物未清理，档案资料未及时整理。

（二）清罐作业操作指南

1. 作业准备

（1）根据油罐清洗周期和检修要求制定油罐清洗计划和作业方案。

（2）成立由工务、设备、仓储、安全保卫、消防等部门参加的清罐工作领导小组，做到统一指挥、统一领导。

（3）明确现场安全监督、消防管理、数据测试、清罐作业等工作人员的职能，做到分工明确、责任到人。

（4）对作业人员进行安全和有关操作技术的岗前教育，经考核合格。

（5）建立油罐应急预案及安全防范措施。

（6）与承包商签订安全协议书。

2. 排出底油

通过计量，确定罐内油品的数量，按照正常的输送流程将罐内剩余油品流尽，直到液位低于输油管出口为止。底油可用两种方法排出。垫水法：利用油与水的不相容性，向罐底注入一定量的水，以抬高液位，便于输出。机械抽吸法：利用泵和管道，直接从罐内抽吸底油。

（1）按规定着装，不准带火种、手机。雷雨大风天气严禁作业。

（2）计量油罐底油数量，输转或发油至输油管出口以下。

（3）设置警戒区（一般罐壁四周 35m 范围为警戒区）、警戒线、警戒标志。

(4)断开相连管线加盲板，并悬挂标识。

(5)断开相连导线。

(6)采用机械抽吸排出底油：

①办理临时用电、用火作业许可证；

②通过排污阀自流排油，直至油不再排出为止；

③将带静电导出线的胶管由油罐低位人孔(或管线)插入罐底，用真空泵抽吸底油，放至放空罐或油桶内。真空泵和电气开关放置在防火堤外。

3. 油气排出

油气排出方法有：通风驱除油气和充水驱除油气。通风又有自然通风和机械通风两种。充水驱除油气一般适用于容积较小的油罐，并有配套的含油污水处理装置。

(1)排出油气一般采用自然通风时间10天以上，机械通风时间24h以上。

(2)通风前，打开罐顶上上部光孔、量油孔，卸下呼吸阀和油罐下部人孔等。

(3)油罐人孔、上罐入口处设置“危险！严禁入内”警告牌。

(4)机械通风时，以风筒连接风机与油罐下部人孔。

(5)开启风机，采用正压通风。进行间歇式通风。

4. 油气检测

气体检测应沿油罐圆周方向进行，选择易于聚集油气的低洼部位和死角。

(1)检查人或执行人逐项对照作业防护措施，确认作业条件，办理进入受限空间作业许可证。

(2)准备好医疗急救用品，配备消防器材，消防员现场监护。

(3)使用规格型号相同的两台以上仪器进行油气浓度测试。

(4)防爆照明灯具电压不超过12V。

(5)由专业人员测试油气浓度，油罐内测试点不少于三点，测试点距地面为0.3m左右；对油罐防火堤内低洼处可能存留油品蒸气的地方进行检测；油气浓度小于0.2%，即汽油爆炸下限的20%。

(6)检测罐内氧气含量，氧含量在19.5%～23%之间。

5. 进罐准备

(1)作业场所设置安全栅栏或界标，班组安全员负责对现场进行监护，领导跟班作业。

(2)穿戴好劳动防护服，戴好防毒面具，不符合健康条件者严禁进罐作业。

(3)复核作业许可证，检查作业工具、应急救护器具和灭火器材。

6. 进罐清洗

(1)登记进罐人员及工具数量。

(2)作业人员腰部系救生信号绳索，绳子末端留在罐外。

(3)作业人员佩戴隔离式呼吸器具进罐作业时，不超过30min。

(4)作业期间每隔4h，对油气浓度进行一次检测。

(5)将锯末或白灰撒入罐底后，用铜铲或竹扫帚进行清扫，将清罐污物运往指定地点进行处理，也可在控制条件下烧掉。

(6)清点人员、工具，检查罐内无遗留物，及时拆除电气设备，撤离作业现场，做好作业记录。

7. 验收复位

(1)检查测试油罐底板、圈板的厚度，检查浮盘密封圈严密，测试静电接地良好，其他附件符合技术要求。

(2)验收合格后，立即封闭人孔、光孔等处，连接好相关管线，恢复油罐原来的技术状态。

(3)油罐清洗完毕后，应由清罐工作领导组会同有关领导及设备管理(维修)人员共同对清罐工作质量进行签字验收，整理竣工验收报告存入设备档案中。

五、防腐作业

防腐作业主要由组织领导、防腐前准备、防腐作业和作业完毕四个步骤组成。

(一)危害或潜在事件分析

1. 组织领导

无计划方案、方案不完善、组织机构不健全、没有安全教育、分工不明确、无应急预案、未签订安全协议书。

2. 防腐前准备

内防腐时罐内油品未抽净、油气浓度太大、未测试油气浓度；携带非防爆工具、灯具，灯具未使用安全电压；未办理临时用电手续、未按规定着装、携带火种、携带通信工具；未办理进罐作业票、未办理高处作业票；油罐未进行强制通风；恶劣天气下高空作业，未穿戴劳动防护用品，高处作业未架设安全网和脚手架、消防器材不到位。

3. 防腐作业

作业现场无警示标志；油泥未清理干净、铁锈未除尽；安全监护人不到位或脱岗、领导违章指挥、无专职安全监督员；作业人员不符合健康条件、人体未进行放电、进罐作业人员未戴防毒面具和呼吸器；内防腐涂层过厚，超过2mm；高处作业未系安全绳和戴安全帽、高处作业未使用作业袋、上下抛掷物件、梯子缺档垫、两人在梯子上同时作业，用绳子绑在腰上代替安全带；在罐内调配油漆、外防腐涂层不符合质量要求，涂色不标准。

4. 作业完毕

未清点作业人员，未清点作业工具，未清理作业现场，棉纱随意抛弃，未进行验收，罐内有遗留物，油漆、汽油随地乱倒，未填写相关作业记录。

(二)防腐作业操作指南

1. 组织领导

(1)根据设备维修计划和设备现状制订防腐计划和作业方案。

(2)成立防腐作业领导小组。

(3)制定现场安全监督、管理制度及应急预案，落实防范措施，做到分工明确，责任到人。

(4)作业前对作业人员进行安全教育，与承包商或作业人员签订安全协议书。

2. 防腐前准备

(1)按规定着装。

(2)不带火种、不带手机。

(3)严禁雷雨大风、恶劣天气作业。

(4)检查作业工具、灯具、安全带、脚手架符合安全技术要求。

(5)患有高血压、心脏病、贫血病以及其他不适于高处作业的人员，不得从事高处作业。

(6)现场安全负责人和执行人逐项对照作业票防护措施，检查确认作业条件后签字，办理进罐或登高作业手续。

(7)现场安全负责人、消防安全管理人员、跟班作业领导按时进入作业现场，外来施工队明确安全负责人。

3. 防腐作业

(1)登高作业人员按规定系好安全带、戴好安全帽、衣着要灵活、禁止穿硬底和带钉易滑的鞋，不准用断档或接长未捆扎牢的梯子作业。

(2)施工负责人员不得离开作业现场。

(3)进入罐内防腐前，先导除人体静电，戴好防毒面具和呼吸器，严禁在罐内用汽油调配油漆。

(4)作业现场设置警示标志，无关人员不准进入作业现场，施工人员不得乱动设备。

4. 作业完毕

(1)清点人员工具，检查罐内无遗留物，清理作业现场，拆除登高作业设备。

(2)防腐完毕后，应由防腐领导组会同安全技术人员对防腐质量进行验收。

(3) 整理验收报告和各种记录、存档管理。

六、发电机检修作业

发电机检修主要由准备工作、检修和检修收尾三个步骤组成。

(一)危害或潜在事件分析

1. 准备工作

未制订检修计划、不按检修计划实施、未办理检修作业票、不按规定着装、未断开网线电源开关、未准备测试仪表和工具。

2. 检修

拆分后各附件未做记号，部件损坏老化未更换，无接地装置或接地装置不合格，各附件未测试绝缘电阻或不合格，定子和转子的铁芯锈蚀、破裂、绝缘漆脱落，线圈开裂、起泡、绝缘层老化、安装时轴承未上油，安装时转子碰坏定子，未用洁净压缩空气吹扫转子、定子，各部件螺丝松动，电刷、滑环松动，电气仪表失灵或安装错误，线路、电盘开关接错，绕阻接地或区间短路、整流子或电刷冒火。

3. 检修收尾

未清理现场、工具未归位、未负载试车、未检查验收、未填写相关记录、发电机振动超过允许值、发电机温度超过允许值。

(二)发电机检修作业操作指南

1. 准备工作

(1)按设备运行状况和检修周期，制订检修计划，并办理检修作业票。

(2)按规定着装，穿戴好劳动保护用品，携带检修工具、测试仪表等器材。

(3)切断电源开关，对发电机进行验电，设置警示标志。

(4)现场作业负责人、监护人跟班作业。

2. 检修

(1)严格按设备技术要求进行拆分，并做好标记，操作时严禁敲击作业，对拆分后的部件认真检查测试，对不符合要求和损坏的零部件进行检修或更换。

(2)检查定子线圈、转子线圈、电机绕阻和电源引出线的可见部分无松散、碰伤、灼伤现象；检查转子绕组、轨道及绝缘；检查及清扫刷架、滑环引线，调整电刷压力，更换电刷打磨循环。

(3)检查接地装置、继电保护装置安装牢固可靠，电气连接正常，线缆无破损、老化、漏电情况，信号、仪表指示正常。

(4)检查机械部分转动灵活，润滑良好；冷却系统循环畅通，无渗漏，发电机与供电网之间的联锁保护装置齐全、有效。

(5)组装时用压缩空气对转子、定子及各部件进行吹扫，按顺序标记依次安装。

3. 检修收尾

(1)试运行电压保持在±5%范围内，频率保持在49~51Hz范围内，定子三相电流平衡。

(2)负载试车定子线圈绝缘温度不超过规定值，轴承温度不大于65℃，滑环整流子无火花运行，各部位无异常响声、振动，验收合格。

(3)清理现场作业工具、器材，整理检修记录和试验记录，将运行记录、设备卡片等技术资料归档管理 。

七、变压器检查维护作业

变压器维护作业主要由准备工作、维护作业和作业收尾三个步骤组成。

(一)危害或潜在事件分析

1. 准备工作

无检修维护计划，未办理停电检修作业票，无证人员操作，雷雨大风天气作业，未进行安全教育，负责人、监护人不在场，未停电，未验电，未放电，不按规定着装，不按规定穿戴劳动保护用品、绝缘手套，绝缘杆未定期检定或检定不合格，高压停电时无人监护，未跨接地线，不按程序拉闸，带负荷拉闸，未悬挂停电标志和警示牌，未与相关用电班组联系。

2. 维护作业

瓷件破损、有裂纹，未检查变压器油质、油位，未测试变压器油的电阻值，各部线圈未测试绝缘值，未测试零线接地系统的电阻值，变压器油变质未更换，接线柱烧伤，滑扣未更换，各部螺栓松动，各部件损坏未更换，变压器渗漏未修复，各部件电阻值不符合要求，干燥剂未定期更换，无监护人。

3. 作业收尾

未清理现场，工具、器材未归位，变压器或接线柱等上有遗留物，各部件未恢复正常，未拆除接地线，未巡查详细检查配电装置，未按程序送电，未检查变压器的声响和温升，送电后瓷瓶、穿墙套管、变压套管无放电现象，送电后未复检设备运行状态，未填写相关记录。

(二)变压器检查维护作业操作指南

1. 准备工作

(1)按照变压器的检修保养规定制订检修维护计划，根据检修计划提前办理停电检修作业票。

(2)按规定着装，穿戴好劳动保护用品，戴好安全帽，系好安全带。

(3)准备使用检定合格的绝缘工具；准备好易燃易爆场所使用防爆工具、灯具。

(4)不符合健康条件的人禁止从事高处作业。

(5)雷雨大风、恶劣气候禁止作业。

(6)未与相关部门协调，不得拉闸停电，切断有关电源。

(7)在作业区域未悬挂警示标志，设置隔离遮栏禁止作业。

(8)作业人员未进行安全教育，作业负责人、监护人不在场禁止作业。

(9)验电时应戴绝缘手套，按电压等级使用验电器，在设备两侧各相或线路各相分别验电，确认无电后做短路接地。

(10)装设接地线，应由两人进行，一人操作，一人监护，先接地端，后接导体端，接地线应使用截面不小于 $10mm^2$ 的多股软裸铜线和专用线夹，严禁用缠绕的方法进行接地和短路。

2. 维护作业

(1)检查高压电力容器、变压器套管清洁，瓷釉无破坏裂纹、无放电痕迹，各连接点紧固，无漏油、漏胶现象。

(2)检查散热管、油枕、防爆管、套管等无渗漏、锈蚀和破裂，油质良好、油位在规定液位，接地线和冷却系统完好，线圈绝缘良好，零线接地系统电阻值不小于4Ω。

(3)测试各部件的电阻值符合规定要求，紧固各部件螺栓，查看各部件运行情况，接线柱烧伤、滑扣应及时更换，变压器油应根据使用年限和检测结果进行更换，干燥剂必须定期更换。

3. 作业收尾

(1)清理作业现场和设备上的遗留物，全面检查无误后拆除临时接地线。

(2)运行试验，无杂音，变压器上层油温不超过55℃，一、二次引出线及其接点符合标准，接点温度不超过70℃。

(3)巡视检查配电系统，与相关部门和用电单位联系，按规定程序送电，并对设备运行状态进行复检。

(4)做好设备检修和运行试验记录，将设备检修档案、配电图、合格证、技术资料归档管理。

八、高低压设备检维修作业

高低压设备检维修作业主要由检修准备、检修维护和工作收尾三个步骤组成。

(一)危害或潜在事件分析

1. 检修准备

未办理工作票或工作票过期，未戴绝缘手套、安全帽、安全带、绝缘靴，使用不合格的绝缘靴、拉闸杆，高压验电器未定期检验，拉闸未验电，未跨接地线，未悬挂警示标志牌，作业负责人不在场，恶劣气候下工作，梯子缺档、垫高或未采取防滑措施，梯子横档间距超过30cm，避雷器未检验，作业人员无电工证，未进行安全教育或安全教育考核不合格。

2. 检修维护

作业负责人脱岗，监护人脱岗，自备电源、刀闸不在断开位置，安全带断裂或未系好，抛掷工具，两人同时在梯上作业，单人跨越围栏和修理电器，人体与带电部分安全距离不够，拆除、装设接地线顺序不对，检查清扫不认真，发现设备问题不及时检修更换，未测试电气设备的绝缘性能。

3. 工作收尾

未拆除接地线、设备上有遗留物、未通知供电局恢复送电、未将工作票送供电局签字审核、器具不归位、杂物未清理、未做检修记录或检修记录不认真、未对设备线路巡视复核、送电时未按顺序合闸、送电后未巡查。

(二)高低压设备检修作业操作指南

1. 检修准备

(1)按规定着装，穿戴好劳动保护用品，戴好安全帽，系好安全带。

(2)使用检定合格的绝缘工具。

(3)准备好易燃易爆场所使用的防爆工具、灯具。

(4)不符合健康条件的人禁止从事高处作业。

(5)雷雨大风、恶劣气候禁止作业。

(6)在作业区域未悬挂警示标志，设置隔离围栏禁止作业。

(7)与相关部门协调拉闸停电，切断有关电源。

(8)对作业人员进行安全教育，作业负责人、监护人在场监护。

2. 检修维护

(1)验电时戴好绝缘手套，按电压等级使用验电器，在设备两侧各相或线路各相分别验电。

(2)验明设备或线路确认无电后，即将检修设备或线路做短路接地。

(3)装设接地线，应由两人进行，一人操作，一人监护，先接接地端，后接导体端，接地线应使用截面不少于10mm^{2}的多股软铜线和专用线夹。严禁用缠绕的方法进行接地和短路。

(4)检查电力电容器、变压器套管清洁，瓷釉无破坏裂纹、无放电痕迹，各连接点紧固、无漏油、无漏胶现象。

(5)检查高压联锁装置、熔断器、避雷器符合要求，检查电气线路无断股，接头无松动，发现问题应更换、修理、调整。

(6)测试线路绝缘电阻和设备接地电阻合格有效。

3. 工作收尾

(1)清理设备线路上的遗留物，作业工具、器材归位，无误后拆卸临时短路接地线。

(2)将工作票送供电局签字审核后恢复送电，送电时按顺序合闸，作业负责人对设备线路进行巡视检查，发现问题及时处理。

(3)做好设备检修记录，存档管理。

第三节 消防作业

一、消防泵司泵作业

消防司泵作业主要由作业前准备、司泵作业、过程监控、停泵、设备复位五个步骤组成。

(一)危害或潜在事件分析

1. 作业前准备

水箱缺水、油箱油料不足、冷却水管线不畅通、阀门未开启、油管漏油、电瓶没电或电量不足、油箱开关未打开、主管线阀门未开启、未进行盘泵检查、未对电气设备进行检查、未检查各种仪表、水池无水或储量不足、泡沫液储备不足或失效、管线阀门渗漏、未关闭放水阀门。

2. 司泵作业

启动开关失灵，电机缺相，电气仪表指示失灵，电机温度高或漏电，压力表、真空表损坏，异常响声，阀门打不开，供油系统堵塞，转速达不到要求，压力低，未灌泵或泵内有空气，发动机飞车，电动泵带负荷启动，混合比例器未关闭，通信设施不畅通，输送压力达不到要求，排气管不畅通。

3. 过程监控

司泵人员擅离现场，机泵出现故障。

4. 停泵

运送泡沫后未用清水进行清洗、在高速运转时突然停泵、未关闭出水口突然停泵。

5. 设备复位

未关闭阀门，未切断电源，未及时补充油料，未及时进行补水，未及时补充泡沫液，未对设备进行保养、擦拭，未对设备进行巡视检查，未填写泵运行记录。

(二)消防司泵作业操作指南

1. 作业前准备

(1)作业人员按规定着装。

(2)冷却系统完好，水量充足，循环水管路畅通、不漏水，正常工作时水温在 70～80℃；燃油系统油料充足，油路接头牢固，无渗漏；润滑系统畅通，油位符合规定，空气滤清器清洁。

(3)电路及仪表接头牢固可靠，线路无脱皮、焦结、漏电等现象，基础、机座紧固完整，地脚螺丝满扣、紧固，接地保护灵敏。

(4)对泵进行盘泵检查，保持转动灵敏、无渗漏、卡死现象 。

2. 司泵作业

(1)调节手动油门达 700r/min 时，打开马达电门启动，查看油温达到规定的温度后提高发动机转速 1500r/min，观察水温表、机油表、真空表、压力表、电流表在规定值范围，带负荷时缓慢开启进口阀门，观察压力表的工作情况。

(2)发动机启动后，运行平稳，无振动，无杂音，观察排烟情况，严禁带负荷启动。发动机在高速运转下，离合器脱离时间不能超过 3min。

(3)启动电动泵后，压力表指示达到规定值时，可缓缓打开出水口闸阀，并注意电流表指示，防止电动机过载。

(4)供水液面低于泵管水平阀时，需进行灌泵及排气引水。

(5)供泡沫时，按产生器的配置标准，调节比例混合器，水与泡沫液的混合比为 96:4。

3. 过程监控

(1)司泵人员坚守岗位，观察泵试运行状况。

(2)输送泡沫及水源时，压力不低于0.8MPa。

4. 停泵

(1)关闭出水闸阀，切断负荷。

(2)调节手油门，慢速运行几分钟，再停机。

5. 设备复位

(1)水泵输送泡沫混合液完成后，应吸入清水运行2min，以自行清洗泵件各部，以免残留泡沫液腐蚀部件。

(2)及时补充油料、水源(水箱、水池)，对设备进行保养、擦拭、检查，并做好运行后的相关记录 。

二、消防车辆的保养与维护

消防车保养与维护作业主要由作业前准备、保养与维护和作业完毕三个步骤组成。

(一)危害或潜在事件分析

1. 作业前准备

未制订保养计划，不按规定着装，未准备工具、器材，携带火种，携带通信器材，负责人不到位。

2. 保养与维护

仪表失灵、照明灯光不足或照明损坏、制动失灵或跑偏、泡沫液失效或储量不足、泡沫炮转动不灵敏、随车器材损坏或丢失、随意拆卸设备、混合比例器堵塞、电器线路漏电、出水压力不足、水泵失灵或中断出水、未按季节更换机油、未进行各部位的机械润滑、警报器失灵、不按耗油量更换三滤、用汽油擦拭零件、进出水口阀门渗漏、出泡沫后未对管路进行冲洗、气动阀门系统失灵、冬季未更换防冻液、每天的发动试车时间不足。

3. 作业完毕

未清点整理工具、器材，未进行试车，未清理现场，未补充泡沫液、燃料油、水源，未进行出水、出泡沫的压力试验、未填写记录。

（二）消防车保养与维护作业操作指南

1. 作业前准备

（1）根据车辆运行情况及保养规定制订保养计划。

（2）准备好工具、器材，按规定着装，在指定地点进行维修，负责人现场监督。

（3）检查车辆器材、工具齐全有效，配备数量符合灭火要求。

2. 保养与维护

（1）出车前、收车后和利用中途停歇时间对车辆进行检查、紧固、润滑、清洁，使车辆车况良好，装备齐全。

（2）查看各油路电路及仪表的接头牢固可靠，仪表显示正确，蓄电池、充电液充足，燃油箱加足燃油。

（3）检查泡沫液充足有效，泡沫炮转动灵活，混合比例器进出口阀门不渗不漏，保持畅通，出水压力满足灭火要求。

（4）报警器处于良好状态，通信设备畅通，照明满足夜间要求。

（5）定期检查各部件运行情况，紧固螺丝，车辆制动保持良好，轮胎保持气压标准，按季节周期更换润滑油、三滤、防冻液，每天发动车时间不少于15min。

（6）根据车辆进行状况进行一级保养、二级保养、三级保养 。

3. 作业完毕

（1）清点整理工具、器材，清理现场。

（2）补充燃料油、泡沫液、水。

（3）进行试车试验，出水、出泡沫压力试验，填写保养记录。

安全小议

安全交底需要“群言堂”

在基层生产一线，我们时常发现安全交底总是由安全负责人唱“独角戏”，别人只有听和看的义务，没有想和说的责任，没有把大家的积极性充分调动起来，安全交底的效果受到一定程度的影响。

要实现安全交底由“独角戏”向“群言堂”的转变，应从两个方面努力。一方面，安全负责人要充分认识到群众中蕴藏着丰富的安全管理经验和智慧，要相信群众、依靠群众，注重把参与工作任务完成的全体职工的积极性发挥出来，让大家来共同参与安全交底活动。职工群众要树立“安全没有旁观者”的主角意识，主动配合安全负责人做好安全交底工作。另一方面，要改进方法，采用全员参与讨论的安全交底方式。针对需要完成的工作任务，组织大家共同分析工作过程中可能存在的不安全因素、应该注意的事项、需要采取的防范措施，让每一个人都充分发表意见；或者，由一个人主讲，而后让大家进行补充和纠正，再由安全负责人根据大家的意见进行汇总归纳。

第八章 职业健康与个体防护

第一节 职业健康危害分析

一、职业病危害因素

职业病危害因素是指在生产过程、劳动过程和作业环境中存在的危害劳动者健康的因素。

职业病是指由职业病危害因素所引起的疾病。

（一）职业病危害因素分类

1. 生产过程有关的职业病危害因素

生产过程有关的原材料、工业毒物、粉尘、噪声、振动、高温、辐射、传染病等因素，包括化学性因素、物理性因素和生物性因素。

(1)化学性因素

在生产过程中产生的，存在于工作环境空气中的化学物质称为生产性毒物。有的为原料，有的为中间产品，有的为产品。

在生产过程中产生的，较长时间悬浮在生产环境空气中的固体微粒，称为生产性粉尘。

(2)物理性因素

高温，如夏天进入油罐车或油槽车内作业等。

噪声，如泵、机械传送带、电气设备等。

振动，如循环压缩机转动，使用风动工具、交通运输工具等。

辐射，如工业探伤用的 X 射线、高频电磁场、电焊、氩弧焊等。

(3)生物性因素

生物性因素是指生产原料或生产环境中存在的对职业人群健康有害的致病细菌、寄生虫、昆虫等以及所产生的生物活性物质的统称。

2. 劳动过程中有关的职业病危害因素

(1)劳动组织不合理，如劳动时间过长。

(2)劳动精神过度紧张，多见于新工人或新装置投产试运行，或生产不正常时。

(3)劳动强度过大或安排不当，如超负荷的加班加点。

(4)个别器官、系统过度疲劳，如光线不足使视力紧张，长时间处于不良体位或使用不合理的工具设备。

3. 作业环境有关的职业病危害因素

(1)生产场所设计不合理。如车间布置不当，有毒与无毒岗位设在同一工作间；厂房矮小、狭窄，设计时没考虑必要的卫生技术设施，如通风、换气或照明等。

(2)防护措施缺乏、不完善或效果不好。如缺少防毒、防噪声等措施。

(3)缺乏安全防护设备和必要的个人防护用品。如铆工与焊工在同一厂房作业，铆工有耳塞防噪声，但焊工却没有；焊工有防紫外线的面罩，保护眼睛，铆工却没有。

(4)自然环境因素。如炎热季节的太阳辐射，长时间头部受照而发生中暑。

(5)环境污染因素。

二、职业病产生的三个因素

(1)劳动者的身体健康状况。

(2)接触职业病危害因素的种类。

(3)有害物质对人体作用的条件(接触的方式、浓度、强度和时间)。

三、职业病的特点

(1)发病与劳动条件有关，即与接触职业病危害因素的数量、时间、劳动强度、周围环境有关。

(2)有明确的病因，即职业病危害因素。

(3)常有群体发病状况。在同一环境中，往往不是一个人发病，而是同时或先后发现一批相同的职业病。

(4)有一定的临床特征，限于一定的范围。

第二节　职业健康管理

一、作业环境监测

为防止暴露于对健康有害的物质中，其关键是识别、量化、评价、控制措施和识别危害及潜在危害和评估危害的程度。处于作业场所的人，有可能从几种途径面临危害。进行评估的一个重要的手段，就是利用测试来确定危害的程度。

1. 作业环境监测的目的

(1)监督职业病法规的贯彻执行。

(2)检查作业环境质量，评价劳动条件是否符合卫生标准。

(3)掌握作业环境有害物质性质、浓度和在时间、空间的分布。

(4)为控制危害及修订卫生标准和防治计划提供依据。

2. 环境监测的主要手段

包括物理手段(对于声、光的监测)、化学手段(各种化学方法，包括质量法、分光广度法等)、生物手段(监测环境变化对生物及生物群落的影响)。

按照监测对象，环境监测分为环境质量监测和污染源监测两种。

二、职业健康监护

1. 职业健康检查

职业健康检查分为就业前健康检查和就业后定期健康检查两种形式。此外，在调换工作、从事特殊工种时，用人单位也应进行健康检查。

职业病普查也是一种健康检查，主要是对接触某种职业危害因素的人群，普遍地进行一次健康检查，通过普查发现职业病，还可检查出有职业禁忌证的人和高危人群。

2. 健康监护档案

(1)职业史和疾病史。

(2)职业病危害因素的监测结果及接触水平。

(3)职业健康检查结果和处理情况。

(4)个人健康基础资料等。

三、职业病预防

(一)职业中毒

在生产中使用和产生的毒物，称为生产性毒物。在劳动过程中，由生产性毒物引起的中毒，叫职业中毒。职业中毒的发生，与毒物本身的性质、毒物侵入人体的途径及数量、接触时间及身体状况、防护条件等多种因素有关。

生产性毒物按其存在的形态、用途、化学结构及对人体的影响可分为金属与非金属毒物、刺激性气体、窒息性气体、有机溶剂、苯的氨基和硝基化合物、高分子化合物生产中的毒物、农药等。

毒物进入人体主要是通过呼吸道、皮肤、消化道三种途径。各种毒物的毒性及作用于机体的器官不同，有的可能引起全身性中毒，有的可损害神经系统、消化系统、呼吸系统、血液系统、泌尿系统、心血管系统、生殖系统及内分泌系统等器官。某些毒物还具有致癌、致畸作用，对人体产生远期影响。

预防中毒的综合措施：

1. 防毒技术措施

(1)改革工艺设备和工艺操作方法，从根本上杜绝和减少毒物的产生。

(2)以无毒或低毒原料代替有毒或高毒材料。

(3)密闭式操作。生产过程的密闭化包括设备本身的密闭及投料、出料、物料的运输、粉碎、包装等过程的密闭化。

(4)通风排毒与净化回放。

(5)隔离操作。将毒源或工艺过程与操作者隔离开，以减轻职业危害。

(6)个体防护。个体防护用品是保护员工在生产过程中的人身安全和健康必备的防御性装置，对于减轻职业危害起到了相当重要的作用。防护工具包括工作服、工作鞋、手套、口罩、眼镜、过滤式防毒呼吸器、隔离式防毒呼吸器等。

2. 防毒管理措施

企业及其主管部门在组织生产的同时，要加强对防毒工作的领导和管理。在组织生产中自觉贯彻“管生产必须管安全”的原则，有计划地改善劳动条件，建立健全有关防毒管理制度，教育群众自觉保护自己。

车间空气中有毒物质的检测工作是搞好防毒工作的重要环节。通过测定可以了解生产场所污染的程度、污染的范围及动态变化，以及了解毒害的程度及评价劳动条件，采取防毒措施。通过对作业环境的测定，可以为职业病的诊断提供依据，为制定和修改有关法规标准积累资料。

3. 防毒教育措施

对员工进行防毒的宣传教育，让员工既明白有毒物质对人体的危害性，又了解这些危害是可以预防的，从而使员工主动遵守安全操作规程，加强个人防护，积极学习和总结防毒先进经验，不断地改善劳动条件。要对工人进行个人卫生指导，如指导工人不在作业场所吃饭、饮水等，坚持饭前漱口、班后洗浴、工作服清洗等。企业要定期对从事有毒作业的劳动者进行健康检查，以便能对职业中毒者早期发现、早期治疗。

(二)听力保护

1. 职业噪声的危害

噪声是工业生产过程中一种较为严重的职业危害，高强度的噪声会导致人的植物神经功能的失调和耳聋，还可对人体的神经系统、心血管系统、消化系统以及生殖机能等产生不良影响。特别强烈的噪声还可导致精神失常、休克甚至危及生命。由于噪声易造成心理恐惧以及对报警信号的遮蔽，它又是造成工伤死亡事故的重要配合因素。

2. 预防噪声危害的技术途径

(1)消声。控制和消除噪声是降低噪声危害的根本措施。改革工艺过程和生产设备，以低声或无声工艺及设备代替产生噪声的工艺和设备，将噪声源远离员工作业区均是噪声控制的有效手段。

(2)控制噪声的传播。用吸声材料、吸声结构和吸声装置将噪声源封闭，吸收辐射和反射的声能，防止噪声传播。常用的隔声材料有隔声墙、隔声罩、隔声地板。常用的吸声材料有玻璃棉、矿渣棉、毛毡、泡沫塑料、棉絮等。

(3)采用合理的防护措施。佩戴护耳器，包括耳塞与耳罩；合理安排劳动时间，限制噪声作业时间。

(4)定期体检。接触噪声的人员应定期体检。对于出现听力下降者，应加以治疗和观察，重者应调离噪声作业。就业前体检或定期体检中发现明显的听觉器官疾病、心血管病、神经系统器质性病变者不得参加接触强烈噪声的工作。

(三)尘肺病的预防

粉尘是工业生产过程中因研磨、挤压、撞击等作用，由固体物质形成的微细颗粒，其大小一般为微米量级。长期在高浓度粉尘环境下作业，最严重的危害对象是人的呼吸器官。例如职业性鼻炎、呼吸道感染。

要预防尘肺病，应采取如下措施，才能达到标本兼治的效果。

(1)加强技术治理，减少作业空气的粉尘浓度。

尘肺病的发病率与人吸入的粉尘量成正比例关系。因此，根本措施是减少空气的粉尘浓度。

①减少尘源的产尘量。通常将连续不断产生粉尘的设备或作业工序称为尘源。用单位时间内的产尘量——产尘强度，表示尘源的产尘能力。改善作业工艺，减少原料的破碎程度；在尘源处设置除尘器。

②设置通风除尘设备，净化作业空气。

(2)加强安全教育，增强工人的职业卫生意识。

(3)加强劳动保护。

(4)加强粉尘检测。

第三节　个体防护用品的使用

个人防护用品是为使职工在职业活动过程中免遭或减轻事故和职业病危害因素的伤害而提供的个人穿戴用品。根据工作环境和性质来确定作业类别并选用个人防护用品。凡是从事多种作业或在多种劳动环境中作业的人员，按其主要作业的工种和劳动环境配备个体劳动防护用品。可参考《个体防护装备选用规范》(GB/T 11651)。

一、劳动防护用品分类

(1)头部防护用品，主要用于防御物体对头部造成冲击、刺穿、挤压、脏污、擦伤、头发被绞等伤害，如安全帽、工作帽、防寒帽。

(2)呼吸器官防护用品，如防尘口罩(防颗粒物呼吸器)、防毒面具、空气呼吸器等。

(3)眼(面部)防护用品，用于保护作业人员的眼(面)部，防止异物、紫外线、电磁辐射、酸碱溶液等的伤害。如防冲击护目镜，防强光、紫外线、红外线护目镜或面罩，焊接面罩，防腐蚀液护目镜等。

(4)听觉器官防护用品，用于暴露在强噪声环境中的工作人员，保护听觉，避免噪声过度刺激，如耳塞、耳罩。

(5)手部防护用品，主要用于保护手和臂，如防寒手套、耐酸碱手套、防静电手套等。

(6)足部防护用品，用于保护劳动者足部免受各种伤害。如耐油鞋、防砸鞋、绝缘鞋等。

(7)躯干防护用品，主要用于保护生产者免受作业环境的物理、化学和生物因素的伤害，如一般防护服、焊接防护服、阻燃防护服等。

(8)护肤用品，用于对劳动者裸露皮肤的保护。这类产品分为护肤膏和洗涤剂，前者在整个劳动过程中使用，后者在皮肤受到污染后使用。

(9)防坠落及其他防护用品，主要用于保护高处作业人员，防止坠落事故的发生，这类护具分为安全带和安全网两类。

二、个人防护用品的使用

(一)防护服

(1)白帆布防护服能使人体免受高温的烘烤，并有耐燃烧的特点，主要用于冶炼、浇注和焊接等工种。

(2)劳动布防护服对人体起一般屏蔽保护作用，主要用于非高温、重体力作业的工种，如检修、起重和电气等工种。

(二)防护手套

(1)厚帆布手套多用于高温、重体力劳动，如炼钢、铸造等工种。

(2)薄帆布、纱线、分指手套主要用于检修工、起重机司机和配电工等工种。

(3)翻毛皮革长手套主要用于焊接工种。

(4)橡胶或涂橡胶手套主要用于电气、铸造等工种。

(5)耐油橡胶手套主要用于接触石油油品行业员工。

戴各种手套时，注意不要让手腕裸露出来，以防在作业时焊接火星或其他有害物溅入手套内造成伤害；操作各类机床或在有被夹挤危险的地方作业时严禁戴手套。

(三)防护鞋

(1)橡胶鞋有绝缘保护作用，主要用于电力、水力清砂、露天作业等岗位。

(2)球鞋有绝缘、防滑保护作用，主要用于检修、起重机司机、电气等工种。

(3)钢包头皮鞋用于铸造、炼钢等工种。

(四)安全帽

(1)帽内缓冲衬垫的带子要结实，人的头顶与帽内顶部的间隔不能小于32mm。

(2)不能把安全帽当坐垫用，以防变形，降低防护作用。

(3)发现帽子有龟裂、下凹和磨损等情况，要立即更换。

(五)面罩和护目镜

(1)防辐射面罩主要用于焊接作业，防止在焊接中产生的强光、紫外线和金属飞屑损伤面部，防毒面具要注意滤毒材料的性能。

(2)防打击的护目镜能防止金属、砂屑、钢液等飞溅物对眼部的伤害，多用于机床操作、铸造等工种。

(3)防辐射护目镜能防止有害红外线、耀眼的可见光和紫外线对眼部的伤害，主要用于冶炼、浇注、烧割和铸造热处理等工种。这种护目镜大多与帽檐连在一起，有固定的，也有可以上下翻动的。

(六)安全带

安全带是防止高处作业坠落的防护用品，使用时要注意以下事项：

(1)在基准面2m以上作业须系安全带；

(2)使用时应将安全带系在腰部，挂钩要扣在不低于作业者所处水平位置的可靠处，不能扣在作业者的下方位置，以防坠落时加大冲击力，使人受伤。

(3)要经常检查安全带缝制部分和挂钩部分，发现断裂或磨损，要及时修理或更换。如果保护套丢失，要加上后再用。

(七)呼吸器官防护用具

包括防尘口罩、防毒口罩、防毒面具等，根据结构和作用原理，可分为过滤式和隔离式呼吸防护器两大类。

(1)过滤式呼吸防护器：是以佩戴者自身呼吸为动力，将空气中有害物质予以过滤净化。适用于空气中有害物质浓度不高，且空气中含氧量不低于18%的场所，有机械过滤式和化学过滤式两种。

(2)隔离(供气)式呼吸防护器：经此类呼吸防护器吸入的空气并非经净化的现场空气，而是另行供给。按其供气方式又可分为自带式与外界输入式两类。

(八)防噪声用具

(1)耳塞：为插入外耳道内或置于外耳道口的一种栓，常用材料为塑料和橡胶。按结构外形和材料分为圆锥形塑料耳塞、蘑菇形塑料耳塞、伞形提篮形塑料耳塞、圆柱形泡沫塑料耳塞、可塑性变形塑料耳塞和硅橡胶成型耳塞、外包多孔塑料纸的超细纤维玻璃棉耳塞、棉纱耳塞。对于耳塞的要求为：应有不同规格的适合于各人外耳道的构型，隔声性能好，佩戴舒适，易佩戴和取出，又不易滑脱，易清洗、消毒、不变形等。

(2)耳罩：常以塑料制成呈矩形杯碗状，内具泡沫或海绵垫层，覆盖于双耳，两杯碗间连以富有弹性的头架适度紧夹于头部，可调节，无明显压痛，舒适。要求其隔音性能好，耳罩壳体的低限共振率越低，防声效果越好。

(九)皮肤防护用品

防护油膏：在戴手套感到妨碍操作的情况下，常用膏膜防护皮肤污染。干酪素防护膏可对有机溶剂、油漆和染料等有良好的防护作用。

三、如何配置个人防护用品

(1)头部防护：佩戴安全帽，适用于存在物体坠落危险或物体击打危险时。

(2)坠落防护：系好安全带，适用于需要登高或有跌落的危险时。

(3)眼睛防护：佩戴防护眼镜、眼罩或面罩。存在粉尘、气体、蒸气、雾、烟或飞屑刺激眼睛或面部时，佩戴安全眼镜、防化学物眼罩或面罩；焊接作业时，佩戴焊接防护镜和面罩。

(4)手部防护：佩戴防切割、防腐蚀、防渗透、隔热、绝缘、保温、防滑等手套。可能接触化学品时，选用防化学腐蚀、防化学渗透的防护用品；可能接触高温或低温表面时，做好隔热防护；可能接触带电体时，选用绝缘防护用品；可能接触油滑或湿滑表面时，选用防滑的防护用品，如防滑鞋等。

(5)足部防护：佩戴防砸、防腐蚀、防渗透、防滑、防火花的保护鞋。可能发生物体砸落的地方，要穿防砸保护的鞋；可能接触化学液体的作业环境要穿防化学液体鞋；注意在特定的环境穿防滑或绝缘或防火花的鞋。

(6)防护服：具有保温、防水、防化学腐蚀、阻燃、防静电、防射线等功能，高温或低温作业要能保温；潮湿或浸水环境要能防水；可能接触化学液体要具有化学防护使用；在特殊环境要能阻燃、防静电、防射线等。

(7)听力防护：根据《工业企业职工听力保护规范》选用护耳器；提供适合的通信设备。

(8)呼吸防护：根据《呼吸防护用品的选择、使用与维护》(GB/T 18664)选用。要考虑是否缺氧，是否有易燃易爆气体，是否存在空气污染、种类、特点及其浓度等因素之后，选择适用的呼吸防护用品。

我要安全

安全帽带子的故事(小小说)

王东当安全员已有8个年头了，他纠正和处理过无数违章现象，但今天的情景却让他伤透脑筋。

今天有领导到他所在的车间参观，这些领导级别相当高，莫说他王东这个安全员得罪不起，就连他们厂长都是小心翼翼地陪着。

眼看着参观的人员就要进入装置区了，王东急忙把陪同参观的安全科长拉倒一边：“这些领导中，有5位安全帽没有戴好，安全帽的带子没有扣住下巴，而是把带子甩到脑后。”安全科长神色紧张地说：“算了，他们转一圈就出去了，要是当众指出来，会给领导下不了面子。”王东犹豫了，跟在参观人员后面进了装置现场。一进现场，两年前同事李刚惨死的情形就突然浮现在眼前。

那天，检修工李刚站在一个不足两米高的架子上拆卸阀门，他一脚踩偏，身体失去平衡，安全帽飞了出去，跟着头部撞在槽钢的尖角处。李刚的头部被扎了一个洞，鲜血直流。王东当时正好走到架子前，李刚摔倒在地面上时就横在他面前。他一边高呼“救人啊”，一边把李刚抱在怀里，一只手压住李刚的出血的头部，不让血往外涌，胸前被李刚的鲜血染红了一大片。救护车到达现场时，李刚已完全昏迷。经医生抢救，但仍然是回天乏术。

这件事王东一直很自责。他常常自己喃喃地说："我为什么不早叫他停下来？我已看到他安全帽的带子没有扣好，想走到他跟前来纠正他。我为什么不在远处就叫他停？"

"停停！"所有来参观的人员都停住了脚步，大家用惊讶的目光打量着王东。王东此时回过神来，马上意识到自己的职责，镇定下来。他走到领导的面前说："各位领导，你们好！我是车间安全员王东，为了你们的安全，请把安全帽的带子扣好。"旁边的厂长和安全科长被王东的举动吓出一身冷汗。

带头的领导愣了一下，但很快醒悟过来。他认真地扣好安全帽的带子，还微笑着打了打手势向王东表示谢意。他用手拍拍陪在身边的厂长肩膀说："你们的安全员就是好样的！"

第九章　应急预案与演练

主题词：应急预案、演练

要点提示：本章重点从加油站、油库等发生火灾、泄漏、中毒、防汛、防抢劫等方面描述了应急预案的内容，编制所应注意的事项等，并且较为详细地提出了演练的方法和要求。

第一节　应急管理概述

一、事故应急救援的任务

事故应急救援的目标是通过有效的应急救援行动，尽可能地降低事故的危害，包括人员伤亡、财产损失和环境破坏。事故救援的基本任务包括以下几个方面：

(1)抢救受害人员。这是应急救援的首要任务，即组织抢救受害人员，组织撤离或采取其他措施保护危害区域内的其他人员。

(2)控制危险源。迅速控制事态，并对事故造成的危害进行检测、监测，测定事故的危害区域、危害性质及危险程度。

(3)消除危害，恢复现场。迅速采取封闭、隔离、洗消、监测等措施，防止对人的继续危害和对环境的污染，将事故恢复至相对稳定的基本状态。

(4)查清事故原因，评估危害。事故发生后应及时调查事故发生的原因和事故性质，评估事故的危害范围和危险程度，查明人员伤亡情况，做好事故调查。

二、事故应急管理的过程

虽然各类事故的发生具有突发性和偶然性，但事故的应急管理不只限于事故发生前、中、后的各个过程。应急管理是一个动态的过程，包括预防、准备、响应和恢复四个相互关联的阶段，构成了事故应急管理的循环过程。

应急预防：一是事故的预防工作，即通过安全管理和安全技术等手段，尽可能地防止事故的发生，实现本质安全；二是在假定事故发生时，通过采用预防措施，来达到降低或减缓事故的影响或后果的严重程度。

应急预备：针对可能发生的事故，为迅速有效地开展应急行动而预先所做的各种准备。

应急响应：是在事故发生后立即采取的应急与救援行动。

应急恢复：应在事故发生后立即进行，它首先使事故影响区域恢复到相对安全的基本状态，然后恢复到正常状态。

三、应急预案

（一）应急预案目的

应急预案就是事前对这些突发事故和紧急情况进行预先设想，经过分析研究，制定出切实可行有效的控制和处置方案。其目的就是在于事前设想和演练，采取预防措施，一旦发生发生突发事件和事故就可以立即启动应急预案，达到及时处置，减少人员伤亡、财产损失和环境污染。

（二）应急预案的类别

一般可以将应急预案分成不同的级别，按影响范围和应用的层次不同分为一级、二级、三级等，也可以划分为企业级、车间级、班组级应急预案。

按照实施主体不同可以划分为政府应急预案和企业应急预案。

（三）应急预案的内容

应急预案因其类别和性质的不同内容有许多不同，但其出发点和预案的体例内容都是基本相同的，都是要把一定层次的应急事件列明，并分门别类地制定各种不同应急处置措施。应急预案的内容主要有应急事件、时间原因、处理方案和程序、人员职责、启动程序、应急资源等。

（四）应急预案的编制和实施

应急预案的编制和实施要经过成立编制小组、收集资料、现场调研、编制、批准、执行、持续改进几个过程。编制时，应当注意把班组内容易引发事故和各种情况列全，防止出现遗漏。制定的措施应当经过充分讨论，即要制定全面、有效、简单易行的预案。

在应急预案的演练和实施过程中，发现预案中有不正确的或遗漏的地方应当及时修订，做到持续改进。

四、应急演练

（一）应急演练的目的

有了应急预案，还应当经常或定期地组织应急演练，把书面的预案进行模拟性地检验和练习，提高应急反应能力和应变能力。应急演练的目的在于：

（1）检验预案是否符合实际情况；

（2）提高参与人员的应急反应能力和技能；

（3）强化协作配合能力；

（4）使参与人员熟练掌握应急处理的程序；

（5）提高应急管理水平。

（二）应急演练的形式

应急演练按照类别可分为实战演练、模拟演练和桌面推演。

实战演练的效果好，但需要协调动用的资源也多，成本和费用也大。模拟演练又可分为现场模拟和计算机模拟。桌面演练是对演练情景进行口头演练，成本较低。

应急演练按照规模分为功能性演练和综合演练。

应急演练按照事先通知与否，可分为事先通知演练和事先不通知演练。事先不通知的演练会更突出实战性，提高人们的应急意识，但也可能在演练过程中部分或个别人员不明真相而造成损失，这就要求演练组织者统筹考虑，事先做好周密的安排，确保演习的全过程安全，防止因演习而发生意外。事先通知的演练指事先有计划，安排演习的时间、地点和参与人员。

五、班组长在应急管理中的主要职责

(1)负责组织本班员工学习油库(加油站)所有应急预案，特别是逃生路线、紧急集合地点、报警电话、急救方法等。

(2)负责组织应急预案演练，特别要组织救人、逃生、报警等演练，并对演习效果进行讲评、分析和改进。

(3)发生突发事故，立即向上级汇报。

(4)发生突发事故，立即启动相应的应急预案。

第二节　加油站应急预案

加油站均应根据现场实际情况制定应急预案。制定应急预案必须体现这样一个原则：在保证人员安全的前提下，尽可能地减少国家财产的损失，加油站应制定但不限于下列应急预案：

(1)加油站防抢劫应急预案；

(2)加油区火灾应急预案；

(3)卸油区火灾应急预案；

(4)电气火灾应急预案；

(5)油品重大泄漏应急预案；

(6)清罐作业人员中毒应急预案；

(7)防台风应急预案；

(8)防洪应急预案。

要组织全体员工进行应急预案的演练，有的应急预案(如防抢劫应急预案)不便实际演练，但可以通过桌面推演，让每一位员工掌握应急处置步骤。

应急预案每月组织一次演练，演练要有记录。对应急预案进行

每年一次的适用性审核，并适时对应急预案进行修订。

一、报警内容

应急联系电话必须明示上墙，当有关内容发生改变时站长应及时予以更新。

1. 紧急联系电话

外部报警/联系电话：

火警 119　　　急救 120

匪警 110　　　交通 122

当地医院：

当地派出所：

当地消防队：

当地社区/邻居：

2. 公司联系电话

安全管理部门：

数质量管理部门：

区域经理：

分公司主管经理(领导)：

3. 报警内容

加油站名称：

加油站位置：

事故概况：(火灾、溢油、人员受伤等)

加油站电话和报警人：

二、应急预案和应急指南

(一)生产类应急指南

1. 防溢油

(1)关闭油车出油阀。

(2)立即呼救。

(3)警戒周围，勿让明火靠近。

(4)砂包围堵溢油扩散或进入下水道，或用吸油毡等回收溢油。

(5)必要时通知当地消防、环保部门。

2. 防火灾

(1)关闭油车出油阀。

(2)立即呼救。

(3)灭火器灭火。

(4)油车快速离开现场。

(5)警戒周围、闲人勿近。

(6)2min无法扑救，通知报警，关闭电源，疏散人员到集合点。

(二)治安类应急预案

1. 歹徒抢劫

如果发现工作场所情况不好，并怀疑有人将入内抢劫，则应立即采取以下措施：

(1)躲进歹徒看不见的地方，等候警察到来。锁上所有的门。尽可能关闭所有油泵。打电话给警方，或者按下报警器。绝对不要自行采取或让其他员工采取可能招致人身危险的抵抗行动。

(2)歹徒抢劫期间：保持冷静，将之当为特殊客户服务，记住不要盯着匪徒看，一直让你的手在对方的视线内；尽量记住匪徒的长相、年龄、性别、高度、身形、口音和服装等特征。

(3)抢劫犯逃走之后：锁住所有的门，以免歹徒再次闯入。记住歹徒逃离的方向和所使用的交通工具。打电话报警，在电话里向警方说“我刚才遭人抢劫”，在警方未告诉你挂机时，不要自己挂断电话。立即用纸画下你对歹徒外表的印象，以及其他所有可能协助破案的线索。不要破坏歹徒留下的现场或任何物品。

(4)留住所有现场目击证人，等待警方到场；或者询问每位目击者的姓名、住址和电话号码。报告紧急事故中心并通知主管领导。必要时，对曾遭受歹徒胁迫的所有人员(包括：加油站职员、客户或过路人等)给予护理。如果有人遭受严重伤害，应通知当地医院或紧急救护服务处。

防范抢劫的措施：

许多抢劫是可以防范的，抢劫者都希望迅速、容易地获得钱物，通常他们在实施犯罪前都会选定目标，下边是一些加油站应注意的问题：

(1)抢劫者都不希望被人目击到其抢劫行为，所以他们选择黑暗中作案，如果加油站夜间保持明亮，傍晚的时候开启所有的店外照明。外部的灯光对于预防抢劫与内部灯光同样重要。

(2)确保所有玻璃门窗视野良好，过往行人可观察到站内情况，从店铺外围可以清晰的看到收银员和收银机。

(3)抢劫者选定目标通常都是为获得较大额的钱物，所以加油站员工必须严格执行公司相关制度，及时按规定数额将营业款投入保险箱，这样将大大减少受到攻击的机会。按现金管理规定，不能在收银机钱箱摆放过量的现金，务必将营业款送入银行。

(4)抢劫者喜欢观察别人的行动但不喜欢被人注意到，所以加油站必须做到向每一位进入油站的客人打招呼，与每一位顾客目光接触，并且给予留意，可能会中止这种企图。

(5)店内播放的背景音乐音量要小，否则会使你听不到一些可疑的声音。

(6)尽量不要将陈列的货品堆积得过高，以至于超出货架。否则会有利于歹徒藏身其后。这样可使你对眼前的情况一目了然。

(7)非 24h 营业的油站尽量避免单人打开或关闭加油站，特别是这个人有保险箱的钥匙或密码，因为这个时刻是最容易被袭击的。

(8)保持警惕，留意店内外闲逛的人，及时请他们离开；不要害怕，要求警察来作巡查，留意打公用电话的顾客；遇到在店铺外流连的人应立即反应，要求保安人员或警察劝他们离开。

加油站根据上述内容结合当地具体情况制定或修订歹徒抢劫应急指南。

2. 店内盗窃的处理

遇到贪小便宜的顾客(买几样商品、顺手偷几样商品放在手提袋或裤袋的顾客)，则用技巧提醒顾客，表示你已发现了他的偷摸行为，使之最终把放在手提袋或裤袋的商品退还或买下，从而顾全顾客的面子。

如偷东西的人是职业偷窃团伙，则在他们进入油站时，就要使他们知道：你已经注意到他们了，以打消他们想在店铺偷窃的念头；如果他们已经偷得较大量的货品，并已走出店外你才发现，则不要追赶他们，以确保自己的安全，但必须赶快报警，通知站长、区域经理。

如果当你回到加油站，发现加油站有异常情况：

(1)不要进入加油站，偷窃者可能仍然留在其中，立即报警并报告区域经理。

(2)如果你已经进入了现场，先检查、判别窃匪进入的途径，保护现场直至警方开始调查。

(3)除参与调查的警方外，加油站员工不能向新闻媒体和其他外界机构和个人透露任何情况，当有媒体追问时可致电公司管理人员询问可提供给对方的电话及联络人，并告诉他们公司有专人负责向新闻界发布信息。

(三)自然灾难类应急预案

请与你所在当地的有关机构取得联系，及时了解当地的各种自然灾难应对方案以及向有关部门报告自然灾难的具体情况，听取有关信息和建议，以便从容应对。

1. 洪水

(1)将贵重物品、易腐烂货物和化学制品搬到洪水淹不到的地方。

(2)许可时，将所有门、窗封闭起来，以防洪水浸入。

(3)在洪水涌来之前关闭电源。

(4)保存(储存)尽可能多的生活用水并保持卫生。

(5)堵住厕所，以防污水回流到屋内。

(6)检查并确保加油口和量油口均已锁好。

(7)听从当地紧急救护机构的指令。

(8)向上级主管部门通报损失并填写《事故快报》。

2. 地震

(1)发生地震时要保持冷静。

(2)不要靠近以下地点：窗口，电气设备，未固定的设备、家具、器具附近。

(3)如果油站所在位置空旷，可以到空旷安全处避难。如果来不及或室外更危险，可走到门道处或者藏到较为坚固的桌子或其他支撑物下面。

(4)关闭电源和自来水水管总闸。

(5)保存(储存)尽可能多的生活用水并保持卫生。

(6)地震过后，检查建筑物的受损情况。

(7)对受伤人员进行护理。

(8)对其他需要紧急援助的人员提供协助。

(9)将突发事件通知有关部门(消防队、救护中心和电业局)。

(10)向上级主管部门通报损失并填写《事故快报》。

三、经验分享

(一)油罐车卸油时胶管开裂发生跑油事件

2007 年 5 月 15 日，某加油站正在进行卸油作业，胶管上的一处裂缝突然开裂，大量的汽油冒出，喷出量逐渐增大，一会地面上都已流淌着汽油，情况万分危急，卸油员小王第一反应是上去用手堵胶管裂缝，弄得浑身都是汽油，而根本不起作用。油罐车司机从车头绕过，一看情形不对，立即去关汽车卸油接口阀门，汽油喷出量马上就由小变无了，而此时加油站已经大面积流淌着汽油。小王跑到办公室向站长汇报。

站长命令关闭所有加油机电源，组织员工在加油站进出口处放置暂停营业牌，拉起警戒绳；疏散站内人员，告诉站内停留车辆驾驶员立即熄火，关闭手机；命令其他人员准备灭火器，进行现场警戒，并注意物品的轻拿轻放，取出站内消防房内的石棉毯堵住流淌的汽油，用消防沙筑牢，同时取来吸油毡进行吸附，很快，局势得到有效控制，汽油也未流入下水道和地沟，站长让卸油员小王立即去洗澡换衣服，同时将这一事件向区域经理汇报。

随后，站长组织部分员工将油罐车推出卸油区，并指派了 2 名员工去加油区帮助顾客将滞留在站内的汽车推出加油站，对污染过的地面全部用消防沙覆盖。最后，与卸油员小王一起核算冒油损失。约计此次跑油有 80L 左右，无人员伤亡。

(二)加油时车辆起火、人体着火事件

2007 年 10 月 9 日，天气仍有些燥热，加油员工在给一辆汽油车加油时，司机从车内走出来，发现有些热，就随意在油气聚积的油箱口附近脱羊毛衫，在拍、脱羊毛衫过程中产生的大量静电引燃油枪口处油气，导致油枪和加油车辆油箱口处起火，加油员和司机不同程度烧伤。事件发生后，加油站迅速启动了《火灾事件应急处置方案》，被烧加油员就地打滚，附近加油员工迅速抢救伤员，大声呼叫，收款员立即切断加油机电源，站长和领班组织人员扑救着火车辆，将车推离至安全地带，在车辆附近设置警戒标志；在进出口放置暂停营业牌，疏散站内人员和车辆，对烧伤人员进行紧急处理，在发现司机烧伤较重时，收款员迅速拨打了 120 急救电话，由于组织得当，指挥有力，加油站在 1min 内就将火势扑灭。站长命令保护现场，随后迅速向区域经理报告，并就火灾受损情况报保险公司。

该事件使当班加油员手部烧伤，开车司机上身多处烧伤，直接经济损失 5000 余元。

(三)加油站发生抢劫事件

某市郊加油站，位于某市城乡结合部的道路上。加油站周围交通便利，有多条国道与高速公路在旁边交汇。该加油站有卡机联动加油机 4 台，拥有小超市等配套服务，夜间销量占日销量不到 30%，每班 3 名员工当班。2007 年 11 月 10 日，深夜两点多钟，一辆无牌车辆驶入加油站实施抢劫，劫犯首先在远离营业厅的泵岛加油，劫持一名加油员，并将其绑至车内。而此时，营业厅内的两名员工，对发生的抢劫事件浑然不知，随后，抢劫犯至营业厅实施抢劫，其中一名劫犯先谎称货架底层的某商品过期，吸引另一名加油员过去，当加油员弯腰检查商品时，劫犯利用货架挡住收款员视线，迅速将其制服，另一名劫犯则故意说要买香烟，并挡住收款员的视线。当

加油站只剩一名收款员时，劫犯露出了凶残的面目，将刀架在了收款员的脖子上，要求交出保险箱内钱款。收款员首先打开抽屉，将抽屉内不到2000元钱交给劫犯，并告之晚间生意差，全部营业款全部在抽屉内，但保险箱在储藏室内，钥匙由站长保管，员工是没有钥匙的。劫犯在取走抽屉内的钱款，翻出员工存放的3部手机后，逃之夭夭，并在中途扔下被绑架员工。

加油站当时采取的对策：①劫犯逃窜后，收款员急忙在小商品区找到加油员，并将绳子解开；②收款员及时向站长报告和向110报警，并保护现场；③站长及时向110报警，并及时向区域经理报告；④清点被抢财物；⑤加油站当班员工会同在站休息的其他员工，及时寻找被绑架员工；⑥当事员工向110详细报告劫匪的面貌特征、着装、语言、事情经过、使用的车辆、逃窜方向、人员受伤情况、所用的凶器等等。

由于提供的线索比较翔实和警方的大力侦查，三天后，警方成功抓获了犯罪嫌疑人。

第三节　油库应急预案

油库应根据现场实际情况制定应急预案。制定应急预案必须体现这样一个原则：在保证人员安全的前提下，尽可能地减少国家财产的损失。

油库应制定但不限于下列应急预案：

(1)油库灭火应急预案；

(2)油库突发事件应急预案；

(3)油库应急疏散预案；

(4)管线泄漏应急预案；

(5)防跑、冒油应急预案；

(6)油罐渗漏应急预案；

(7)防中毒应急预案；

(8)防洪、防汛应急预案；

(9)防震应急预案；

一、油库灭火应急预案

油库常设义务消防组织有：后勤供应组、通信警卫组、灭火器材组、抢救疏散组等。油库员工都应是义务消防队员，应做到“四懂四会”，即懂本岗位生产过程的火灾危险性，懂预防火灾的措施，懂扑救方法，懂疏散方法；会报警，会使用灭火器材，会扑救初期火灾，会组织人员逃生。作为义务消防员，要学习和掌握灭火技术知识，学会初期火灾的扑救方法，做到不延误时间、不扩大事故、不失掉灭火良机；要牢记“119”火警电话号码，会用火警电话或其他报警工具报警。报警时，态度要冷静，能迅速、准确地将着火地点、燃烧物、姓名、联系电话等向对方讲清楚。在特殊情况下，还应将火势发展情况、有无危险物爆炸情况、人员伤亡情况等向对方讲明；在火场上，应按照应急预案的分工，积极主动配合专业消防员进行灭火工作。

灭火应急预案作为训练和实战的主要依据，其主要内容包括：

(1)火场组织领导和指挥系统；

(2)着火点地理位置；

(3)建构筑物的结构形式、耐火等级、面积、高度、内部设施及相互间的距离；

(4)灭火作战人员的配置、分工、警卫力量的布置，物资抢救、人员疏散措施及相应的操作程序；

(5)各种消防器材的数量、摆放位置、应急补充措施；

(6)对外通信联络及外援力量的部署、指挥等。

(一)轻油付油区某日下午三时，由于人为或其他原因使正在装油的11#装车货位起火

1. 现场分析

轻油付油区共有12个货位，11#装车货位为93#汽油货位，东西两侧分别为93#和97#油罐车装车货位，轻油发油泵房近在咫尺。向东20m是柴油车装车货位，并有汽车罐车在灌装柴油。

2. 现场消防设施和消防器材

付油现场有35kg干粉灭火器10台，消防沙桶8个，8kg干粉灭火

器36个，石棉被18条，泡沫钩管枪2支，消防栓4个，泡沫栓4个。

3. 灭火作战方案

(1)现场作业人员发现火险后立即拉响警报，同时拨打119火警台报警。

(2)所有发油货位立即停止发油，关闭所有发油阀门，并停电。

(3)现场监护的消防执勤人员迅速利用现场消防器材对着火油罐车进行扑救。

(4)全体职工听到火警后，迅速赶往发油现场，在火场指挥部的领导下统一行动。

(5)专职消防队将消防车开往现场，根据当时天气情况，视火情大小抢占有利地形，用干粉炮或干粉枪实施攻击。

(6)同时将着火车辆转移至安全地带。

(7)后勤供应组迅速将消防器材集中调往出事地点备用。

(8)警卫人员负责疏散车辆及无关人员并维持大门秩序，同时，设专人接应和引导市消防队的援助。

(二)某日下午4时5000m^{3}油罐发生火灾

1. 现场分析

5000m^3 2$^\#$油罐是内浮顶罐，同相邻的5000m^3 3$^\#$油罐一样装有汽油，油罐四周设有消防通道。当时正刮东北风，便于用北边的消防设施扑救，但还是威胁5000m^3 3$^\#$罐的安全，情况危急。

2. 现场消防设施和消防器材

罐体安装有冷却喷淋装置和固定泡沫灭火装置。四周有消防栓6个，泡沫栓2个，距1$^\#$消防间80m，内有8kg干粉灭火器20个，35kg干粉灭火器2个，50kg干粉灭火器3个，石棉被20条，泡沫钩管1支。

3. 灭火作战方案

(1)发现火险后，警卫值勤人员立即拉响警报并向119火警报警。

(2)行政值班领导火速组织在库值班人员赶赴火场，并临时指挥。

(3)专职消防队迅速将消防车开往现场抢占有利地形，用干粉炮实施攻击，司泵员立即到消防泵房做好启动消防泵的准备，消防员到现场负责打开通往2#罐体的消防泡沫管线阀门，同时打开2#和相邻3#罐喷淋冷却管线阀门，通知消防泵房开泵。并利用泡沫枪对着火油罐实施扑救。

(4)计量员负责将3#罐量油口盖严，并将当日动转油罐的阀门关闭。

(5)灭火器材组利用1#消防间的消防器材对地面流淌火和零星火点进行扑救。

(6)其余人员在业务调度的领导下将其他区域的消防器材运到火灾现场并负责消防泵房泡沫的供应。

(7)警卫值勤人员负责大门口秩序和疏散车辆及闲杂人员，同时，设专人迎接市消防支队的援助。

(三)某日西南风，天气阴沉，5000m^{3}4#罐发生爆炸

1. 现场分析

5000m^{3}4#油罐和相邻的2#、3#油罐，均储存有柴油，5000m^{3}4#罐东30m处是轻油卸油泵房和卸油栈桥，北面是2#罐，西面是3#罐，南面是5m宽的消防通道，与消防通道一路之隔排列着2个3000m^3 油罐。在西南风的作用下，火势直接威胁2#罐和轻油卸油泵房及卸油栈桥，若不及时控制火势，后果严重。

2. 现场消防设施和消防器材

5000m^{3}4#油罐，罐体装有固定灭火装置和喷淋设施，四周可供使用的消防水栓7个，沫泡栓2个，距东南方向消防器材间40m，内有8kg干粉灭火器20个，35kg干粉灭火器2个，50kg干粉灭火器4个，石棉被10条，泡沫钩管枪2支。

3. 灭火作战方案

(1)发现火险后，警卫人员立即拉响警报，并向119火警台报警。

(2)全体在库职工和专职消防队迅速赶赴火场，在火场指挥部的指挥下，进行扑救。

(3)专职消防队司泵员赶赴消防泵防做好启动消防泵准备，1#消防员奔向泡沫管线4#罐阀门处迅速打开阀门；2#消防员打开2、3、4#罐喷淋冷却阀门，通知消防泵房开泵。

(4)消防车停靠在5000m³4#罐的西南方向，对着火部位实施攻击，并利用泡沫栓出4支泡沫枪，进行扑救。

(5)大灭火机组利用35kg和50kg灭火器对流淌火进行扑救，小灭火机组对地面零星火进行扑救。

(6)石棉被组负责将周围所有油罐的量油口和呼吸阀用石棉被盖严。

(7)计量员迅速将所有输转油品的阀门关闭。

(8)其余人员到消防泵房负责泡沫供应。

(9)警卫人员负责疏散车辆和闲杂人员，并维持大门口秩序，同时等待市消防支队的援助。

(四)轻油卸油泵房某日上午9时，因电机故障或其他原因起火

1. 现场分析

轻油卸油泵房往西40m是5000m³ 4#罐和6#罐，全部装有柴油，门前便是铁路栈桥，铁路上停有待卸的油槽车若干辆。卸油泵房是油库的要害部位，直接把卸油槽车和储存油罐连接起来，起着输送油品的关键作用，如不及时控制(扑灭)火势，直接威胁着储存油罐和油罐车的安全，后果非常严重。

2. 现场消防设施和消防器材

附近有消防水栓3个，泡沫栓2个；距轻油卸油泵房南40m处是2#消防间，内有8kg干粉灭火器30个，35kg干粉灭火器2个，50kg干粉灭火器4个，石棉被20条，泡沫钩管枪2支。

3. 灭火作战方案

(1)发现火险后，警卫人员立即拉响警报，并向119火警发出报警。

(2)全体职工听到火警后，迅速赶往卸油现场，在火场指挥部的领导下统一行动。

(3)专职消防队迅速将消防车开往现场并抢占有利地形，视情况利用车装干粉枪以门口为阵地进行主攻。

(4)大灭火机组利用35kg干粉灭火器或50kg干粉灭火器以窗口为阵地进行辅攻。

(5)石棉被组立即登上槽车将罐口盖严，防止火势蔓延。

(6)铁路调度立即通知车站将油槽车拉到安全地带(特殊情况可组织人工推拉)。

(7)后勤供应组负责将其他区域的灭火器材运往现场备用。

(8)警卫班负责疏散一切拉油车辆，同时设专人迎接市消防支队的援助。

(五)卸油栈桥一道5#油槽车由于人为原因着火

1. 现场分析

卸油栈桥一道5#货位位于铁路栈桥南端，东邻相靠是二道铁路专用线，西6m是黏油卸油泵房和黏油泵房，南6m是接卸120#汽油和200#汽油的露天泵房。铁路栈桥二道1#~20#货位停放有90#汽油，一道停放着正接卸的93#汽油25车。此时东南风3~4级，若不及时控制火势，将直接威胁输油管线和轻油卸油泵房及输入油罐的安全，后果不堪设想。

2. 现场的消防设施和消防器材

栈桥的附近有消防水栓2个，偏西北方向有泡沫栓1个。栈桥上面设置有10个消防柜，存放8kg干粉灭火器40个，石棉被40条；偏西北方向有2#消防器间1座，内放有8kg干粉灭火器30个，35kg干粉灭火器6个，50kg干粉灭火器4个，石棉被30条，泡沫钩管枪2支。

3. 灭火作战方案

(1)现场正在卸油的消防监护人一方面组织人去拉响警报并向119火警报警，一方面展开扑救工作。同时卸油司泵员立即停泵作业，并关闭所有卸油阀门。

(2)听到警报后，全体职工和火场指挥部火速到一道5#火灾现场。

(3)正在现场监护卸油的消防司泵员迅速跑到消防泵房启动消防

泵；班长、消防员、司机各拿两盘水带进行连接，现场计量员负责将消防间的钩管枪运送到现场，班长、消防员负责将水带与钩管枪连接后，挂在槽车罐口上；司机负责将水带接到泡沫栓上，并打开泡沫扑救。

(4)若火势控制不住，消防车可利用有利地形用干粉枪或炮实施攻击。

(5)灭火机组利用消防水栓对其他油槽车实施冷却。

(6)石棉被组将相邻正在接卸的油槽车油罐口盖严，防止火势蔓延。

(7)小灭火机组从北面栈桥入口跑步上栈桥，利用8kg干粉灭火器扑救其他油槽车上的零星火点。

(8)铁路班班长组织力量将槽车分开推拉到安全地带。

(9)铁路调度员负责联系车站机车将槽车拖出库区。

(10)警卫员负责疏散大门外车辆和闲杂人员，同时设专人迎接市消防支队的援助。

(六)某日下午两点，中转泵房因电源短路或其他原因起火

1. 现场分析

北面10m处有1000m^{3}立式油罐6座，均装有汽油，南面20m为高架营业罐，分别装有汽油、煤油和柴油。中转泵房如同人的心脏，直接将储存油罐和高架营业罐连通起来，起着输送油品的关键作用。如不及时扑救，将直接威胁整个库区的安全。

2. 现场消防设施和消防器材

附近有消防水栓2个，泡沫栓1个，门前有消防沙桶1个，室内有8kg干粉灭火器5个。往南50m路有消防器材间一座，内有8kg干粉灭火器20个，35kg干粉灭火器2个，50kg干粉灭火器3个，石棉被20条，泡沫钩管枪1支。

3. 灭火作战方案

(1)发现火灾后，警卫人员立即拉响警报，并向119火警台报警。

(2)全体职工在听到火警后，迅速赶往现场，在火场指挥部的领导下统一行动。

(3)专职消防队迅速将消防车开往现场，并抢占有利地形，视情况利用车装干粉枪以门口为阵地进行主攻。

(4)灭火组利用35kg干粉灭火器或50kg干粉灭火器以窗口为阵地，进行辅攻。

(5)石棉被组立即登上1000m^3油罐，将所有量油口盖严，防止火势蔓延。

(6)后勤供应组负责将其他区域的灭火器材运往现场备用。

(7)警卫班负责疏散一切拉油车辆，同时设专人迎接市消防支队的援助。

二、油库防范突发治安事件应急预案

为了加强油库安全防范工作，提高预防突发性事件的应变能力，搞好自防自救，增强职工自我保护意识，确保人身和财产安全，制定本预案。油库在受到外界力量威胁时，在岗人员应立即进行应急处置，确保油库安全。油库应成立治安保卫组，其主要职责是：加强安全教育，按照应急预案组织员工进行演练，提高员工安全防范意识和防范能力，应制定防范突发治安事件应急预案。

(一)报警

(1)发生突发事件时，由警卫人员按警铃通知在库人员，并及时报告值班主任。

(2)用内部电话通知在岗人员。

(3)上报公司值班人员或直接报公司领导，视情况打110报警电话，通知公安机关前来处理。

(4)报警时应简单扼要地说明事发地点、性质、主要情况等。

(二)集合地点

油库前大门内侧。

(三)安全防范设备、技术器材

(1)可根据自身实际安置于显要地位。

(2)器械配备：前、后警卫，巡检，值班主任各配一支警棍。

(四)情况处置

(1)警卫值班人员(或发现情况者)应及时报告值班主任，并对其肇事者进行劝解教育，尽量防止事态进一步扩大。

(2)在库人员听到警报或接到通知时，应迅速赶到出事地点，按照领导的指令果断进行处置。

(3)领导在处理突发事件时，要判断情况正确、处置果断奏效。

(五)可能发生突发性事件危及油库安全和人身安全的几种情况

(1)社会闲杂人员在油库大门外寻衅闹事。

(2)个别不法分子怀着政治目的或个人目的，企图入库进行破坏。

(3)不法分子企图入库盗窃。

(4)酒后闹事。

(5)其他危及油库财产和人员安全的行为。

(六)预防突发事件的措施

(1)加强安全教育，组织员工进行实地演练，熟悉方案内容，提高安全防范意识和防范能力。

(2)值班人员坚守岗位，落实巡检制度，值班主任夜间不少于三次巡查，安全员和消防队按规定时间进行巡检，及时发现并整改不安全隐患。

(3)加强与周边单位、居民和公安部门联系，搞好治安防范工作。

(4)油库财务人员要严格按财务管理制度规定，做好现金管理工作。

(5)每月与治安联防单位召开一次简明社情会，掌握社情动态。

(6)警卫人员要坚守岗位，陌生人员来库办事、找人，不得单独入库，警卫人员可联系被找人后，由被找人员陪同方可入库；夜间非本库人员禁止入库。

三、油库应急疏散预案

油库主要是储运石油产品，而石油产品由于具有易燃、易爆等危险性，在发生自然灾害或其他原因造成不可抗拒的突发性重大事故，在岗人员又无力应付，已危及生命安全时，应进行应急疏散，以确保人员生命安全。为了加强油库安全防范工作，提高对各种特大自然灾害等突发事件的应变、应急能力，确保人身安全，切实做到防患于未然，增强全体员工的安全意识，制定应急疏散预案。

(一)组织指挥

指挥员由值班主任担任，注意了解情况，及时汇报。

(二)人员分组

第一组

组长：

计量、化验和办公室人员。

第二组

组长：

卸车班和发油班人员。

第三组

组长：

机电维修班人员。

(三)报警

(1)报警器长鸣。发现人及时拉报警器或口头通知值班主任。

(2)在组织疏散过程中应用电话向公司领导和值班室汇报。

(3)在组织疏散过程中应向市消防支队或市政府有关部门汇报。

(四)组织疏散

发生应急情况时，指挥员应及时果断发出疏散指令，按照预案分组和疏散路线进行疏散。

(五)疏散路线

轻油泵房及以东人员(第一组、第二组)向东疏散，经东(前)大门出库；轻油以西人员(第三组)向西疏散，经西(后)大门出库。

(六)警戒

油库内不管发生任何情况，大门警卫人员必须坚守岗位，防止无关闲杂人员和车辆入库。

(七)要求

(1)服从命令，听从指挥。

(2)注意安全，避免不必要人员伤害。

四、管线泄漏应急预案

为确保油库安全生产的顺利进行，及时处理突发事故快速反应能力，最大限度减少管线泄漏所造成损失和危害，确保油库“收、发、存、转”的顺利进行，制定管线泄漏应急预案。

(一)应急组织原则

1. 组织原则

油库防管线泄漏应急预案，应服从公司的统一领导，坚持局部利益服从全局利益，一般工作服从应急工作的基本原则。

2. 协调原则

日常应急工作，应与公司日常行政管理、安全管理、消防管理协调一致，又要在应急工作实施过程中具有权威性，即调动各部门组织能力相互配合。

3. 重视发生灾害的程度

应考虑管线泄漏给油库库区带来的意外事故。

4. 预案使用范围和启动条件

本预案制定后上报公司备案，凡油库发生管线泄漏事故，本预案开始启动。

(二)组织机构及人员分工

1. 组织机构

成立应急管线泄漏领导小组：

组　长：

副组长：

成　员：

2. 人员分工

组长立即组织油库管线泄漏小组成员，迅速赶赴现场。

设备股长迅速派机修人员到现场维修。

小组成员准备物资。

(三)应急处理原则

(1)领导小组实施应急工作的指挥任务，执行上级部门有关指示，根据上级要求，组织库内的应急工作的实施。

(2)协调各班股的抢险、救灾、医疗、救护、消防安全保卫、物资救援等工作。

(3)向上级负责实施预案的情况。

(四)应急物资

抽油泵、铝盆、铝簸箕、空桶、4in 管夹、6in 管夹等。

(五)火灾扑救与控制

(1)司泵人员发现后迅速关闭相关阀门，将泄漏管线内油品抽空。

(2)机修维修人员采取临时性扑救措施。

(3)现场人员利用应急物资收集泄漏油品，清理打扫事故现场。

(4)消防人员迅速赶往现场，避免事故发生。

(5)机修人员对泄漏管线进行维修，恢复正常生产作业。

(六)预案演练

(1)每年进行一次本预案演练。

(2)演练结束后，及时对管线进行维修，恢复正常。

(3)及时填写预案记录。

五、防跑冒油应急预案

为确保油库安全，提高职工对安全工作的认识，增强职工的工作责任心，以及对处理跑、冒油突发事故的快速应急能力，最大限度地减轻国家因跑、冒油造成的损失和危害，为油库的安全生产打下良好的基础，制定防跑冒油应急预案。

(一)应急组织原则

1. 组织原则

油库“预防跑、冒油预案”，应服从公司的统一领导，坚持局部利益服从全局利益，一般工作服从应急工作的基本原则。

2. 协调原则

应急工作与公司日常行政管理、安全管理、消防管理和防跑、冒油协调一致，又要在应急工作实施过程中具有权威性，全部调动各部门组织能力，相互配合，协调一致。

3. 重视发生灾害

由于石油产品的特性，易燃、易爆、易挥发，极易造成火灾，污染环境，危险极大，应急工作应充分考虑这些问题。

4. 预案适用范围和启动条件

本预案制定后，应上报公司备案，凡油库发生大量跑、冒油时，本预案开始启动。

(二)组织机构及人员分工

1. 组织机构

成立防跑、冒油领导小组：

组　长：

副组长：

成　员：

2. 人员分工

组长立即组织油库有关人员，迅速赶赴现场。

涉及班组人员迅速展开自救。

所有作业立即停止。

(三)应急处理原则

(1)领导小组实施应急工作的指挥任务，执行上级部门有关指示，根据上级要求，组织库内的应急工作的实施。

(2)协调各班股的抢险、救灾、医疗、救护、消防安全保卫、物资救援等工作。

(3)向上级负责实施预案的情况。

(四)应急物资

空桶、铝盆、铝簸箕等。

(五)现场控制措施

(1)涉及岗位工作人员立即利用应急物资进行收集油品。

(2)汽油货位发生跑冒油，除立即停止发油外，车辆禁止启动。

(3)发油现场和泵房应使跑、冒油品全部清理完毕，确认安全无误后作业。

(4)专职消防队赶赴现场，避免意外事故发生。

(六)事故处理

(1)按照“四不放过”处理原则，迅速查找原因。

(2)大面积跑冒油立即报告公司总部。

(3)如属人为原因应按损失赔偿。

(4)教育当事人，接受教训，举一反三，避免此类事故发生。

(七)预案演练

(1)每年进行一次本预案演练。

(2)涉及预案演练班股：发油班、司泵班、计量班。

(3)各班股岗位自救演练内容附后。

(4)演练结束后及时填写预案记录。

(八)关键岗位跑冒油演练自救内容

1. 发油班

演练内容：发油场地跑冒油。

演练程序：某日发油场地货位发生跑冒油。

(1)发油班长通知发油员迅速停止发油作业，并通知现场消防监护人员。

(2)现场消防监护人员立即报告保卫部门(股)到达现场。

(3)发油班长组织本班组员工利用铝盆、铝簸箕和棉纱收集跑冒油品。

(4)同时通知相关(自定)班组将收集油品储存于油桶内处理。

(5)汽油现场出现跑冒油后，现场消防监护人员迅速通知专职消防队赶赴现场，避免意外事故发生。

(6)汽油现场发生跑冒油，车辆停止启动，并且使油品彻底挥发干净后才能继续发油。

演练记录：按照油库跑冒油应急处置预案到档案室进行登记。

2. 司泵班、计量班

演练内容：泵房或油罐跑冒油。

演练程序：某日某泵房或油罐发生跑冒油。

(1)泵房内(中转、卸油)阀门渗油或漏油严重，司泵员应立即停止作业，通知机修人员进行维修。

(2)根据阀门渗漏程度立即开展自救。

(3)接卸油品过程油罐发生冒油，应立即停止卸油作业，计量员立即关闭相关阀门。

(4)计量员、司泵员、卸油员及当日行政、业务值班人员迅速利用应急物资收集跑冒油品。

(5)迅速将空油桶运往事故现场备用。

(6)专职消防队立即赶赴现场避免意外事故发生。

(7)营业罐发生冒油，中转司泵员应立即停止中转作业，召集现场人员进行抢救(步骤同上)。

演练记录：按照油库跑冒油应急处理预案进行，并到档案室进行登记。

六、油罐渗漏应急预案

为确保油库安全，提高职工对安全工作的认识，增强职工的工作责任心，以及对油罐渗漏突发事故的快速反应能力，最大限度地减少因油罐渗漏造成的经济损失和危害，为油库的安全生产打下良好的基础，制订油罐渗漏应急预案。

(一)应急组织原则

1. 组织原则

油库“油罐渗漏预案”应服从公司的统一领导，坚持局部利益服从全局利益，一般工作服从应急工作的基本原则。

2. 协调原则

应急工作与公司日常行政管理、安全管理、消防管理和油罐渗漏预案协调一致，又要在应急工作实施过程中具有权威性，全部调动各部门组织能力、相互配合、协调一致。

3. 重视发生灾害

由于石油产品具有易燃、易爆、易挥发等特性，极易造成火灾，污染环境，危险极大，应急工作应充分考虑这些问题。

4. 预案适用范围和启动条件

本预案制定后，应上报公司备案，凡油库发生油罐渗漏时，本预案开始启动。

（二）组织机构及人员分工

1. 组织机构

成立油罐渗漏领导小组：

组长：

成员：

2. 人员分工

组长立即组织油库有关人员赶到现场。

涉及班组及设备维修人员迅速展开自救。

相关作业立即停止。

（三）应急处理原则

（1）领导小组实施应急工作的指挥任务，执行上级部门有关指示，根据上级要求组织库内应急工作的实施。

（2）协调业务、设备班股的抢险、治渗及消防安全、物资保障等工作。

（3）向上级主管领导报告实施预案的情况。

（四）应急物资

电焊机、焊条、钢板等。

（五）现场控制措施

（1）涉及分管油罐的班组人员立即将渗漏油罐的油品输转到其他容器（油罐）。

（2）汽油储罐发生渗漏，现场采取安全防范措施。

（3）设备维修人员按规定要求进行补渗。

（4）油罐渗漏严重时应采取相对措施，并及时上报，按有关规定执行。

（六）事故处理

（1）根据油罐渗漏情况查找原因。

（2）检查有关记录核对是否按规定进行检测，如无检测，追究有关人员责任。

（3）根据油罐渗漏情况给予处理。

（4）油罐渗漏严重，造成经济损失的按照“四不放过”原则进行处理。

（七）预案演练

（1）每年进行一次本预案演练。

（2）演练情况及时登记。

（3）演练中要找出不适合预案的措施及情况，并不断改进。

七、预防中毒应急预案

石油产品是由烃类化合物及少量非烃化合物组成，对人体有不同程度的毒性。因此，为了保护油库工作人员的身体健康，为劳动者创造一个良好的工作环境，有必要采取积极的措施预防中毒事故的发生。

（一）应急工作原则

1. 组织原则

油库“预防中毒应急预案”，应服从公司的统一领导，坚持局部利益服从全局利益，一般工作服从应急工作的基本原则。

2. 协调原则

“防中毒”工作与油库行政、业务、设备、安全等方面协调一致，在实施工作中要全面调动各班股的力量，相互配合、协调一致。

3. 重视发生灾害的程度

中毒预案应考虑人身中毒伤亡及环境保护。

4. 预案适用范围及启动

本预案制定后上报市公司备案，适用于油库清罐作业、卸油发油等各项中毒性工作，在作业中发现人员中毒，即启动本预案。

（二）油库组织机构及人员分工

1. 组织机构

成立“预防中毒应急预案领导小组”。

组　长：

副组长：

成　员：

2. 人员分工

(1)组长立即组织有关人员赶赴现场。

(2)油库救护小组迅速到达现场，负责抢救伤员。

（三）应急处理原则

(1)领导小组实施应急工作的指挥任务，执行上级部门有关指示，根据上级要求，组织库内应急工作的实施。

(2)协调各班股的抢险、救灾、医疗、救护、消防安全保卫、物资救援等工作。

(3)向上级负责实施预案的情况。

（四）应急物资

保险绳、保险带、防爆灯、防毒面具、吹风机、车辆、防油鞋、自制担架等。

（五）灾害的扑救与控制措施

(1)加强对油库作业场所的管理和检查监督，对工作人员加强防毒安全教育，定期测定作业场所内空气浓度，使其不超过规定的最大允许浓度。

(2)加强对储输油设备的管理，使其处于完好状态，做到不渗漏，减少空气中油蒸气的浓度，特别应防止含铅汽油的跑、冒、渗、漏。

(3)加强工作场所的通风管理，充分利用自然通风和机械通风，将泵房、灌桶间、桶装库房以及储油区等易于积聚油气场所的有害气体及时排放到安全地带，减少这些有害气体的积聚，降低工作场所的油气浓度。

(4)禁止用汽油洗手、机械零件、衣服等。

(5)收发油作业时，应穿戴工作服和手套，并站在顺风向的上方，避免油料洒在皮肤或衣服上。作业中如需进食、饮水等离开现场，应用热水和肥皂洗漱后，在指定地点进行。作业结束后，应对沾有含铅汽油的工具、器材、工作服等及时消毒处理。金属工具、器材可用煤油或洗涤汽油进行擦洗，皮肤、衣物可用1:3的漂白粉水溶液进行消毒，再用肥皂水进行洗涤，消毒用的抹布、锯末以及从罐底清出的含铅沉淀物等，应选择安全地方将其埋掉。工作完毕后，脱下的工作服等应在专门地点保管，不准穿工作服回宿舍、吃饭等，吃饭、抽烟前必须用热水和肥皂仔细洗浴，养成良好的卫生习惯。

(6)量油、取样及监视罐(车)内液面应站在上风方向或侧风方向。

(7)从事含铅汽油作业的人员，不宜吸烟、饮酒，因为它们会刺激神经系统，加速铅在人体的溶解，且不易排铅。要定期检查身体，及时治疗中毒病状。

(8)油罐清洗作业前，应检测罐内油气浓度，如果罐内油气浓度超过爆炸下限的1%，则进罐作业人员应装备整套的防护衣服、靴子和手套，佩戴合适、质量合格的通风防毒装具，并系好安全绳，如无可靠的防护措施禁止入罐作业。如果罐内油气浓度超过该油品爆炸下限的40%时，即使有可靠的防护措施，也不宜进罐作业。在任何情况下进入汽油罐作业均应穿防护服装及佩戴通风防毒器具。

通常应分组进罐作业，每次作业时间一般不超过15min。罐外人孔设有专人监护，并与罐内作业人员经常保持联络。每次进罐作业前，都应对通风防毒器具进行检查、试验、清洗、消毒，并检查风管连接是否可靠。

(9)在泵房、库房、管沟等场所进行涂装作业时，应充分利用自然通风和机械通风，尽量排出油气及其他有害气体，防止积聚。同时，针对各种涂料的不同毒性，采取相应的防护措施，进入罐内涂装作业时，应采取比油罐清洗更严格的安全防护措施。

(10)加强对防毒面具的检查维护，确保防毒面具质量完好、安全可靠。

（六）应急求援

迅速与120急救中心联系，实施伤员救护。

（七）预案演练

（1）每年进行一次本预案演练。

（2）作好预案的记录。

八、防汛应急预案

为确保油库安全生产的顺利进行，及时处理突发事故快速反应能力，最大限度减少洪汛造成损失和危害，确保油库“收、发、存、转”的顺利进行，应制定防汛应急预案。

（一）应急组织原则

1. 组织原则

油库防汛应急预案，应服从公司的统一领导，坚持局部利益服从全局利益，一般工作服从应急工作的基本原则。

2. 协调原则

日常应急工作，应与公司日常行政管理、安全管理、消防管理协调一致，又要在应急工作实施过程中具有权威性，即调动各部门组织能力相互配合。

3. 重视发生灾害的程度

应考虑油库库区因洪灾而引起的意外事故。

4. 预案使用范围和启动条件

本预案制定后上报公司备案，凡油库发生洪灾，本预案开始启动。

（二）组织机构及人员分工

1. 组织机构

成立应急防汛领导小组。

组　长：

副组长：

成　员：

2. 人员分工

组长立即组织油库防汛小组成员，迅速赶赴现场。

启动油库排水工程，将库区积水排出库外。

各成员按照分工，将积水中的物资及设备抢救出来。

(三)应急处理原则

(1)领导小组实施应急工作的指挥任务，执行上级部门有关指示，根据上级要求，组织库内的应急工作的实施。

(2)协调各班股的抢险、救灾、医疗、救护、消防安全保卫、物资救援等工作。

(3)向上级负责实施预案的情况。

(四)应急物资

编织袋、铁锹、雨衣、胶鞋、手电筒、电池等。

(五)预案演练

(1)每年进行一次本预案演练。

(2)演练结束后，及时对排水设施维修、保养，恢复正常。

(3)及时填写预案记录。

九、防震应急预案

加强“破坏性地震的应急工作”的管理，根据开封油库各班股职责，认真履行各自的应急工作职能，使地震发生后，各班股的应急工作快速启动，高效有序，最大限度地减轻油库因地震及其次生灾害而造成的损失，利用现有条件和行业优势，为震后恢复工作和生产创造有利条件，应制定防震应急预案。

(一)应急组织原则

1. 组织原则

油库防震应急预案，应服从公司的统一领导，坚持局部利益服从全局利益，一般工作服从应急工作的基本原则。

2. 协调原则

日常应急工作，应与公司日常行政管理、安全管理、消防管理协调一致，又要在应急工作实施过程中具有权威性，即调动各部门组织能力相互配合。

3. 重视发生灾害的程度

由于石油成品油具有易燃、易爆、易流失的特性，决定了地震次生灾害将比较严重，极易造成火灾和严重污染环境，甚至其危害远远大于地震本身造成的灾害，应急预案应充分考虑这些问题。

4. 预案使用范围和启动条件

本预案制定后上报市公司备案，适用于油库库区发生 6.5 级以上地震时，本预案开始启动，并按本预案组织实施应急工作。低于一般破坏性地震指挥的地震按日常管理程序处理。

(二)组织机构及人员分工

1. 组织机构

成立应急防震领导小组。

组　长：

副组长：

成　员：

2. 人员分工

组长立即组织油库防震小组成员，迅速赶赴现场。

各成员按照分工，做好震区的抢救工作。

(三)应急处理原则

(1)领导小组实施应急工作的指挥任务，执行上级部门有关指示，根据上级要求，组织库内的应急工作的实施。

(2)协调各班股的抢险、救灾、医疗、救护、消防安全保卫、物资救援等工作。

(3)向上级负责实施预案的情况。

(四)预案演练

(1)每年进行一次本预案演练。

(2)演练结束后，及时填写预案记录。

应急物质的器材配置和统计参考见表 9－1～表 9－5。

表9-1 油库通信器材表

名　称	数　量	号　码
对讲机		
报警电话		
值班电话		
办公电话		
业务传真		

表9-2 安全检测仪器、防爆工具一览表

名　称	单位	规　格	数　量
测厚仪	台		
可燃气体报警器	台		
便携式可燃气报警器	台		
接地电阻检测仪			
梅花扳手	个		
活动扳手	个		
铜　锤	个		
铝　盆	个		
铝簸箕	个		
防爆手电筒	个		

表9-3 个人防护用品表

名　称	单　位	数　量
防毒面具	套	
绝缘手套	对	
绝缘鞋	对	
安全带	套	

表9-4 应急联系电话

单位	市消防支队电话联系号码	医院急救中心	其他联防单位
电话	119	120	

表9-5 消防设施器材、灭火物质一览表

消 防 泵 房、水 泵 分 布 情 况					
名 称	型 号	数 量	功 率	扬 程	出水量
多级离心式水泵					
消防机井泵					
消防水塔深井泵					

消 防 水 栓			消 防 泡 沫 栓		
管网形式	管道直径	数量	管网形式	管道直径	数 量

泡 沫 发 生 器 分 布 情 况					
油罐名称	数 量	每罐泡沫发生器数量	型 号	共 计	状 况

消 防 器 材 配 备 情 况						
灭火器型号	50kg 手推式干粉灭火器	35kg 手推式干粉灭火器	8kg 干粉灭火器	二氧化碳灭火器	状况	
数量						
消防设施	消防柜	喷淋设施	石棉被	水带	钩管枪	消防沙桶
数量						
消防车						
消防池						
泡沫液						

第四节　应急预案演练

应急预案应按规定组织演练。要组织全体员工进行应急预案的演练，有的应急预案不便进行现场演练，但应通过桌面推演让每一位员工掌握应急处置步骤。

每个应急预案应每年组织一次演练，演练要有记录。对应急预案进行每年一次的适用性审核，并适时对应急预案进行修订。

一、消防灭火演练

消防灭火演练主要由计划组织、准备工作、演练实施和演练结束四个步骤组成。

(一)消防灭火演练存在的不符合分析

1. 计划组织

未制定演练计划和灭火作战实施方案、灭火作战方案不全面、未建立组织机构、专职义务消防组织机构不建全、作战方案不符合实战要求、组织机构职责不明确、未按作战预案进行培训演练、未选定勘察演练场地、未进行演练前的综合教育。

2. 准备工作

未和毗邻单位和居民进行联络，未向上级部门进行报告或申批，联络通信不畅通，报警装置失灵，演练器材配备不足，未按规定着装或穿戴防护用品，消防车状态不良，器材配备不足，消防管线未充水，消防水池水源储量不足，消防泵房的设备未检查调试，泡沫液储量不足或失效，未向指挥机构提供资料或图纸，未划定警戒线或安排警戒人员，义务消防组织应急抢险器材物品配备不到位，未对演练区域的设备进行防护，未对泡沫产生器进行封堵，演练区域设备正在运行或施工作业，未准备医疗药品或器具，无明显的演练标志，现场车辆、无关人员未进行撤离。

3. 演练实施

未报清楚着火地点、物质、姓名和火情大小，出警不迅速，人员未到位，未按要求携带作战器材，未按指定路线到达预定火点，未对火场进行勘察，义务消防员未及时到达现场，出水不及时、压力不足，灭火人员进入防火堤内操作不当、开启消火栓过快，灭火方案出现偏差，现场指挥未及时调整方案、采取补救措施，义务消防与专职消防配合不当，指挥人员不熟悉演练预案、现场混乱，演练中出现人身伤害、设备损坏，未进行应急处理，相邻油罐的油品未进行输转或输转不及时。

4. 演练结束

未解除作战指令，未进行讲评或清点人员，未关闭设备，未对现场进行检查，未及时排放积水、清洗设备，未对污水进行处理，未对器材进行清点、归位，未做好演练记录，未对演练进行总结，未对作战方案进行修订完善。

(二)消防灭火演练指南

1. 计划组织

根据油品特性和作业特点制订灭火方案和演练计划。

(1)建立由油库主任领导的仓储、工务、办公室、消防队等组成的防火领导组。

(2)设立专职消防队和义务消防组织，义务消防由隔离、疏散、抢修、抢救、后勤、警戒组组成。

(3)按照灭火方案和演练计划进行教育培训，熟悉灭火方案，掌握灭火知识、应急救护办法和安全控制措施。

(4)按照小组的职能任务分工明确，责任到人。

2. 准备工作

(1)向上级单位报告或审批，并同毗邻单位和居民进行联络。

(2)检查报警装置，通信工具，应急物资，灭火设备、器材等处于应急状态，封堵泡沫产生器隔封玻璃，对区域内的设备进行防泡沫腐蚀性保护。

(3)检查个人防护用品、应急照明器材、救护担架及应急药品和灭火物资的准备，保证后勤供应和现场物资的需要。

(4)提供抢险用各种图纸和生产操作抢险人员的名单和联络

方式。

(5)检查固定消防灭火系统、移动车辆技术状态良好，泡沫液储量及冷却储水量满足灭火作战要求。

(6)制定警戒区域，设置警示标志，确定警戒人员，及时疏散现场车辆及人员，疏通消防道路。

(7)设置演练标志，关闭演练区域的用电设备，切断油路、水路，停止各种作业。

3. 演练实施

(1)消防值班员接到火警后，迅速报告防火领导组，及时向公安消防报警，说明着火区域、着火物质、火情大小等情况，并拉响警报。

(2)成立火场指挥部，油库主任临时担任火场总指挥，迅速调集义务和专业消防队到达火场，及时查看火情、确定战斗方案，分配具体任务，快速展开灭火战斗。

(3)专业消防队接警后迅速出动，按照作战方案占领消火栓，对着火罐实施冷却降温及泡沫灭火，严禁消防人员进入防火堤内。

(4)司泵员应迅速确定着火罐，启动泵，开启阀门，调整好泡沫液的混合指数，工作压力应达到0.8MPa，满足冷却用水压力。移动消防车按照指令到达预定的位置，进行辅助灭火并与着火罐保持30m的距离。

(5)义务消防队听到报警后，携带灭火工具、器材及救援物资迅速到达指定地点，按照职能分工进入抢险状态。

(6)及时将相邻罐内油品输转，将重要设备及物资疏散到安全地带。

(7)火情发生变化后，应及时调整灭火方案，当公安消防增援力量到达后，应向公安消防主管领导移交总指挥权力，配合协调灭火工作。

4. 演练结束

(1)指挥员下达解除灭火指令，集合所有的参战人员，清点器材物资，对火灾演练的过程、效果进行讲评。

(2)各小组清理检查现场，排出防火堤内积水，恢复设备运行状态。

(3)及时总结演练经验，对在演练中暴露出的问题，按照演练程序内容和方法进行评估、修订和完善。

二、防跑、冒、漏预案演练

防跑、冒、漏预案演练主要由计划组织、准备演练、实施演练和演练完毕四个步骤组成。

(一)防跑、冒、漏预案演练的不符合分析

1. 计划组织

未制定防跑、冒、漏预案演练计划和实施方案，未建立组织机构或组织机构不健全，无油库设备工艺总体图、无设备技术资料档案，无备用设备材料，无备用设备及应急工具储备不足，设备未进行定期维修检测，未进行专门的教育培训，没有组织职工进行演练，各抢险分队人员不足，应急预案不完善。

2. 准备演练

未按规定着装，未穿戴劳动保护用品，使用非防爆工具、灯具，未及时向上级部门报告，未设置警戒线，无警戒人员，现场车辆未熄火，闲杂人员及车辆未疏散，未控制周围明火及火源，无应急工具、器材，消防器材配备不足或失效，无应急照明设施，携带火种，携带非防爆通信工具，使用化纤棉纱、墩布。

3. 实施演练

未停止相关作业；未组织抢救；未查明发生跑、冒、漏、洒的设备及原因；未采取相应措施关闭闸门、切断电源；油品流淌时未用沙土封堵；罐区泄漏油品时防洪闸门未关闭；发生泄漏时未立即倒罐和抽空管线；回收油品时，电气设备不防爆和未跨接地线，现场秩序混乱；作业时穿、脱、拍、打衣服等；油品未进行回收或回收不及时；隐蔽油品未收净；油浸电气设备未处理重新启动。

4. 演练完毕

用汽油擦拭设备，损坏设备未更换或修复，被污染地面、泥土

未更换，含油污水随意排放，油棉纱随意乱扔乱放，设备工具未归位，未评估经济损失，未对事件进行分析，未修订完善演练预案，未填写相关记录。

（二）防跑、冒、漏预案演练指南

1. 计划组织

(1) 根据油品的危险特性和输转作业特点制定防跑、冒、漏预案演练计划及方案。

(2) 成立由油库主任领导的仓储、工务、办公室、消防队等组成的防跑、冒、漏领导组。

(3) 设立专职消防队和义务消防组织，义务消防由隔离、疏散、抢修、抢救、后勤、警戒组组成。

(4) 按照计划和演练方案进行教育培训，熟悉方案内容，掌握应急救护方法和安全控制措施。

(5) 按照小组的职能任务分工明确，责任到人。

2. 准备演练

(1) 演练前提示：

不准酒后上岗；

不准戴手表、戒指等其他饰品；

不准带火种、手机；

按规定着装，穿戴好劳动保护用品。

(2) 准备工具器材：

检查工具、灯具、电器设备及器材符合防爆要求，严禁携带化纤棉纱、墩布；

电器设备与管线必须进行跨接和接地；

备好抢险器材、搬运工具、备品备件及消防器材。

(3) 报警装置、通信工具处于良好状态，提供抢险的各种图纸和生产操作、抢险人员的名单和联络方式。

(4) 划定警戒区域，设置警示标志，确定警戒人员，及时疏散现场车辆及人员，疏通消防道路。

(5) 关闭区域内的用电设备，切断油路、水路，停止各种作业。

3. 实施演练

抢修人员到达现场后查明事故原因，按预案控制措施，对源点实施抢修性控制：

(1)管线发生跑、冒、漏油时，可用管箍或木塞钉死管线或其他漏点；

(2)油罐发生跑、冒、漏油时，可立即向其他空罐自动压油或倒油，使油罐液位下降到安全允许范围，检查防火堤排水阀门处在关闭位置；

(3)收发作业发生跑、冒、漏时，应立即切断电源，关闭相关阀门，疏散机动车辆和人员，用砂土围堵流淌的油品，用手摇泵和真空系统抽吸油品，若是黏油要用铜簸箕等工具收集油品。

(4)收集地面下的隐蔽处、下水沟等处积油，集中处理。

(5)消防人员准备好灭火器材，处于战备状态，警戒人员应对现场进行控制管理，维护秩序。

(6)对设备渗漏的源点进行抢修，清理油污，更换和修复设备，使设备处于正常状态。

4. 演练完毕

(1)指挥员下达解除演练指令，整队集合清点人员，清查工具、器材、物资，对演练的全过程、预期效果进行讲评。

(2)清理现场，拆除用电设备，严禁用汽油擦拭设备或地面。

(3)及时总结演练经验，对演练中暴露出的问题，按照演练程序、内容和方法评估、修订和完善。

三、防震预案演练

防震预案演练主要由计划组织、实施演练和演练完毕三个步骤组成。

(一)防震预案演练的不符合分析

1. 计划组织

未制定演练计划和实施方案，未建立组织机构，组织机构不健全，未设立现场抢险指挥部、职责不明确，未按预案进行培训演练、安全教育，各抢险分队人力不足，未对重要部位进行勘察分析，未划分危险区域和安全地带，未制定要害部位的治安保卫措施，无后勤保障，应急器材及物资配备不足，未确定地震应急报警信号，未配备急救医疗药品及器具，不熟悉疏散路线，无油库平面图，不懂自救、互救方法。

2. 实施演练

应急通道堵塞，人员到位不及时，未切断水源、电源、油源，秩序混乱，未设置警戒线，未停止装卸付油作业，油罐未隔离封堵、未关闸门，未关闭罐区防火堤闸门，油罐未降低油位、分罐储存，人员、物资疏散不及时，抢险人员未遵循先救人、后救物的原则，油品泄漏未及时封堵和回收，发生火灾时消防灭火不及时，重点部位无专人监护，设备损坏未及时抢修。

3. 演练完毕

未解除警报，未清点人员，未尽快恢复生产、生活秩序，未对经济损失进行评估，未对方案进行修订完善，消耗物资未及时补充，未填写相关记录。

(二)防震预案演练指南

1. 计划组织

(1)根据上级有关部门的要求和油库的实际情况制订防震演练计划、方案。

(2)成立油库主任领导的由仓储、工务、警消队、办公室组成的防震领导组，组织协调、指挥油库的防震工作。

(3)根据演练计划和方案进行教育培训，掌握自救、互救的应急措施、方法。

(4)备好油库平面图、指挥体系图、相关图纸等，提供抢险人员名单及联系方式。

(5)准备工具器材：

检查工具、灯具，符合防爆要求，演练人员按规定着装，穿戴好保护用品，严禁携带易燃易爆、易产生静电的物品；

备好抢救伤员用的药箱、担架及救护车辆；

配备移动式对讲机、通信工具等保持有效畅通；

各小组准备抢救用工具、木塞、抽油泵、输油胶管、灭火器材等及运输车辆；

(6)划定警戒区域，确定警戒人员，在演练区域设置标志，关闭区域内的用电设备，疏散现场人员、车辆、疏通消防车道路。

2. 实施演练

(1)发生地震后防震领导组迅速下达防震指令，及时切断油源、水源、汽源，对该区域进行勘查，掌握震后情况，派专人对重点部位进行监护。

(2)调集抗震小组，携带抗震工具、器材，到达指定区域，根据震后的危险程度、损坏状况、调用物资，合理安排抢险人员，做到分工明确，秩序井然。

(3)油罐区震后发生险情，抢修人员按抢修方案及时对管线进行隔离封堵，关闭闸门，回收外流油品，罐体发生倾斜或漏油时，可立即向其他空罐自动压油或用泵倒油，使罐内油品下降至安全高度。

(4)收发作业区发生险情后，应及时疏散车辆、人员，切断电源、水源，对油管线进行封堵，关闭闸门，对外流油品进行围堵，能回收的尽量回收。

(5)办公、生活区震后应按照“先救人，后救物”的原则，实施救援工作。

3. 演练完毕

(1)指挥员下达解除演练指令，集合清点人员，清查工具、器材、物资，对演练的全过程进行讲评。及时总结演练经验，对在演练中暴露出的问题，按照演练程序、内容和方法进行评估、修订和完善。

(2)演练人员检查现场，恢复设备初始状态，做好演练记录。

(3)后勤保障组根据演练消耗的物资，及时制订补充物资计划。

四、防洪预案演练

防洪预案演练主要由组织计划、准备工作、实施演练和演练结束四个步骤组成。

（一）防洪预案演练的不符合分析

1. 组织计划

无计划和实施方案，计划不全面，未建立组织机构，组织机构不健全，方案不符合实战要求，组织机构职责不明确，未按方案进行培训演练、安全教育，未制订物资计划，未明确油库防洪期限，在暴雨天气未进行实战防洪演练，应急分队编制不符合要求。

2. 准备工作

通信联络不畅通，器件配备不足或选用不当，未穿戴好防护装，未确定防洪车辆，未配备排水用设备，未备防洪用砂石、砂袋或准备不足，未划定警戒线或确定警戒人员，未准备医疗药品或器具，排洪沟、低洼处、建筑物未对孔洞或塌陷处进行处理，不明确防洪用品的储备地点，未配备应急电源、照明工具或配备不足，防洪器具擅自挪用或动用，防洪运输通道堵塞，泄洪通道堵塞。

3. 实施演练

未报清防洪险情出现的地点，防洪人员到位不迅速或人员未到位，未按要求携带防洪器材，未对演练地点进行勘察和对设备采取相应的控制措施，防洪物料不足未进行紧急调运，指挥人员不熟悉预案，防洪闸门未开或开启不及时，水淹房间设备未及时切断电源，紧急情况空油罐未注油，雷雨天气未断电，排洪沟下陷积水处无明显标志，下水盖掀起后无人看护，桶装油品未输送至安全地带。

4. 演练结束

未进行讲评或清点人员，未对现场进行清理，未对防洪器具进行清点、归位，未对演练做记录，未关闭防洪闸门，未对作战方案进行修订完善。

（二）防洪预案演练指南

1. 组织计划

（1）根据上级有关部门的要求和油库的实际情况，制订防洪演练方案及防汛物资和器材的采购储备计划，保证做到有备无患。

（2）建立油库主任领导的由仓储、工务、办公室、警消队组成的防洪领导组。

(3)按照防洪计划及方案进行教育培训，熟悉防洪方案，掌握防洪知识，应急救护方法及控制措施。

(4)各抢险分队按照各自的职能任务，在雷雨天气进行实战防洪演练。

2. 准备工作

(1)准备工具器材：

报警装置有效，通信工具保持畅通；

应急电源、照明工具符合要求；

运输车辆及防洪物资及时到位；

防洪设备和防洪工具、应急药品、器具、齐全有效；

防洪物资要储备在指定地点，不能擅自挪作他用。

(2)提供抢险用各种图纸和抢险人员名单及联络方式，抢险人员按规定着装。

(3)清理排水沟，对建筑物的孔洞及塌陷、低洼处进行填实，保证防洪运输及泄洪通道畅通。

(4)划定警戒区域，设置警示标志，确定警戒人员，关闭演练区域的用电设备，切断油路、电路、水路，停止各种作业。

3. 实施演练

(1)发现险情后，及时报告防洪领导组，说明受灾区域、危险程度等情况，迅速组织班组人员进行防洪，等待增援。

(2)防洪领导组准确发出防洪警报，带领参战人员携带防洪器材及防洪物资(砂石、砂袋)迅速到达受灾区域，查看受灾情况，下达有关指令，合理安排抢险人员，分工明确、有条不紊。

(3)用砂袋对卸油泵房、配电室、地下室等低洼地带的重要设备、房门进行封堵；室内暖气沟进水时，动用临时潜水泵、手摇泵等将积水排出；打开防洪闸门及时排出罐区内积水。

(4)疏通排水口、排水沟，当积水达到一定深度后，对地下排水口设置标志，专人监护。

(5)发现油罐、房屋等地基下陷出现险情时，应及时输转油品，疏散人员及贵重物品，房屋倒塌后，遵守先救人后救物的原则。

4. 演练结束

(1)指挥员下达解除演习指令，集合清点人员，清查工具、器材、物资，对演练的全过程及效果进行讲评。

(2)演练人员清理检查现场，拆除用电设备，恢复设备初始状态。

(3)及时总结演练经验，对演练中暴露出的问题，按照演练程序内容和方法评估、修订和完善。

五、防中毒预案演练

防中毒预案演练主要由计划实施、实施演练和演练完毕三个步骤组成。

(一)防中毒预案演练的不符合分析

1. 计划实施

未制订防中毒计划和实施方案，未建立组织机构或组织机构不健全，未进行防毒急救安全知识教育培训，未进行防中毒技能培训和演练，抢险分队职责不明确，无有毒有害药品管理制度，测试设备仪器未定期检定，未配备毒害物质监测设备、仪器，从事有毒有害岗位作业的职工未定期体验，作业前未进行有毒物质浓度检测，有毒物品和防毒器具无专人管理，防毒用具和防护用品使用前未仔细试验和检查，未配备急救药箱和医疗器具，未设置警示牌，无医疗急救中心的联系电话，未划定有毒、有害物质场所。

2. 实施演练

中毒后救治不及时，方法不正确；汽柴煤油作业间浓度超标；有毒有害场所的有害气体浓度超标；有毒作业场所饮食或饮水；进入缺氧或有毒气体油罐作业时，与其他油罐相通的管道未加盲板隔绝；操作产生有毒气体和刺激性气体的物质未在通风柜内进行；工作环境氧含量低于18%；进行有毒害物质操作时未进行整体防护；皮肤破裂时进行有毒物质操作；有毒药品和溶液直接倒入下水系统；油品滴、漏、跑冒产生油蒸气；在有毒有害场所作业时无监护人；

在有毒有害场所作业时人员轮换不及时。

3. 演练完毕

毒品未及时回收和处置、未及时清理现场、未清点人员、未及时清理个人卫生、防毒面具和防护用品未进行清洗及检查、未填写相关记录。

（二）防中毒预案演练指南

1. 计划实施

（1）根据工业卫生管理制度和现场作业条件制订防中毒演练计划方案。

（2）成立由油库主任领导的仓储、工务、警消队、办公室组成的防中毒领导组，负责组织实施油库的防中毒工作。

（3）根据演练计划和方案进行教育培训，使职工掌握防毒急救安全知识及工业卫生标准，提高全员环保意识。

（4）制定有毒有害药品管理制度及防护措施，完善毒品出入库审批手续，有毒药品和防毒器具要专人管理，定期检测，从事有毒有害物质的人员要定期体检。

（5）配备毒害物质监测设备、仪器，定期检查，保持完好。

（6）配备合格有效的防毒防护用品医疗急救药箱和器具及救护车辆、对讲机等。

（7）划定有毒有害物质场所，设置明显的警示标志。

（8）提供医疗急救中心的电话号码及抢险人员名单和联络方式。

2. 实施演练

（1）进入油罐进行清洗作业或进入管沟、井、巷道等处作业时，应将与油罐相通的管道加盲板隔离，检测空气中的氧气浓度应不低于18%。

（2）检测汽、煤、柴作业间的卫生标准，最高允许浓度 $300mg/m^3$。

（3）定期检测有毒有害场所的有害物质浓度，超标时停止作业。现场人员迅速撤离，重新通风。

（4）操作有毒有害物质时应整体防护，避免皮肤与有害物质直接接触，并在通风柜内进行，严禁将有毒药品或溶液直接倒入下水道。

(5)在有毒有害场所作业时，应佩戴防毒面具，人员要定期轮换，并有专人进行监护，严禁在有毒有害场所饮食或饮水。

(6)发生人员中毒、窒息时，处理及救护要及时、正确。

3. 演练完毕

(1)指挥员下达解除演练指令，集合清点人员，检查清洗防毒面具和防护用品，对演练结果进行讲评，总结演练经验，完善演练方案。

(2)演练后的毒品要及时回收处置，清理现场及个人卫生，做好演练记录。

安全小议

警惕夏季高温汽车自燃

通过消防部门发布的消息可以看出，一方面，自5月份以来，随着高温天气的不断持续，自燃事故的发生率也大为提高；另一方面，汽车自燃与其品牌关系不大，但起火时间多在上午10时以后，正是气温攀升的时候。可以说，高温天气是汽车自燃的一个诱导原因。

然而，笔者通过走访相关汽车专业的专家了解到，汽车在设计过程中，必然会考虑到温度变化对于汽车使用性能的影响，并尽最大努力将这种影响降到最低。汽车在夏季自燃的原因更主要在于日常检查不到位，导致车辆存在漏油漏气、线路老化、车辆附近有易燃物等问题，这种问题在高温情况下更容易显现出来，引起汽车自燃，威胁乘员安全。

针对近期高发的自燃事故，各路专家纷纷现身说法，笔者总结了专家们的观点，总的来说，预防汽车自燃事故的发生可以从以下几个方面着手：

(1)不要轻易私自改装汽车，以保证车辆正常的工作状态；

(2)定期检查电路油路，防止老化问题引起的漏油漏电；

(3)到正规的修理厂做正常保养与维修；

(4)不在仪表盘上放打火机；气体打火机、清新剂、灭蚊剂等容易受热膨胀后爆炸引起火灾；

(5)配备灭火器，并定期检查更换，在发生事故时能够做到自救；

此外，在行车过程中应警惕异常状况，如驾驶舱内有异味、车辆某一部位冒烟等，一旦有异常状况应立即停车断电检查。

第十章　事故案例解析

主题词：事故、案例、解析

要点提示：本章讲述了事故的特征，并且通过多个加油站、油库的真实案例说明由于安全隐患、违章作业、违章指挥、违反劳动纪律和管理中的缺陷所造成的事故，来提高广大员工对事故的认识、分析和判断能力。

安全是效益的保证。为了吸取教训，强化加油站、油库安全管理，提高广大员工素质，本章通过近年来多个真实的案例说明由于安全隐患、违章作业、违章指挥、违反劳动纪律和管理中的缺陷所造成的事故，来提高广大员工对事故的认识、分析和判断能力，提高广大员工的思想素质和业务素质，提高员工的安全警觉性和管理水平。

从这些事故中我们不难看出，造成事故的主要原因有以下三个方面：一是设备的原因，加油站、油库在建设过程中就形成的设备和设施隐患，即物的原因。二是人的原因，员工思想素质和业务素质低下，具体表现在存在侥幸心理，不负责任，违章作业，缺乏油品、设备等有关的知识；三是安全管理滞后，随着技术的发展和市场的变化，安全管理也必须创新，但我们的一些加油站、油库不但管理跟不上，还表现为规章制度不健全，或虽有制度但未能贯彻落实。

事故不仅使人员伤亡、财产损失，还会极大地损害企业形象。

第一节　事故的基本特征

一、事故与隐患

事故是造成死亡、职业病、伤害、财产损失、环境破坏的事件。也可以说是导致生命或财产达到特定损伤水平的不希望出现的事件。还可以说事故是人们在实现有目的的行动过程中，突然发生的、迫使其有目的的行动暂时或永远终止的一种意外事件。这个定义有三重意思：一是事故的背景，存在某种实现目的的行动过程；二是突然发生了意想不到的事件，即事故是随机事件；三是事故的后果迫使行动暂时或永远终止。事故有生产性事故和非生产性事故，生产性事故才是预测预防和监督的对象。所谓生产性事故是指企业在生产过程中突然发生的，伤害人体、损坏财物、破坏环境、影响生产正常进行的意外事件。

"隐患"顾名思义是隐藏的祸患，通常在安全生产中称为事故苗子，安全系统工程学称之为危险因素或不安全因素，即生产中存在的可能导致事故和损失的不安全条件。

事故是不正常事件的总称，是事故隐患转化的结果。危险因素是造成事故的直接原因，主要来自人的不安全行为、物的不安全状态、环境的不安全条件和管理的缺陷，这四项称之为"4M"因素。

二、事故的基本特征

事故是不正常事件的总称，是事故隐患转化的结果。它并不是人们的愿望，而是意外事件，随着生产过程的延续而发生和发展。任何事故的发生和发展都有以下基本特征。

1. 危害性

任何事故都会给企业和个人带来经济和身体方面的损失和危害，乃至夺去人的生命，威胁企业的生存和影响社会的安定。加油站事故的大小可用事故频率、千人负伤率、严重率和损失率等指标来判断。这四个指标都同事故的危害程度成正比关系。

2. 意外性

事故往往发生在人们意想不到的地点和时刻。不少事故的发生具有随机性，尽管人们努力去探索其发生概率，但无法揭示出何时何地会发生何种事故。

3. 紧急性

不少事故从发生到结束的速度很快，允许组织和个人做出反应的时间很短，这就要求人们平时积累对策，届时作出正确的决策，尽量减少事故的危害。如加油机的爆炸事故在瞬间发生。

4. 阶段性

任何事故发生都存在着三个阶段，即前兆阶段、爆发阶段和持续阶段，不可能跳跃式进行。安全工作的首要任务之一是尽早地发现灾害和事故的前兆。这是因为，处于前兆阶段的灾害和事故最容易控制甚至予以消灭，而且只有在前兆阶段为处理事故做好准备，才能在其爆发时控制住事故，最大限度地减少损失。

5. 因果性

事故隐患的存在是事故发生的原因所在。事故隐患是物质危险因素和生产管理缺陷二者的集合。危险因素是指生产过程中物质条件所固有的危险性质及其潜在的破坏能量。管理缺陷是指人在生产过程中的错误指令和错误操作。危险因素是发生事故的物质基础，只是存在发生事故的可能性。管理缺陷是事故发生的激发条件，它作用于危险因素，便导致事故发生，若在事故中仍有管理缺陷继续起作用，则会进一步导致事故的发展和扩大。

三、事故的原因

如前所述，火灾和爆炸事故的原因具有复杂性。但生产经营中发生的事故主要是由于操作失误、设备的缺陷、环境和物料的不安全状态、管理不善等引起的。因此，火灾和爆炸事故的主要原因基本上可以从人、设备、环境、物料和管理等方面加以分析。

1. 人的因素

对大量火灾与爆炸事故的调查和分析表明，有不少事故是由于操作者缺乏油品、设备等有关的知识，在火灾与爆炸险情面前思想麻痹，存在侥幸心理，不负责任，违章作业等引起的。在事故发生之前漫不经心，事故发生时则惊慌失措。

2. 设备的原因

由于设备的设计、选型、安装等错误，不符合防火防爆要求，如，储罐、管线、加油机接地不符合接地要求，储罐和管线渗漏，电气设备不符合防爆要求等等。

3. 物料的原因

例如，可燃物自燃、体积膨胀等，在运输或输送过程中产生静电、受到撞击等。

4. 环境的原因

例如，高温、通风不良、静电、雷电等。

5. 管理的原因

规章制度不健全，没有合理的安全操作规程，没有设备的计划检修制度；虽有制度但未能贯彻落实；生产经营管理人员不重视安全，不重视宣传教育和安全培训等。

四、未遂事故

未发生健康损害、人身伤亡、重大财产损失与环境破坏的事故。

世界安全科学的一代宗师——美国工程师海因里希，在 20 世纪 30 年代研究了事故发生频率和事故后果严重程度的关系。在他的理论体系中，事故后果的严重程度分为三个层次，分别是：严重伤害事故、轻微伤害事故和无伤害事故，这三种事故发生的概率存在着一般规律——1∶29∶300。这就是安全学界著名的海因里希法则。而他的理论中的无伤害事故，被我国安全学界的前辈赋予了一个富有中国文化特色的名称——未遂事故。

海因里希法则告诉我们，在实际的工作中，真正的伤亡事故和未遂事故之间存在着比例关系，如果我们能够降低未遂事故的发生概率，就可以降低伤亡事故发生概率。比如：某钢铁厂铸锭车间过去由于现场混乱、杂物多，某日领行工李某吊一根钢锭模放到平车上，由于没有放稳，钢锭模从车上掉下，附近员工看到后大声叫喊，李某听到叫喊及时避让，但却被脚旁边的杂物绊倒，掉下的钢锭模重重地砸到李某腿边的杂物上，所幸李某只是腿上有点擦伤，一起安全事故得以避免。这是一起典型的未遂事故。事故发生后，并没有直接影响到李某的工作和身体健康，大多数职工都有后怕的感觉和为没有受到伤害或损失而庆幸的心理。如果李某和周围职工及领导干部只是为此次事故而后怕和庆幸的话，那么类似此次事故的发展和升级将是必然的。

所谓未遂事故是指由管理因素、随机事件或时间因素引发，由生产、设备、环境隐患和设计缺陷演变成的无伤害或轻微损失的险肇事件，在发生险肇事件的同时，由于及时采取有效措施，避免了发生人员伤亡或较大财产损失的灾害事故。那么当未遂事故发生之后，我们应该从以下几个方面着手：

一是要对未遂事故进行分析、总结。

二是要把未遂事故当作安全教材，加大对员工的安全宣传教育力度，积极开展未遂事故分析讨论活动，进一步提高员工的安全知识和安全意识。

三是要实行未遂事件报告制度，共享未遂事件典型案例，以案说法，举一反三，关注细节。要以外单位和本单位的未遂事件为鉴戒，在日常工作中用心观察细节，从而发现人的不安全因素和物的不安全因素。

第二节　加油站事故案例解析

案例1　某加油站“5.14”窒息死亡事故

2008年5月14日，某加油站在形象改造时，发生一起承包商窒息死亡事故，死亡1人。

(一)事故经过

某加油站因形象改造于2007年12月3日停业，按照加油站形象改造标准对该站罩棚、站房、罐区及工艺管线进行统一形象改造施工。负责罐区工艺管线改造和加油机更换的施工单位是安庆运通公司。

2008年4月底改造竣工后筹备重新开业，加油站站长发现油罐内还有少量水杂，向公司要求处理完油罐中的油水。5月14日上午11时左右，零售部设备管理员打电话通知某设备安装工程部经理王某，把加油站93#汽油罐中的油水用手摇泵清掉。由于只是清除少量油水，不涉及重大作业，零管部未将情况向公司安全基建科报告。5月14日下午14时左右，承包商施工人员对93#汽油罐内存留的水杂进行手摇泵排除后，发现排不干净，就拆卸人孔盖，将梯子放入罐内，14时40分左右，施工人员胡某开始佩戴防毒面具(TF型过滤式防毒面具)准备进罐作业。此时，加油站站长没有制止清罐作业，也未向零管部和片区经理汇报，仅对防毒面具的安全性能提出质疑，施工负责人置之不理。胡某在进罐约几十秒后，便瘫在罐内。见此情形，施工队让另一名佩戴了防毒面具的工人下罐进行施救。下罐施救人员刚到罐底就立即发觉头晕，迅速上爬，被罐上人员连梯子一起拉出罐外，施救没有成功。站长发现情况后随即报警，胡某经接警后赶来的消防官兵救出并送往医院紧急抢救，抢救无效死亡。

(二)事故原因

经某市安监局组织的事故调查组认定：此起事故的责任主体是承包商，承包商违章操作是导致事故发生的直接原因。

同时，这起事故也暴露出该公司在加油站施工现场安全监管方面的一系列管理漏洞。

一是作为加油站施工现场安全监管第一责任人的加油站站长，面对施工人员进油罐作业不立即制止，没有履行安全监管责任，是事故发生的主要原因。

二是对直接作业环节的管理不落实，是发生事故的重要原因。相关人员职责不清、施工作业程序不明确、管理不规范：用手摇泵清除水杂不成功后，维修人员进入油罐清罐作业，没有办理“进入受限空间作业许可证”、没有上级主管部门的审批、没有对施工人员进行安全教育、没有采取通风措施、没有对油罐内的油气进行采样分析，现场监护人员形同虚设。

三是对承包商安全教育不落实。加油站对外来施工人员只进行了口头安全教育，零管部门、安全监督部门责任不落实，对此疏于检查，使安全教育走了过场，施工人员对进罐作业的危害无知，违规施工成为必然。

四是对承包商施工管理不落实，负责加油站改造工程实施的零管部对加油站改造施工方案没有落实审查把关责任，安全基建科没有落实这方面的安全监管责任，默许了无施工方案的工程开工和实施，使无施工方案的工程，从开工到基本完工一路绿灯，为施工单位擅自扩大施工范围违章进罐作业埋下了祸根。

案例2　上海市某油气加注站液化气储罐“11.24”爆炸事故

2007年11月24日7时51分，上海市某油气加注站在停业检修时发生液化石油气储罐爆炸事故，造成4人死亡、30人受伤。

（一）事故经过

在有关部门组织的安全检查中发现该油气加注站存在安全隐患，公司随即与上海太平洋公司（以下简称“太平洋公司”）签订工程承包合同，将检修工作委托给太平洋公司负责，太平洋公司又转包给没有压力管道施工资质的上海某建筑安装工程有限公司。计划检修项目为油气加注站管道刷油漆防腐、更换紧急切断阀、检验安全阀。

2007年10月12日，油气加注站暂停营业，进行检修。同日，太平洋公司用10瓶氮气分别将1#、2#储罐内的剩余液化石油气物料压到槽车内，进行退料，至储罐液位表到零位后结束，但没有对液化石油气储罐进行置换。

11月7日，施工人员按合同内容开始对管路进行除锈、刷漆。11月14日，业主方变更工程项目内容，在原有合同的基础上增加了更换系统管道的内容。11月22日，管道全部更换完毕。

11月23日15时，建筑安装工程有限公司严重违反压力管道试压规定，擅自用压缩空气气密性试验代替对新更换管道的压力试验，并确定管道系统气密性试验压力为1.76MPa。在没有用盲板将试压管道与埋地液化石油气储罐隔离且储罐的液相管道阀门和气相平衡管阀门处于全开情况下，19时，用空气压缩机将试压管道连同液化石油气储罐一起加压至1.2MPa，保压至24日上午。24日7时10分，继续升压；7时40分，焊工违章进行液化石油气管道防静电装置焊接作业；7时51分，当将第三只单头螺栓焊至液化石油气管道气相总管，空压机加压至1.36 MPa时，2#液化石油气储罐发生爆炸，罐体冲出地面，严重损坏，其余两个埋地液化石油气储罐受爆炸冲击，向左右偏转，造成液化石油气罐区全部破坏，爆炸形成的冲击波将混凝土盖板碎块最远抛出420多米。

事故造成2名作业人员当场死亡，30名附近居民和油气加注站旁边道路上行人受伤，其中2名伤势严重的行人在送往医院途中死亡，周边约180户居民房屋玻璃不同程度损坏，12家商店及70余部车辆破损。

(二)事故原因

1. 直接原因

在进行管道气密性试验时，没有将管道与埋地液化石油气储罐用盲板隔断，液化石油气储罐用氮气压完物料后没有置换，导致液化石油气储罐与管道系统一并进行气密性试验时罐内未置换干净的液化石油气与压缩空气混合，形成爆炸性混合气体，因现场同时进行电焊动火作业，电焊火花引发试压系统发生化学爆炸，导致事故发生。

2. 间接原因

(1)业主以包代管。业主单位将油气加注站的检修工作外包后，没有对施工过程的安全进行监督，致使承担检修任务的单位在检修过程中屡屡违反施工安全作业规程。

(2)层层转包。太平洋公司承接检修工程项目后，又将检修工程转包给没有相关施工资质的上海某建筑安装工程有限公司。

(3)检修计划不周密，施工过程中随意多次增加检修项目却不及时修改检修施工方案。

(4)没有按照安全检修要求对检修管道和设备内的气体进行置换，擅自用气密性试验代替管道的压力试验，在管道气密性试验时，没有将管道与液化石油气储罐用盲板隔离。

(5)安全意识差。在油气加注站的检修过程中没有执行动火有关规定，在没有动火许可证的情况下擅自动火，从而引发事故。

案例3　某加油站火灾事故

(一)事故经过

2006年8月23日中午11时40分，社会运输企业为某分公司某加油站运送90#汽油。送油罐车为分舱式结构，前后舱为某分公司加油站油品，中舱为社会单位的油品。在前后舱油品卸完油后，为放尽余油，站长要求驾驶员将车辆沿外侧加油岛绕行一圈后，停放在加油站罩棚下方两加油岛间的车道上。由于该地点远离卸油场所，无静电接地夹和接地桩，在没有导静电接地的情况下，该站油管员打开阀门放出前后舱余油。11时55分，站长向送油司机质疑油品数量短少，司机同意从中舱里再卸出若干升作为补偿，于是押运员打开中舱底阀，准备用铁桶接油。打开阀门后，油品突然起火。押运员没有关阀，而是调头去取灭火器，尽管站内员工共同扑救，但油流持续燃烧，火势迅速蔓延。当地消防车接警后约在13时10分将火扑灭。

(二)事故原因

(1)这是一起典型的违章、违规作业事故。静电放电起火是导致事故的直接原因。油罐车在行驶后油舱中积聚了大量的静电，停止后没有连接静电接地夹，无法及时导出静电；油舱底阀为球阀，管径1.5in，中舱为满舱，油高为2m左右，阀门开启瞬间压力大、流速快*DN*40，形成喷溅式卸油，造成油品起火。

(2)加油站站长引导油罐车停在非正常卸油位置，卸油前不稳油、不连接静电接地夹，是严重的三违行为；该站员工认为卸余油不属于卸油作业，可以不执行操作规程和监护措施，缺乏起码的安全常识。

(3)该送油车辆的卸油口和底阀均无铅封，严重违反了运输数量管理有关规定，极易引发偷盗油案件和跑冒油事故。

(三)事故损失

该站2台加油机和罩棚被烧毁，2台加油机烧损，油罐车内油品损失2000余升。

案例4

1998年5月8日19时30分，贵州省××加油站发生一起储油罐罐室爆燃事故，重伤2人，后经救治无效，分别于5月8日和5月28日死亡。

(一)事故经过

当天下午，汽油加油机的吸油管底阀(止回阀)发生故障，加油员张×请来农机站修理工进行修理，到19时30分修理完毕后，修理工离开，张×与另一到站玩耍的闲杂人员周×滞留罐室。因张×打火机掉落地下，周×拣起打火机后，随手打火，正遇检修中溢出的油蒸气，引起爆燃。

(二)事故原因

这起事故完全是当事人的无知和违反规章制度造成的。主要表现在：

(1)加油员张×带打火机进入罐室，说明该站明火管理制度没有完全落实，发生事故不是偶然的。

(2)擅自带闲杂人员进入站内并滞留玩耍进入罐室，该站管理上有很大漏洞。

(三)编者按

这是一起典型的责任事故。由这起事故可以看到，该加油站管理是何等混乱，也可看到为什么要严禁罐室储油。一方面制度规定，加油站严禁闲杂人员进入罐区等爆炸危险区域，更不允许将火种带入；另一方面，罐室储油油蒸气易于积聚，一旦遇到火种等引爆源将发生爆炸事故。

案例5

1999年6月19日，山东省某县成品油经营点发生了一起重大爆炸火灾事故，造成先后5人死亡，直接经济损失16.35万元，教训极为深刻。

(一)事故经过

6月19日下午18时30分，承包经营者宋××提取1车(10000L)90#汽油，在保管监督员不在和未对卸油罐进行计量的情况下，宋××擅自将油罐卸油口铁锁撬开，进行卸油，卸油期间，也没有安排人员监视。卸油开始后，宋××就陪着司机到营业室吃西瓜。18时50分左右，宋××到院内油罐口查看，发现油从油罐中溢出，就连忙让司机张××关闭了油罐车阀门，同时让雇佣的王××赶紧回收溢油。王在回收溢油时，用铁桶、塑料盆等器具回收，造成器具碰撞产生火花，引起油蒸气爆炸，使汽油燃烧。19时10分，消防干警投入灭火和抢救烧伤人员的工作，半个小时后，大火被扑灭，受伤人员被送往医院。

这次事故使王××(女)当场烧死，宋××与其爱人一周后死亡，孙女和王××的外甥在一个月后的治疗中先后死亡。溢出油品1466L，直接经济损失16.35万元。

(二)事故原因

(1)当事人宋××违反公司规定，在保管监督员不在的情况下，自行撬开油罐卸油口铁锁进行卸油，致使卸油失去监督保障。

(2)宋××违反卸油操作规程，卸油前未经计量确定罐内空容量。

(3)卸油时没有监卸人员在场，以致造成油罐溢油。

(4)人员安全素质差，王××未经过岗前培训，缺乏安全意识。溢油后采用措施不当，在回收溢油时使用塑料桶、铁桶易产生静电即碰撞产生火花的器具，严重违反了加油站管理制度。

(5)违反劳动纪律，随意容留年幼儿童在经营点火灾危险区域内逗留、玩要，以致造成无辜儿童被烧后死亡。

(三)编者按

事故的发生，虽然主要是宋××违章所致，但究其深层次原因，说明县公司领导对安全工作重视不够，管理工作粗放，对经营网点实行以包代管，安全监督措施不到位。也说明农村经营网点管理混乱，人员素质差。应规范农村经营网点建设，抓好安全生产责任制的落实，加大安全监督检查力度，搞好农村经营网点人员的培训工作，坚持先培训，后上岗。

案例 6

2001 年 3 月 18 日下午 13 时 15 分左右，湖北宜昌××加油站在进行加油机输油管线与油罐出油管线法兰对接时，外请施工队改造油罐上部出油管线。施工队在未向加油站工作人员请示报告的情况下，擅自在油罐区动火；焊枪一经点燃，油罐立即爆炸，气浪将施工队一民工抛出 20 余米后摔成重伤，经医院抢救无效死亡。

编者按

这起事故是因违章造成的，反映出在加油站改造、施工过程中，管理松懈，制度不落实等问题。应加强对加油站施工现场的监护和管理，严格按照“三不动火”的制度进行施工管理。

案例 7

1989 年 8 月 26 日下午 5 时，山东省某加油站电工刘××在修理汽油加油机时，可燃气体瞬间发生爆炸，引进管道管沟及地下罐室，炸毁 90#汽油罐一个，同时引爆一辆正在卸汽油的东风油罐车，并有三个油罐遭到不同程度的破坏。事故发生后，经过 40 多分钟激战方将大火扑灭。据初步统计：这起油罐大火造成直接经济损失 10 余万元，事后，事故责任者刘××于 8 月 30 日被依法逮捕。

(一)事故原因

(1)修理加油机时，无视安全操作规程，在没有将电源切断的情况下便进行检查修理工作，致使防爆接触器产生火花引燃油蒸气。

(2)管道沟未用干沙填实是造成油蒸气积聚和火焰传播的主要原因。

(3)罐室储油，在罐室内油蒸气浓度很大，而管沟又与罐室相通是造成油罐爆炸、火灾扩大的直接原因。

(二)编者按

加油机是加油站经营的主要设备，它的维修和保养显得尤为重要，但必须牢记“安全第一”，严格按照操作规程进行检修，否则产生火花将带来不可估量的恶性后果。对于这次事故电工刘××负有不可推卸的责任，但加油站的设施存在诸多隐患也是造成事故进一步扩大的主要原因。加油站设计规范上明确规定管沟必须用干沙填实，严禁罐室储油，以防止油蒸气的积聚。所以，及时消除隐患是防止事故发生的另一有效措施。

案例 8

2001 年 11 月 27 日下午 3 时 30 分，位于兰州 109 国道大砂坪 9km 处的“金日加油站”发生剧烈爆炸，造成 1 人死亡 13 人受伤。

爆炸现场，距离地面数十米高、面积近百平方米的加油站穹顶被炸得千疮百孔，相距 10m 左右地排加油机之间沿地下输油管道一线，混凝土全部被掀起，一些厚达 50 多厘米、面积 $1m^2$ 左右的混凝土块飞起后落在国道上，砂石遍地。

编者按

加油站设施存在诸多隐患是造成事故进一步扩大的主要原因。加油站设计规范上明确规定管沟必须用干沙填实，以防止油蒸气的积聚。但某些加油站，尤其是个体经营的加油站，在建站时不懂技术，节约投资，造成加油站在运营后，存在大量隐患。所以，及时消除隐患是防止事故发生的重要方面。

案例 9

2001 年 6 月 22 日 22 时，广东韶关某加油站在卸油过程中发生一起火灾事故，加油机、油罐等设施被烧坏，一名加油工被烧成重伤。

(一)事故经过

2001年6月22日21时45分，韶关加油站在3#罐接卸一车97#汽油时，当班卸油工林××违章将卸油胶管插到量油孔卸油。卸油过程中，汽油从罐中溢出，遇火源引起着火。油罐司机见势不好，关闭卸油阀门，扯断卸油胶管接头后开车离开现场。大火于23日2时被扑灭。事故中，4台加油机及油罐等设施被烧坏，卸油工林××被烧成重伤，烧伤面积达80%以上。

(二)事故原因

这起事故的直接原因是卸油工违章不用快速接头密闭卸油，而是将卸油胶管直接插入量油孔喷溅式卸油，造成大量汽油溢出。汽油溢出后，沿地面流淌，流进低于地面的管沟，管沟穿过营业室与加油机相连，汽油充满了从计量口到加油机的地面和管沟。

发现罐区地面出现大量汽油，卸油工没有采取措施处理，仍然继续违规卸油。由于该加油站的4个油罐没有完全填埋，油罐一端的封头和阀门是悬挂裸露的管沟，没有用砂填实，喷溅式卸油产生静电引燃起火，迅速蔓延成大面积火灾。

(三)事故分析

(1)油罐车卸油应采用快速接头密闭卸油，而该加油站经常是将卸油胶管直接插入量油孔进行违章卸油，严重违章长期无人管理、无人过问，形成习惯性违章。

(2)加油站内的管沟和加油机下部按规定应用砂填实，但是，此加油站的管沟和加油机至事故发生仍然没有按规定整改，为此次事故发生留下隐患。管理部门有关领导严重失职。

(3)从这起事故反映出，该加油站员工对规章制度不清楚，对事故应急处理不知道，对违章作业不以为然，说明对加油站员工培训不到位。

(四)编者按

规范中明确规定：加油站的汽油、柴油储罐应直埋成地下式，严禁设在建筑物内或地下室内。这次事故暴露出对规范认识不足，对隐患治理重视不够，管理部门在收购加油站的工作中，必须坚持“收购一个、检查整改一个、验收合格一个、投入营业一个”的原则。

从诸多事故中我们不难看出，人的素质是引发事故的根本性因素。人的素质低往往容易导致人的过失，产生不安全行为。所以我们必须加强对加油站站长及员工的培训，实行取证上岗。

案例 10

(一)事故经过

2000 年 9 月 1 日，挂靠湖北省某市能源办公室所属吉昌贸易公司的能源加油站，一辆 5t 油罐车卸 90# 汽油。卸油过程中无静电接地，并采取喷溅式卸油，卸油中间司机何宜海到加油站附近的电话亭打电话，一随车人员在罐车附近，加油站没有监护人员。晚上 11 时 30 分左右发生爆炸，巨大的冲击波将加油站 3 间罐室连同相邻的 1 间铺面震塌随之引发大火。当场炸死 1 人，炸伤 3 人。

(二)事故原因

(1)罐室结构不合理，该站 4 个油罐全部建在室内，室内油气浓度过高，加大了爆炸危险性，也加大了事故的危害性。

(2)加油站无静电接地装置。

(3)采用喷溅式卸油。

(4)油罐车卸油时距离油罐仅 1m，油品卸完后没有及时停止作业，油泵空转时间过长，产生了较大的热量，输油泵也发生了爆炸。

(三)事故教训

(1)积极进行安全检查和隐患整改工作，消除典型的危害性较大的隐患，如无静电接地、喷溅式卸油、罐室结构不合理等。

(2)严格执行操作规程，卸油时必须有监护人员到场监护。

案例 11

(一)事故经过

1999 年 6 月 12 日，广州某一联营加油站在清罐作业时，作业人员使用碘钨灯在罐口照明，加油站安全负责人出面制止并将其没收。但施工人员未听劝告，又找来一只同样碘钨灯使用。由于碘钨灯表面温度高，使油气被引爆，发生爆炸，当场造成1人死亡，3人轻伤。

（二）事故分析

施工人员违反操作规程，私自采取碘钨灯照明进行施工，由于碘钨灯表面温度较高，使得油蒸气达到引燃温度，发生爆炸。

（三）编者按

这是一起责任事故。近年来，由于施工人员违反操作规程而引发的事故层出不穷，说明施工人员安全意识差，也说明对外来施工人员安全教育不到位，安全监督不到位。

案例12

1998年4月12日晚，某承包加油站在向地下卧式油罐接卸汽油时，因接卸人员使用手电筒照明引起油罐爆炸燃烧，随后引起相邻三个汽油罐爆炸燃烧，大火燃烧近4个小时，并造成1人死亡。

（一）事故原因

(1)接卸人员违章使用非防爆手电筒照明是这次事故的直接原因。手电筒在开关瞬间产生电火花，引爆油蒸气，造成油罐爆炸燃烧。

(2)该站采用喷溅式卸油方式也是造成这次火灾事故的另一重要原因。油罐未安装符合要求的固定卸油管线，而是将汽车卸油胶管直接插入油罐量油孔内卸油，产生大量静电，形成大量的油蒸气空间。

(3)油罐和卸油场地未安装静电接地装置，致使大量静电荷不能释放。

（二）编者按

引起火灾的直接原因虽然是接卸人员违章使用非防爆手电筒所致，但加油站设施不符合设计规范，存在严重的事故隐患是造成此次事故的重要因素。如接卸场地和油罐无静电接地装置、卸油为喷溅式卸油方式。从管理角度讲，石油公司有责任对承包人员进行监管和安全知识的培训。加油站人员连在火灾爆炸危险区域不允许使用非防爆电气都不知，怎能不发生火灾事故。

案例 13

1997 年 7 月 16 日 11 时，某加油站停电，站长开启自备发电机发电后离开加油站回家。11 点半左右，一辆货车进站加注 0# 柴油，加油工李 × 在加油过程中发现加油机内冒烟着火，急忙停止加油，并大声呼喊同班人员救火。由于站内在岗人员无人会使用灭火器，直至邻近单位人员赶来救火，动用了站内全部灭火器才将火扑灭。

（一）事故原因

（1）加油机计量器出口处有一油封破裂渗油，油滴到电机上，而没有及时发现，致使加油机带病作业。这是事故的主要原因。

（2）停电后，站长开启自备发电机后，没有检查发电机输出电压，因电压不足，造成电机过热引燃油品。

（3）着火后，在场人员不会使用灭火器，致使火势扩大。

（二）编者按

如若按规定定期检查加油设备，则不会产生加油机漏油现象。若自备发电机发电时，对设备运行状况、输出电压进行检查，则电压过高和过低会使加油机电机过热就不会产生。说明该事故是一起不按规章制度检查设备，违反操作规程而引发的责任事故。失火后，在岗人员不会使用灭火器，这说明在加油站经营中确实存在重经营、轻安全的思想，说明安全培训任务任重道远。

案例 14

2001 年 2 月 21 日下午，安徽定 × × 加油站因罩棚下照明灯发生故障，电工徐 × 携带修理工具、保险带与监护人一起登上罩棚。在检修过程中，徐 × 感觉系保险带不便操作，便将其卸下，而后在变换姿势时踏到无支撑力的装饰顶板上，自 5m 高的棚顶坠落，经医院抢救无效死亡。

编者按

这是一起违反高处作业安全管理制度造成的人身事故，事故的直接原因是检修人员不系保险带踏到无支撑力的装饰顶板上造成的。《高处作业安全管理制度》中明确规定：高处作业人员必须系好安全带；不得站在不牢固的结构物上进行作业。

从另一侧面看，作业人员对《高处作业安全管理制度》的规定知道多少？安全教育培训工作又是否落到实处呢？值得我们深思。

案例 15

(一)事故经过

1999 年 10 月 14 日，某县石油公司南村加油站，加油员正准备为一辆解放车加 90#汽油，当加油机计数器转动回零时，加油机突然爆炸，随即管沟内油气发生爆炸。

(二)事故原因

(1)加油机防爆接线盒无密封垫，接线盒电源输入、输出口密封不严。加油员取下油枪启动电机时，接线盒产生火花，引燃油气，致使加油机突然爆炸。

(2)加油机渗漏，管沟无充砂填实，油气积聚。故管沟随加油机发生爆炸。

(三)编者按

加油机内部的电气密封应定期检查，如发现密封不良必须立即修复或更换，管沟必须充砂填实。加油站普遍存在电气管理薄弱，电气管理人员素质差等现象。因此，需加大对电气管理人员的培训，加强对加油站电气管理，消除电气事故隐患。

案例 16

(一)事故经过

1996 年 11 月，某地加油站的加油员在给顾客加完油后，在挂上加油枪，关闭电机开关的瞬间，加油机及加油机与油罐之间的管沟突然发生爆炸。管沟上覆盖的水泥盖板被炸起 3m 多高，管线移位，当场炸毁两台加油机，将加油员炸伤。

(二)事故原因

(1)加油机电机的防爆性能失效。该加油站使用的加油机，在使用期间经常出现故障，维修人员数次开机拆修，因维修工不懂密封防爆原理，致使其防爆接线盒电源接线处密封性能失效。

(2)电源开关触点松动，每次开关都有火花产生。

(3)加油机内部密封性不好，时有汽油渗出，使机器内部集聚了浓度较高的油蒸气，开关火花导致混合气体爆炸。

(4)加油站的一条管沟深 0.55m，宽 0.3m，长 30m，一端通向两台加油机，一端通向储油罐。事故当天接卸两车汽油，加大了管沟内的油气量，达到了爆炸极限。

(三)编者按

这起事故应吸取的教训是：应进一步落实加油站设备维修、保养责任制，防止油品渗漏，防止油气浓度达到爆炸极限；加强设备检查和监督工作；加油站维修人员必须培训后，持证上岗；加油站应从根本上消除不符合项，对于类似管沟未用干沙填实的安全隐患，必须整改后才能经营。

案例 17

(一)事故经过

1997 年 7 月 12 日晚 23 时左右，一辆满载乘客的中巴驶入南京××加油站中道 90#汽油加油机旁停车加油。车停稳后，一加油员给车加油，当加注了 7L 油时，油箱内突然向外窜火，加油员在向外拔油枪时，少量余油溅到手背和衣裤上，手背和衣裤都着火。当时车内乘客一片惊慌，有的匆忙往车下跑，还有的从车窗往外跳。这时，这位加油员并没有慌乱，立即关闭加油机，一面扑打自己身上的火，一面迅速向消防器材跑去，推来 35kg 干粉灭火器，在短短的 5s 内扑灭了油箱火灾，及时避免了一次后果不堪设想的火灾事故。

(二)编者按

在加注油品过程中，汽车油箱内突然向外窜火，主要是由于静电放电引燃油蒸气造成的。产生静电放电的原因可能是多方面的，如加油枪内的静电导出线由于经常弯曲而折断；加油机静电接地线断路；加油机静电接地电阻值超过规定值；油箱中含有杂质较多，致使加油枪注油过程中产生的静电荷较多；当静电荷积聚到放电电压时，产生静电放电，引燃油蒸气。

从这起事故中看到，如果没有平时消防知识的学习，如果不能熟练地使用消防器材，火灾后果难以想象。

案例 18

(一)事故经过

1998 年 5 月的一天，某加油站计量员因事外出。这时，油库送来 90#汽油 11425L。加油站负责人便让一位加油员测量卸油油罐液高，结果在卸油过程中发生溢油事故，损失汽油 500 多升，造成加油站停业 5 个小时。

(二)事故原因

(1)加油站负责人错误地让一位无计量证的加油员去计量卸油油罐。

(2)这位计量员在测量此罐液高时误把 1393mm 读为 1193mm。液高 1393mm，油罐可卸油容量为 10298L；液高 1193mm 时，油罐可卸油容量为 12742L。用 10298L 的容量去接卸 11425L 的油量，结果造成溢油事故。

(3)卸油过程中，无监护人员在场使事故进一步扩大。

(三)编者按

此事故是一起典型的责任事故。无证不能上岗，卸油必须有监护人员在场是管理者和加油站每个人员所必须遵守的。从这次事故中，我们可看到该加油站经营管理混乱，安全操作规程形同虚设，从业人员素质低下是这次事故的根本原因。

案例 19

1998 年 11 月 17 日上午，河北某加油站在接卸 -10#柴油时，发生溢油事故。事故后经测算，共损失柴油120多升。事故发生当天，该站站长兼计量员陈××由于当时忙于在营业室会客，便根据上日营业日报表估算出罐内存油量和可卸容量，结果造成溢油事故。

(一)事故原因

(1)卸油前未对卸油油罐进行计量是事故的主要原因。

(2)卸油过程中，现场无监卸人员，致使油品溢出而没及时发现。

(二)编者按

加油站的任何员工都必须严格遵守、执行操作规程，按程序流程作业，不允许有半点的疏忽和麻痹。安全责任制、规章制度、操作规程等制度不是没有制定，也不是不知道，而是未能落到实处。在工作中存在侥幸心理，存在从前这样操作没有发生事故，今天同样也不会发生的错误认识。

案例20

(一)事故经过

1999年，福建漳州某加油站在交接班时，发现两台90#汽油加油机的发油量和油罐的出油量数对不上，即连接90#汽油罐的两台加油机发油数小于该油罐发油数。

此情况发生后，立即停止这两台加油机付油，同时，站长会同计量员对该油罐重新进行测量，结果无异常；又对连接此油罐的两台加油机四支油枪进行了测定，结果加油机的误差都在±0.3%以内，也无异常情况。第二天，在排除加油机计量不准确和埋地油罐漏油后，果断地把输油管管沟打开，结果发现是由于弯头部位焊接不好产生砂眼，在潜油泵的压力下向外喷油。

(二)事故原因

该站为新建站，但投入运营后就发生管线喷油事故，说明该站管线施工存在一定的质量问题。

(三)编者按

新建或改造管线必须经过管道清洗、吹扫、试压合格，加油站才能运营。否则，很容易发生类似事故。

本案例从另一个角度看，正是由于当班作业人员具有较高的业务素质和高度的责任感，才避免了一次大的事故的发生。因此，提高员工的自身素质和敬业爱岗的责任感有着十分重要的意义。

案例 21

某地技术监督局执法人员根据举报，在某加油站进行执法检查时，发现该加油站 2 台电脑加油机存在以下问题：打开加油机外壳，铅封完好，但从加油机电源分线盒引出一根非正常连接的电源线，顺着这根电源线查找，发现该线是从加油机电源分线盒引出，埋在地下，引向该加油站营业室内墙壁上一个电风扇调速器后面，把该调速器从墙上拆除后，看到墙上有一个洞，洞内放有一个烟盒大小并印有“多路无线电遥控接受电路”的电子装置，与上述电源线连接。

经电子技术人员对该加油站的加油机作仔细检查后，发现加油站在加油机非正常加装的信号器上连接一个自制的模拟振荡器，通过调整振荡器的频率，可以使加油机在对客户加油的过程中少出油，多计数。经计量检定人员用 100L 标准容器检测，当上述模拟振荡器的频率调整到最大，向标准容器加注到 100. 24L 时，上述 90[#]汽油加油机显示为 154. 05L；标准容器显示 100. 2L，0[#]柴油加油机显示为 188. 2L。该加油站采取上述方法弄虚作假，损害用户利益，技术监督局执法人员依法对其进行了处罚。

编者按

随着高科技的发展，机械加油机已退出历史舞台，但在利益的驱动下，一些唯利是图者把一些新技术应用在克扣用户上，上述案例就是在新的市场环境下，典型的高技术犯罪活动。

案例 22

2001 年 3 月 26 日，天津××加油站发生油罐车从站内计量员赵×身上轧过，经抢救无效死亡的事故。

(一)事故经过

事故当天，油罐车司机孙×驾驶东风牌 10t 油罐车给××加油站送油，卸油后，站内计量员赵×（女，31 岁）蹲在罐车右侧的油罐进行计量。这时，孙×在未观察周边环境下发动车辆向右急打轮行驶出站，右前轮后的护网前端将赵×刮倒、卷入车体底部，油罐车左后轮从赵×身上轧过，经抢救无效死亡。

（二）编者按

一段时间以来，油罐车发生事故的比例不断上升，一是由于加油站数量迅猛增长，而运油车辆的发展相对滞后。二是运油车辆和驾驶员的安全管理不能与新的机制相适应。三是安全责任制和管理制度还停留在制度本身上，没有落到实处。

驾驶员应保持良好驾驶作风，文明驾驶、礼貌行车，切实做到“三先、五慢、七不超”。

案例 23

2001 年 4 月 11 日凌晨 3 时，两名被解聘的原邯郸成安县××加油站职工陈飞和陈昆来到该站，陈昆以聊天为名将加油站值班员高×骗出值班室，陈飞趁机将另一名值班员打成重伤，抢走现金 2611 元，伤者经抢救无效死亡。

案例 24

2001 年 4 月 15 日凌晨 2 时 20 分，石家庄××加油站遭两名歹徒抢劫，其中一人手持自制枪、另一人手持大砍刀，将一名加油站男职工砍伤后，抢走营业款 9900 元，后用枪威胁站长交出次日购油款 13100 元，并抢走站长手机一部，砸坏站内电话机，砍断电话线。

编者按

2001 年 4 月 11 ~ 15 日，河北两座加油站接连被抢，共死亡 1 人，伤 1 人，现金损失 25611 元。由于作案者对加油站经营方式较为熟悉，对加油站夜间值班人员有很大的蒙蔽性，作案后果最为严重。给加油站安全管理带来新的问题，同时也提出新的要求。

（1）提高加油站经营管理水平，在某些抢劫事故易发生的加油站，夜间改为计算机控制的自助加油方式，避免与客户直接接触。

(2)认真执行夜间值班管理制度，非工作人员一律不准进入营业室。

(3)强化现金和油票管理。

(4)推广应用IC卡加油，减少现金使用量。

(5)加强职工的安全防范意识和自我保护意识，部署加油站防抢、防盗措施，确保员工人身和生命安全。

案例25

2000年11月19日晚6时刚过，山西灵丘××加油站，加油员刘××为一辆卡车加油完毕，目送卡车离开油站刚回到营业室。这时三名手持尖刀的歹徒破门而入，一歹徒一手揪住营业员张×的衣服，一手用刀指着张×的头部，逼其交出营业款。在里间的刘××拎起一根木棒跑出来与歹徒进行了搏斗，在搏斗中张×的头部被刺伤，同时，刘××认出其中一歹徒，三名歹徒慌忙逃走，加油站财物未受到损失。

案例26

(一)事故经过

某市新建一座加油站，投入使用后，一天晚上，值班人员正在睡觉。盗窃人员用蒙面的形式，身带凶器，翻过围墙，进入营业室，逼着值班人员交出现金2500多元，油票1500L。由于没有安装电话，报案不及时，给国家造成财产损失。

(二)事故原因

(1)加油站无防盗门、窗和通信工具等必要的防盗设施，致使盗窃人员轻易进入营业室作案，作案后又不能及时报警。

(2)夜间值班人员违反纪律睡觉。

(3)现金和油票管理不到位。

(三)编者按

加油站现金和油票往往成为不法分子的作案目标，尤其是一些远离城区的加油站。因此，在新形式下加强加油站防盗非常重要。

具体防范措施主要有：安装必要的防盗门、窗和通信工具；当天现金及时交解到银行，少量留存及时放入保险柜；当天的油票当天清。可采取剪角、盖付讫章等方法防止油票被盗；严格值班制度，夜间值班人员不得饮酒、擅离岗位、睡觉等。

案例 27

2000 年 11 月 27 日凌晨 2 时 45 分，山西大同××加油站值班员余××在巡视罐区时，发现 7# 柴油罐计量口接进一根输油管，直通站外。他马上意识到有人在盗油，立即向值班站长报告，值班站长迅速组织职工进行围堵。5 名盗油团伙正在用一台拉杆泵，输油管 80 余米偷盗油品。盗贼发现有人，见势不妙，驾驶一辆 2020 吉普车慌忙夺路而逃。经过一番搏斗，将一名盗贼抓获，截留下 3 只装满柴油的塑料桶，随后立即向 110 报警。事后经计量，丢失柴油 700 多千克。

编者按

一方面说明加油站在执行夜间巡视制度，发现盗贼后，勇于与盗贼搏斗。但从另一方面也暴露出在管理中还存在一定的缺陷，如加油站计量孔、卸油口是否上锁，夜间巡视值班制度是否真正到位。另外，对于规模大、销售量高的大型加油站可采用液位仪自动计量系统。

案例 28

2000 年 5 月 27 日，武汉市公汽总公司内部加油站卸油时，由于卸油胶管脱落跑油，汽油流入下水道，油蒸气遇明火发生爆燃，引发火灾事故。

编者按

没有严格执行接卸和监卸制度，卸油胶管连接不紧，没有严格按操作规程操作，卸油现场无监卸人员，是造成胶管脱落跑油事故的主要原因。油罐车司机和加油站接卸人员都应负有一定责任。

另外，加油站内的排水设施不应与站外的下水道直接相通，应在加油站内设置隔油池水封井，以防发生跑冒油品或含油污水直接流入城市下水道。

案例 29

（一）事故经过

2002 年元月 7 日，湖北省某客运公司加油站一辆 5t 90#汽油的油罐车卸油，加油站员工吴本军直接将输油管插入储油罐中喷溅式卸油，由于油蒸气在罐室内不能散发，浓度过大，静电产生火花，引发爆燃。当天火光冲天，油罐车烧得面目全非，罐屋顶掀开，一侧围墙被炸倒，操作工被当场烧死，该站另一名员工和司机受伤。

（二）事故原因

油蒸气与空气混合物达到爆炸极限范围，被静电火花点燃而发生爆燃。

（1）静电火花的来源：违章作业喷溅式卸油，极大地增加了静电的产生。该站无防雷防静电接地装置，静电无法导出；静电积聚产生高静电压，放电产生火花。

（2）爆炸油蒸气的形成：敞开喷溅式卸油，4 个油罐均为罐室结构，且各罐通气管无阻火器，管口设在内，致使罐室内油气浓度急剧增大，达到爆炸浓度极限。

（三）事故教训

（1）加强油库及加油站现场管理，应严格各项操作规程，杜绝“三违”现象。

（2）隐患整改和库站的建设改造必须严格按照规范进行。

案例 30

（一）事故经过

某加油站职工以小型货车上放 3 个装有汽油的聚乙烯塑料手提桶（30L），给客户转装汽油。该职工当时身穿纤维混纺工作服，脚穿橡胶鞋，用一根 35cm 的乙烯软管，通过金属漏斗向空的聚乙烯手提桶转装汽油，大约注入 15L 后，漏斗内的汽油突然起火燃烧。

(二)事故原因

(1)系静电放电引燃油气。汽油在流动过程中产生静电无法排放，加之加油工穿着化纤服装，人体静电也无法排放，形成电位差而放电。

(2)违反规定，用聚乙烯手提桶装汽油。

(三)事故教训

(1)加油站必须严格执行《防火防爆十大禁令》。

(2)易燃易爆场所的员工必须穿着防静电工作服。

第三节 油库事故案例解析

案例1 英国邦斯菲尔德油库“12.11”火灾事故

2005年12月11日，英国帮斯菲尔德油库发生的火灾事故，为欧洲迄今为止最大的火灾爆炸事故，共烧毁大型储油罐20余座，受伤43人，无人员死亡，直接经济损失2.5亿英镑。

(一)事故经过

2005年12月10日19时，英国邦斯菲尔德油库HOSL西部区域A罐区的912#储罐开始接受来自T/K管线的无铅汽油，油料的输送流量为550m³/h。

12月11日凌晨(零时)，912#储罐停止收油，工作人员对该储罐进行了检查，检查大约在11日凌晨1时30分结束，此时尚未发现异常现象。

从12月11日凌晨3时开始，912#储罐的液位计停止变化，此时该储罐继续接收流量为550m³/h的无铅汽油。912#储罐在12月11日5时20分已经完全装满。由于该储罐的保护系统在储罐液位达到所设置的最高液位时，未能自动启动以切断进油阀门，因此T/K管线继续向储罐输送油料，导致油料从罐顶不断溢出，致使储罐周围迅速形成油料蒸气云。一辆运送油品的油罐车经过邦斯菲尔德油库时，汽车排气管喷出的火花，引燃了外溢油品形成的蒸气云引起爆炸、燃烧。

6 时 1 分，发生了第一次爆炸，紧接着更多爆炸发生。爆炸引起大火，超过 20 个储油罐陷入火海。爆炸造成 40 多人受伤，但无人死亡，现场附近的商业和民用财产遭到很大破坏。6 时 10 分，消防人员到达现场。大火持续燃烧了 3 天，破坏了绝大部分现场，并向空中释放出大团的黑色烟雾。12 月 13 日晚上，除 2 个储油罐外，其余的大火全部被扑灭。

（二）事故原因

（1）912#储罐的自动测量系统（ATG）失灵，储罐装满时，液位计停止在储罐的 2/3 液位处，ATG 报警系统没能启动，储罐独立的高高液位开关也未能自动开启切断储罐的进油阀门，致使油料从罐顶溢出，从罐顶泄漏的油料外溢，油料挥发，形成蒸气云，遇明火发生爆炸、起火。

（2）尽管邦斯菲尔德油库进行了三级设防，由于一级设防的缺陷使外溢的油料形成多处瀑布，加速了蒸气云的形成，二级和三级设防主要是用于保护环境的，但由于泄漏的油料形成大面积池火，防火堤的连接处和穿越处的密封剂在火焰长时间烘烤下熔化，致使防火堤围墙倒塌和断裂，同时殃及了第三级设防，大量的油料和消防泡沫流出库区。

（3）部分储罐和管道系统的电子监控器以及相关的报警设备处在非正常工作状态。

（4）储罐和管道系统附近的可燃气体检测仪器不灵敏。

（5）对于某些处于非正常工作状态设备的检查不及时，响应迟钝，诸如储罐入口的自动切断阀和管线入口的控制阀等。

（6）储罐的结构设计（如罐顶的设计）不尽合理，这在一定程度上加剧了油料蒸气云形成的可能性。

（7）罐区应急设施（如消防泵房等）的选址和保护措施不合理。

（三）事故教训

此次邦斯菲尔德油库事故除设计和操作的原因外，油库选址存在安全隐患也是教训之一。邦斯菲尔德油库周围有大量的商业活动和居民生活，这使油库的安全生产存在巨大风险。如何对待油库周围地区的经济发展是各方需要考虑的基本问题。

英国健康安全署(HSE)在过去审批过程中，对油库选址与周围发展问题考虑不够，只考虑储罐油料泄漏在防火堤内形成池火，未充分考虑油料蒸气云爆炸的潜在危害性；只对汽车罐车装卸站台可能发生油料蒸气云爆炸的风险在应急预案中作了相应的准备。邦斯菲尔德油库事故提示我们应对油库罐区和选址的安全评估标准进行新的修改。

另外邦斯菲尔德油库事故之前，英国健康安全署(HSE)将大多数土地规划的重点放在符合规划要求的某项经济发展上(如邦斯菲尔德油库)，而未对其他事项作充分考虑。因此，将来再作油库土地使用规划时，应对可能受油库重大事故影响的因素都考虑进去(包括人口因素)。

案例2 某油库“9.27”触电事故

2008年9月21日，某油库在公路发油台改造时，发生一起承包商触电事故，死亡1人。

(一)事故经过

2008年9月21日9时左右，该油库发油台改造场地浇筑混凝土施工，现场施工人员有施工经理姜某、施工方电工赵某等七人，油库主任及维修工在现场监护。9时50分，土建施工人员秦某使用插入式混凝土振动器振动发油台东面水泥地面，因振动器电源线在施工地面上拖动时接线头处磨损裸露，秦某在移动振动器时，一只手抓住了电源线接线处，被裸露的电源线头当场击倒，现场人员当即拨打电话向120求救，油库现场监护人员及门卫配合引导120救护车到事故现场，10时6分将伤者从油库送往医院。事故当事人秦某于9月21日12时20分左右，经医院抢救无效死亡。

(二)事故原因

1. 直接原因

施工设备接线不安全是导致事故发生的直接原因。施工单位混凝土振动器(ZN－70型)电源线接线不牢固，在施工拖动过程中，接线头松动部分裸露，造成施工人员触电。施工场地拉接临时电源没有按照规定安装漏电保护器，仅安装了一个普通空气开关，起不到漏电保护作用，施工电动设备接线不安全是导致事故发生的直接原因。

2. 间接原因

油库安全管理工作不到位是导致事故发生的间接原因。

一是对直接作业环节的管理不落实，执行作业许可证制度不到位，是发生事故的重要原因。油库施工拉接临时电源没有按照公司《临时用电安全管理规定》落实作业安全措施，虽然办理了临时用电、用火票，但是没有按照相关规定对临时用电设施安装符合规范要求的漏电保护器，油库主任对施工现场安装的普通空气开关进行检查时，没有检查出它不具备漏电保护功能，没有把住安全措施关。

二是对承包商安全教育不落实。施工人员安全意识淡薄，没有安全用电常识。油库虽然对外来施工人员进行了安全教育，但针对施工人员经常变换，后续进入油库施工的人员，只进行了口头安全教育，安全教育流于形式。施工人员对用电作业的危害无知，违规施工成为必然。

案例3

江苏省某县油库，当天下午收卸汽油，晚上收卸煤油。作业结束，计量员进阀门井关闭阀门时，一声闷响，阀门井起火。因及时扑救，未成大火。计量员被烧伤。

事后调查，起火原因有两个：一是阀门井内长期漏油，井内积聚了大量油气。二是计量员脚穿带铁钉的鞋(身上还带有打火机)下阀门井作业，铁铁相撞，打出火花，引起事故。

这起事故虽不大，但性质是严重的。作为计量员，身带打火机和穿带钉鞋入库作业，都是制度不允许的。问题的另一面，说明该油库设备管理较差，阀门井内阀门渗漏(含山洞罐和复土隐蔽罐)是个很大的隐患。

案例4 “6.28”混油事故

河北某油库于1998年6月28日发生一起混油事故，有9t柴油混入33t 93#汽油中，经××加油站售给用户混油4883L，致使150辆汽车发生不同程度的损伤，部分受害者为了索赔围堵了加油站，造成了不良社会影响，也严重损害了企业的声誉。中央电视台也做了报道。

(一)事故经过

6月26日，从天津向该油库进20车+5#柴油，在接到向201#、202#、207#柴油罐卸油通知后，计量员没有按规定测量3个油罐的油高，更没有检查确认204#罐93#汽油罐膨胀管的柴油阀门是否关闭(204#罐同时设有汽、柴油管线，且柴油管线与201#、202#罐管线相通)即开始进行卸油操作。接油完毕后，计量员又没有按规定对这三个油罐的接油量进行计量，只量了201#、202#罐的油高。由于204#罐膨胀管的柴油阀门是开启的，导致8.5t柴油流入204#罐与33t 93#汽油相混。

(二)事故原因

(1)计量员违反操作规程。接卸前计量员没有按规定测量3个油罐的油高。

(2)204#是汽油罐，但该油罐输油管线上的柴油胀油管连接到201#、202#输油管线上，在未关闭204#罐上的柴油胀油管的情况下，就向201#和202#卸油，造成混油。

(3)设备管理问题。汽油罐和柴油罐从本质安全的角度来说，应专罐专用。油库工艺需要进一步提高本质安全性。

(4)付油现场管理混乱。

案例5

某公司1998年8月27日发生一起死亡4人、重伤1人的重大爆炸伤亡事故。

(一)事故经过

1998年8月27日16时左右，某公司从洛炼发回90#汽油三个槽车，油库副主任带领泵工、电工、消防员、后勤人员各一人，共计5人，到油库所属铁路接卸点卸油。在卸油之前他们对泵、电气设备进行了检查，即开泵作业。15min后，约18时45分油泵房发生爆炸起火，并引燃泵房外小院内水沟、油水排放池内的残油，大火20min后被扑灭。当场死亡2人重伤3人，经送医院抢救无效又死亡2人，造成4人死亡1人重伤的重大事故。事故中卸油泵房配电间被炸毁。

（二）事故原因

这是一起管理水平低、严重违章作业造成的事故。

在卸油过程中，使用真空泵(型号SZ－2)给离心泵引油，真空泵的操作严重违反操作规程。规程规定“排真空后，油泵正常工作立即关闭真空泵，不得伴随作业”。而油库在卸油中没有遵守这个规程，直到事故发生，大火被扑灭后，真空泵仍在运转。由于在油泵启动正常后没有按规定立即停止真空泵，造成夹带汽油的油气从真空泵出口油气分离罐大量漏出，排放到院内的明沟及隔油池中。

漏出的汽油在院内大量蒸发积聚，油气窜入紧靠泵房的配电间，配电间配电盘闸刀打火，引起配电间爆炸起火，并引起泵房室外油水分离池浮油燃烧。

1. 技术方面的原因

(1)卸油泵房布局不合理，油泵房与配电间一墙之隔，按照设计规范应为实体墙，不应有孔洞，而事故泵房与配电间之间有两处没有封堵的穿墙管洞(电线穿墙套管没有密封)。

(2)真空排气管高度严重不够(未超过1.5m)，且未装阻火器；真空泵排气管的位置距休息室太近，在休息室门斜上方，而休息室与配电间直接相通，油气通过休息室进入配电间。

(3)设备陈旧、老化，配电室内电气设备整体不防爆，电压波动导致配电盘接触不良处打火。(开关是老式拉线开关)

(4)主油泵漏油，机泵带病运行。

(5)真空泵放空管安装不正确，真空泵操作液面严重超高，几乎满罐，致使玻璃管液位计漏油，但真空泵仍在运行。

(6)泵房前的“三角地”小院通风不良。有一堵2.6m的围墙，而且地面在路下面0.6m，形成凹陷的“三角地”。

(7)泵房的排污池实际是一个向大气扩散的散发池，不到1m^{3}的池中，液体既不能流出也不能泵出，在围墙与泵房之间的封闭院落散发，极易引发事故，是一个骗人害己、致人死命的危险区。

(8)设计不合理，泵房与铁路、泵房与配电室、泵房与围墙、泵房与积油池安全距离不符合规范要求。

(9)作业场所通风严重不良，造成油气大量聚集。半地下泵房，但没有采取强制通风。

2. 管理方面的原因

(1)这次事故的深层次原因是油库安全生产责任制不落实，管理不严格，制度松弛，违章作业。

(2)现场的制度是20世纪80年代初挂在墙上的，各操作岗位没有正规的操作记录。

(3)设备年久失修，跑冒滴漏严重。

(4)隔离墙上随意开孔不封闭等等。

(5)归根结底是领导对安全工作的严重失职。“宁肯花钱买棺材，不肯花钱买药吃”。

案例6 某油库接卸泵房爆炸起火事故

(一)事故经过

2000年7月23日下午6时左右，接卸泵房正在接卸93$^{\#}$高清洁汽油，泵房配电间突然发生爆炸，紧接着接卸泵房发生爆炸，造成1人重伤，1人轻伤。

(二)事故原因

(1)设计原因。油泵房与配电间门窗距离近，卸油铁路作业线与油泵房高差近3m，油气容易积聚。

(2)违反操作规程。在接卸中，由于油温高产生气阻或汽蚀，便使用真空泵伴随作业。汽油蒸气充满油泵房和配电间。

(3)电气设备存在隐患。在操作人员关闭泵的一瞬间，配电间电气打火引燃油蒸气。

案例7 原油罐"4.22"重大跑油事故

(一)事故经过

1998年4月22日12时20分，某成品油车间原油罐区1#原油罐发生重大跑损原油事故，造成直接损失178.26万元。

(二)事故原因

(1)这起事故的直接原因是1#原油罐年久失修，罐基础局部下沉，罐底板搭接焊缝撕裂。

(2)其根本原因是领导不重视，对70年代建设的油罐焊接质量不高，基础处理不好的潜在危险性认识不足，在隐患治理过程中，管理不到位，责任不落实。

案例8 黄岛油库爆炸事故

(一)事故经过

1989年8月12日，黄岛油库起火爆炸，造成21人死亡，78人受伤，烧毁油品36000t，600多吨油品流入海湾，污染水域几百米宽、十几海里长，致使大量鱼类、海带等海洋生物死亡，且对该海域的生态持续多年产生了不良影响，对该地区环境变化造成非常严重的后果。

死亡21人中，武警官兵14人，油库职工7人。2个$3\times10^4m^3$的土油池和3个$1\times10^4m^3$油罐被炸毁。

(二)事故原因

(1)接卸原油油罐是早已禁止使用的混凝土土油池，土油池钢筋外露。

(2)当时正是雷雨天气。

(3)呼吸阀的阻火器是金属网式阻火器，是淘汰产品。

(4)原油罐燃烧产生沸腾突溢。

雷击起火是这起事故的直接原因，但安全管理混乱也是这起事故的必然原因。

案例9 某石化公司“11·28”爆炸事故

(一)事故经过

11月27日开始，某石化公司成品油车间特修工曹凤清(男，钳工，23岁)等5人对213台空石脑油槽车的人孔盖板压紧螺栓进行点焊固定，采取的方法是先压紧盖板，然后进行环境可燃气分析，合格后点焊。27日完成48台，28日继续作业，下午12时55分，曹等人在点焊第五节槽车时，罐内发生爆炸，人孔盖炸开，正在人孔盖板作业的曹凤清被炸受伤抢救无效死亡。

(二)事故原因

(1)槽车内存在可燃蒸气，但没有按规定对槽车进行吹扫置换，而是冒险采取带料作业的方法。

(2)用火作业许可证管理混乱。一张用火许可证，5个人、几十处用火动焊；安全措施没有落实，用火证没有开出作业人员就开始作业；许可证无编号。

(3)特种工种管理不严。参加这次点焊作业的人员没有一人取得焊工作业资格。

(4)管理人员存在重进度、轻安全的错误倾向。这次固定人孔盖螺栓，车间考虑的是如何尽快干完，没有采取更加安全可靠的作业方法。

事故的直接原因是该节槽车内的可燃气体从密封不严密的人孔盖处溢出，遇点焊火花被引爆。

案例10 广东某油库油罐爆炸事故

(一)事故经过

某油库是一座小型石油库，库、站合一，有4个50m^{3}的卧式高架罐，其中3个汽油罐，1个柴油罐，通过高架罐给车加油。当时3个汽油罐已经腾空，柴油罐存油。1998年7月29日上午9时15分左右，油库主任(站长)陈某(54岁)和一名社会修理工周某(41岁)上到1$^{\#}$汽油罐(该罐一星期前已排空)顶部施焊作业，准备在罐上焊一横梯，以便连接4个罐。施焊作业时，该罐人孔是开着的。10时50分左右，油罐发生爆炸(未引起火灾)，陈某和周某从上面掉下来当场死亡，下面1人受伤，罐下围堤有部分坍塌，直接经济损失约16万元。

(二)事故原因

(1)该汽油罐虽然一星期前已排空，但只是打开人孔自然通风，未进行置换清洗。

(2)动火前未进行测爆分析。

(3)未办理动火审批手续，更没有采取防范措施。

该油库主任擅自决定在油罐顶部动火，造成两死一伤，属严重违章作业造成的责任事故。

案例11

1997年6月27日晚，北京东方化工厂发生特大爆炸事故，造成9人死亡，37人受伤，20余台1000～10000m^3装有多种化学品的球罐被毁，直接经济损失达3亿多元人民币。

(一)事故经过

27日晚20时，当班工人接班后，开始将火车上45节车皮内的轻柴油卸入轻柴油罐B中。按操作规程要求，应将通往轻柴油罐区的总阀门打开，将通往石脑油罐区的总阀门关闭，但操作工错开了阀门，致使通向轻柴油储罐B的阀门关闭，而通往石脑油储罐A的阀门打开，当时A罐已充满石脑油，结果使轻柴油卸入石脑油储罐，导致大量石脑油冒顶溢出，挥发成可燃气体，并很快弥漫到整个储罐区。21时左右，人们闻到可燃气体味，可燃气体报警器发出警报，21时27分左右，泵房爆炸燃烧，最后导致乙烯储罐被烧烤发生突沸爆炸，整个罐区发生大火。

(二)事故原因

(1)缺乏科学而严密的安全管理体系，其中应包括安全法规、标准、安全设施和安全文化。

(2)该厂的安全管理体系存在严重疏漏，首先是安全教育不够，从业人员安全意识淡薄，责任心不强，导致操作失误。

(3)安全设施设备没有防止误操作的技术措施，在出现误操作的情况下，没有及时发现及信息反馈的技术设施。

(4)安全管理体系中的监控、检查机制不力，对企业的关键环节不能实施有效的安全监控与检查。

(三)事故教训

(1)建立完善、有效的安全工作机制，避免出现管理盲点。

(2)加强员工的培训，增强责任心和安全意识，提高操作技能。

案例12 某油库“1·27”漏油、爆炸事故

(一)事故经过

2000年1月27日7时40分，某油库接卸93#汽油并通过4.5km埋地输油管线(φ159*5)输转至该公司的第二油库。8时左右，在市区龙宝宾馆路段的埋地管线一焊缝开裂漏油。接到报告后，立即停泵并组织人员紧急回收漏油，在当地政府和消防大队的指挥下，在漏油点附近200m范围内实行警戒。但部分汽油从泄漏点附近的雨水排水口进入下水道流入700m外的排水池塘，此次事故共漏油13.3t，回收5t。

13点30分，一好事民工黄某在距漏油点700m的排水池塘用打火机试火时引起水面油气爆燃，火势顺100m长的敞口明沟串入下水道，并引起下水道爆炸，将沿途下水道井口铸铁盖板掀开，将跨越公路的水沟盖板炸开约150m，造成8人死亡，3人重伤。

(二)事故原因

(1)管线受力不均，通信光缆检修井压在管线上，造成管线基础下沉。

(2)开裂处焊缝施工质量没有达到技术要求，对接时没有开预制坡口，局部有2~3mm没有焊透。

(3)埋地输油管线焊缝开裂，油品漏入下水沟。一好事民工在排水池塘用打火机试火时引起水面油气爆燃。

案例 13

1998 年 7 月 13 日 4 时 10 分，湖北某油库一座 1000m³ 柴油桁架罐(有柴油 210t)因雷击起火燃烧、爆炸。省、市公安消防部门迅速出动消防车辆 30 余台，于 5 时 40 分将大火扑灭。事故中，油罐报废，直接经济损失 40 万元左右。

(一)事故原因

因雷击产生的瞬间电流过大，直击电流无法及时排放，是导致起火的直接原因。

(二)事故教训

湖北是雷电多发地区，对油库、加油站的防雷、防静电工作丝毫放松不得。防雷、防静电的设施要定期检查、测试，确保性能完好。

案例 14

(一)事故经过

1995 年，某油库一个 5000m³ 的混合油罐(0# 柴油和航空煤油)在用空气搅拌时发生爆炸，油罐罐底被提起 10cm(西南方向)并向东北方向倾斜，同时沿罐顶拱角处喷出一股褐色烟雾。瞬间，在重力作用下油罐又恢复原位，当班工人迅速将风阀关闭。后检查发现罐顶变形，进油管沿罐顶拱角有一条长 1m 的裂口，但油罐未继续燃烧，避免了一起重大火灾事故。

(二)事故原因

这起事故发生是静电放电所致。其主要依据是：

具备了爆炸条件，该罐内含有 1.95% 的航空煤油，经过搅拌，航煤中的轻质馏分大量挥发(航煤闪点为 30 ~ 33℃)，而当时油温为 44.5℃，已超过了航空煤油闪点 11.5 ~ 14.5℃，具备了轻质馏分挥发的条件。

从上部管线进油，落差为 5.5m，油粒与空气摩擦，产生大量电荷，积累在油层表面。另外，有 500m 的输油管线没有接地，导致大量静电无法排放。

空气从下部进油管进入油罐，将罐底的水和杂质搅动起来，加大了静电的产生和积聚。同时在空气的作用下，油面产生大的波动和翻腾，可能在油面上放电。

（三）事故教训

油罐进油不得从罐上部进油，而应从罐下部进油。上部进油易产生大量静电，引起爆炸起火。

钢制油罐的罐顶与罐壁的结合强度必须小于罐底与罐壁的结合强度，即作弱化处理。这样一旦发生爆炸，应首先掀顶，而罐底与罐壁不会首先破裂，油品不致向外流散，扩大灾情。

案例 15

某县油库泵房着火事故。当日下午 15 时左右，一客户驾驶油罐汽车到油库提取汽油。司泵工不在，油库负责人让一名勤杂工开泵发油。发完油停泵断电。司机提出油数量不够，坚持要求补足。勤杂工第二次开泵，就在合刀闸的一瞬间，铁壳开关进线孔内闪出火花。当即烧着了勤杂工的头发、脸部和手，烧着了屋中敞口的盛有汽油的油桶和钉在窗上的芦席。库内其他职工闻讯赶到，经过 15min 的奋力扑救，将大火扑灭。

编者按

这是一起由于使用非防爆电器设备引起的火灾事故。从表面上看，属于设备性事故，但实际上确属责任性事故。这座油库有两个油泵间，新油泵间和老油泵间。老油泵间使用的是往复泵和铁壳闸刀开关，都已年久失修，油泵严重漏油，本不具备发油条件。但由于新油泵间安装电子数控流量计，而临时工用老油泵间发油。既然发油，就应按规定办理，不能有麻痹思想，不能凑合使用。油库工作者，必须时刻牢记石油的特性——易挥发、易渗透、易爆炸。把石油当成一般产品，稍有疏忽，就有可能发生事故。

参考文献

[1] 李飞龙．现代企业班组长[M]．北京：中国劳动社会保障出版社．2006.

[2] 北京达飞安全科技有限公司．企业员工安全知识必读[M]．北京．中国石化出版社．2011.

[3] 刘建雄．施工企业班组安全教育读本[M]．北京：中国石化出版社，2006.

[4] 郭建新．加油(气)站安全技术与管理[M]．2 版．北京．中国石化出版社．2006.

[5] 中国石油化工集团公司人事部，中国石油天然气集团公司人事服务中心．油口储运调和操作工[M]．北京．中国石化出版社，2012.

[6] 《石油公司员工标准化操作手册》编委会．石油公司员工标准化操作手册[M]．北京．中国石化出版社．